岡山蘭学の群像 2

箕作阮甫

新たに発見された阮甫の写真
（箕作有俊氏蔵）

長崎に入港したロシア船
（早稲田大学図書館蔵）

魯西亜使節応接図
（早稲田大学図書館蔵）

岸田吟香

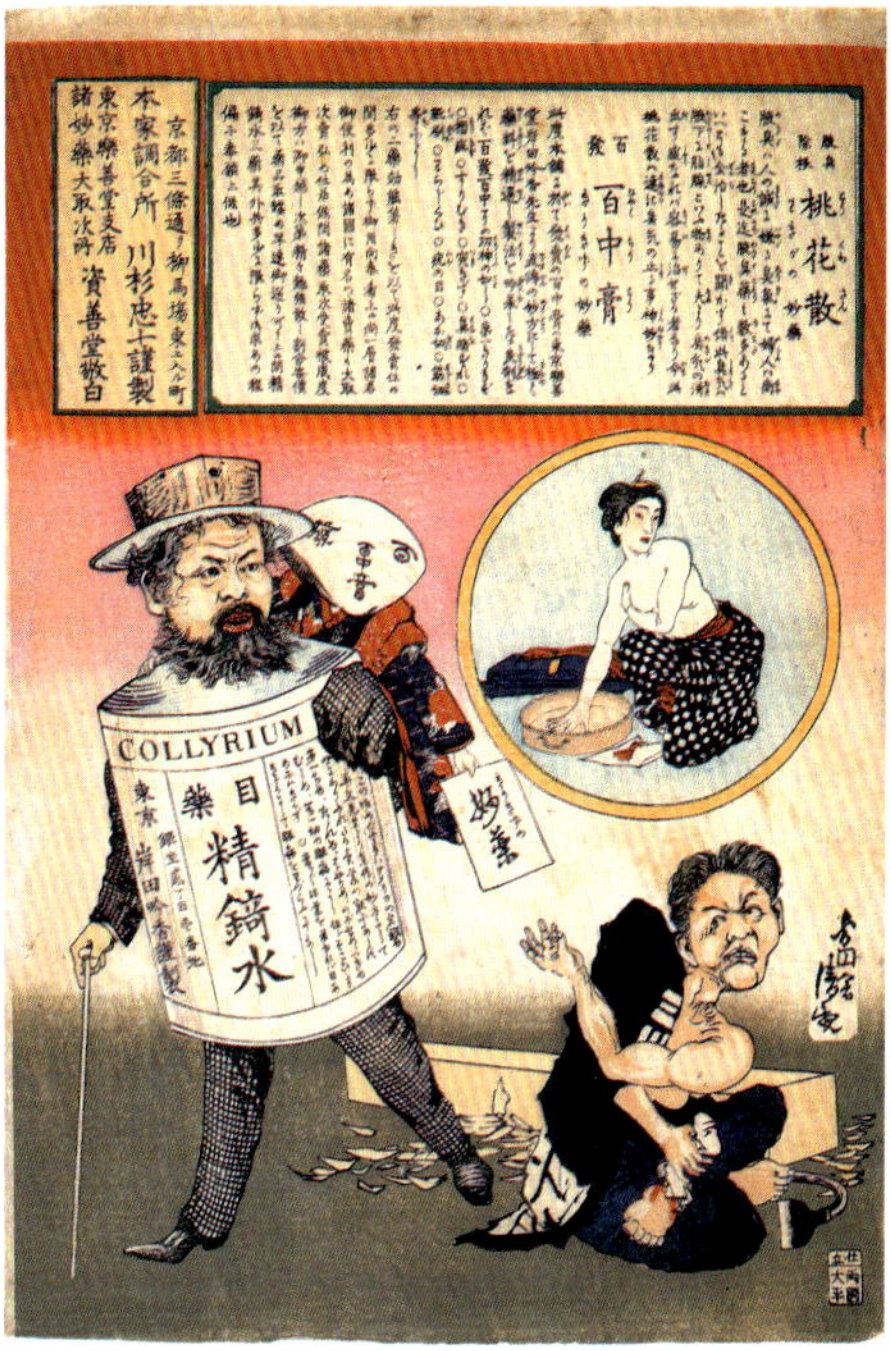

「桃花散・百発百中膏・
精錡水」引札
（横浜開港資料館蔵）

亀井至一《岸田吟香像》1877年（明治10）
（郡山市立美術館蔵）

日本初の民間新聞『新聞紙』
（早稲田大学図書館蔵）

岡山県南地域

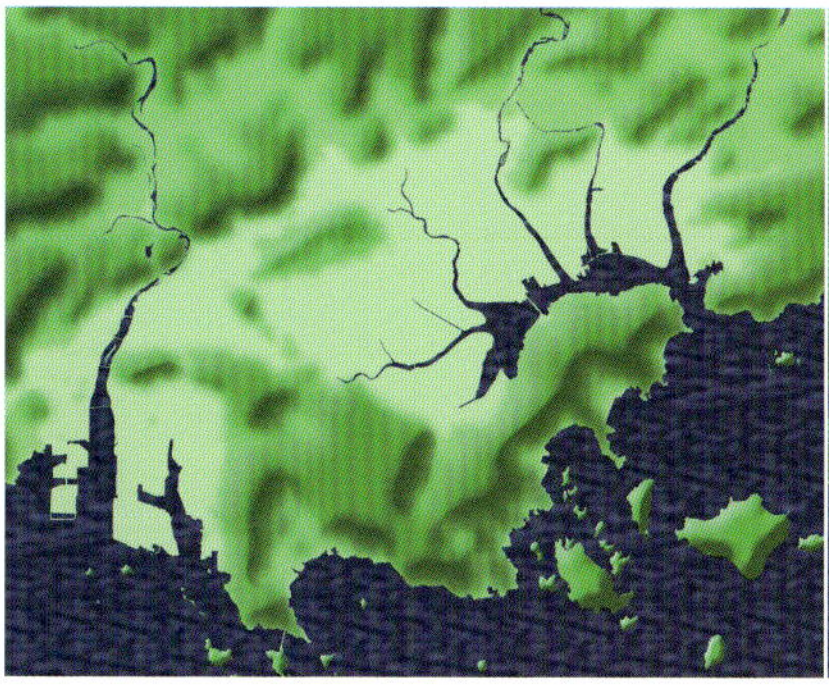

現在の海岸線

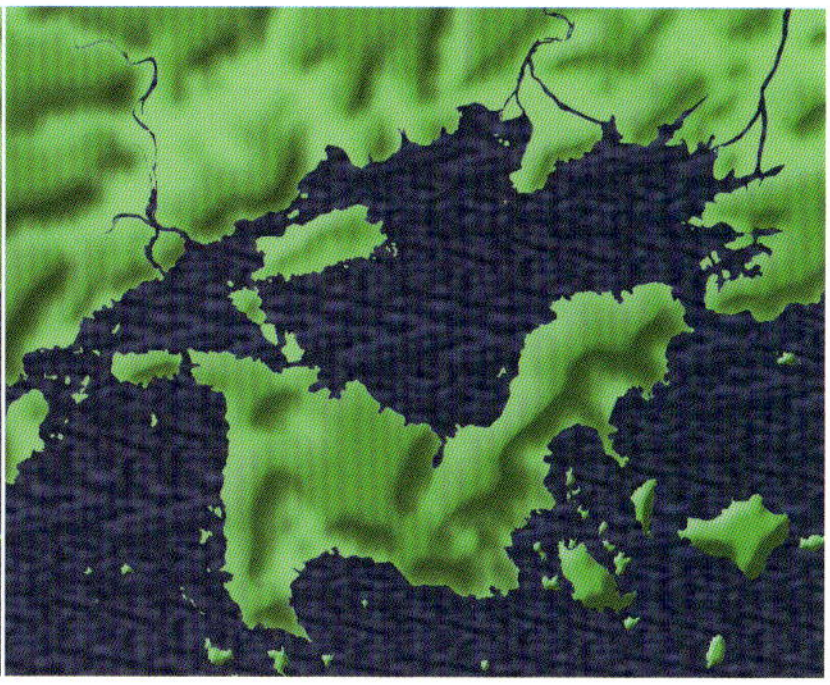

平安時代ごろの海岸線

杉山岩三郎

潮止工事(岡山県立興陽高校蔵)

児島湾干拓第1区
第1号干拓堤防

岡山蘭学の群像 2

発刊のごあいさつ

公益財団法人 山陽放送学術文化財団 理事長 原 憲一

杉田玄白らによる『解体新書』の刊行によって、蘭学への関心が全国に広まっていったことはご存じのとおりです。

改めて岡山の蘭学について考えてみますと、蘭学の黎明期に、わが国初となる西洋内科書『西説内科撰要』を著し、日本に内科学を紹介した津山藩医（江戸詰め）宇田川玄随のことを思い起こします。ここから始まる玄真・榕菴と続く宇田川家三代を始めとして、黒船来航時の対米露交渉に活躍した箕作阮甫、また大坂に適塾を開き、福沢諭吉らの近代化の立て役者を育てた足守藩の緒方洪庵、さらには、岡山下之町で開業していたシーボルトの門人石井宗謙の下で産科修業に励み、のちに日本初の女医となったおイネ（楠本イネ）の史実も特筆すべきことでしょう。

ふだん何げなく使っている言葉の中にも、彼らの仕事が生きています。例えば、臓の「膵」やリンパ腺の「腺」という文字を作字したり、「花粉」・「細胞」・「繊維」・「酸素」・「還元」などの学術語を造語したり、コーヒーに「珈琲」という漢字を当てたのも、宇田川玄真や榕菴が行った仕事であり、私たちは知らぬ間に彼らの恩恵にあずかっているのです。しかし、郷土ゆかりの先人が、このような日本の近代化に多大な貢献をしたことは意外に知られていません。

本書は、この史実をより多くの県民に知ってもらうため、公益財団法人山陽放送学術文化財団が主催し、岡山日蘭協会が共催して、一昨年4月にスタートしたシリーズ・シンポジウム「岡山蘭学の群像」の第4回「箕作阮甫」、第5回「岸田吟香」、第6回「杉山岩三郎」の3回分をまとめたものです。

シンポジウムは、日本の近代化を牽引してきた岡山ゆかりの蘭学者たちにスポットをあて、その業績や最新の研究の成果を紹介するとともに、新たな課題を提示できればという熱を入れたもので、講師やパネリストには各分野の第一線で活躍する方々をお招きしました。シンポジウムでは、講演とパネルディスカッションを通じて、先人たちのあくなき探究心やその姿、今後の研究課題までもが浮き彫りになりました。また、ご参加いただいた皆さまからも「先人の業績を学び直したい」という声が多く寄せられていることから、シンポジウムを記録集として刊行し、郷土の文化遺産として継承することにいたしました。

最後になりましたが、シンポジウムの開催とその出版にひとかたならぬご協力を賜りました皆さまに厚くお礼申し上げます。

「歴史を知らずして未来は語れず」とよくいわれます。郷土の先哲を訪ねる「学び直しの旅」、どうぞお楽しみください。

２０１７年2月

『岡山蘭学の群像2』の発刊に寄せて

岡山日蘭協会 会長　越宗 孝昌

岡山日蘭協会はオランダと岡山との交流促進を図る目的で２０１４年11月に設立されました。その主要な活動の一つとして、日本の近代化を牽引した岡山の蘭学者を取り上げ、その業績と新しい研究成果を紹介するシンポジウム「岡山の蘭学の群像」を、公益財団法人山陽放送学術文化財団が主催し、岡山日蘭協会が共催して、昨年も３回にわたり開催してきました。このたび発刊された「岡山蘭学の群像２」は、このシンポジウムをまとめたものです。同シンポジウムは岡山日蘭協会の活動に大きな活力をもたらしてくれていますが、この第２巻の出版により、さらに多くの方々に活動を知ってもらうことができることを、協会会長として大変うれしく思っています。

江戸時代末期から明治の初めにかけて、日本は世界に例をみない速さで近代化を成し遂げました。そのベースとなったのが蘭学であり、中核を担ったのが岡山ゆかりの人たちでした。未知の科学に挑戦していった同郷の先人たちでした。シンポジウムの反響は歴史ファンの間で大きく広がり、遠く関東や九州などからも参加希望があるほどだと聞いています。質的な高さ、意義の面からも、同財団ならではの取り組みとして大きな成果を上げていると思っています。

今回、本にまとめられたのは箕作阮甫、岸田吟香、杉山岩三郎の3人。特に杉山岩三郎は他のふたりに比べあまり名は知られてはいませんが、岡山の近代化に果たした役割はたいへん大きく、歴史の発掘・再発見という意味からも意義のあるテーマだったと思っています。そして、シンポジウムの各回で各分野の第一線で活躍される講師たちが新しい視点を盛り込んで示された内容は、歴史的事実が断片としてではなく、前後左右につながっていく、歴史のダイナミズムをも感じさせてくれました。この1冊にはそうした会場の熱気が反映されており、研究資料としてはもちろん、一般の教養書としても楽しく読めるものに仕上がっていると思います。

山陽放送学術文化財団は1963年に設立されて以来、地域に密着したユニークな活動を続けておられます。科学技術の発展を支える学術研究への助成事業として、毎年、医・歯・薬学、理学、工学、農学、そして人文社会の5つの分野で、岡山・香川両県の研究者を対象に基礎研究の手助けをしておられます。さらには、学術調査や研究会・講演会、写真集の発刊などを行って、地域の歴史の発掘・再発見と文化の継承に努めておられます。

シンポジウムはさらに続きます。次は何か、誰か、そしてどんな世界に誘ってくれるのか、期待に胸を膨らませながら『岡山蘭学の群像2』発刊のお祝いの言葉といたします。

2017年2月

目次——『岡山蘭学の群像2』

発刊のごあいさつ　公益財団法人 山陽放送学術文化財団 理事長　原　憲一　2
『岡山蘭学の群像2』の発刊に寄せて　岡山日蘭協会 会長　越宗孝昌　4

岡山蘭学の群像Ⅳ
開国へ　幕末外交の裏舞台で奔走　箕作阮甫

◆基調講演
幕末の外交と箕作阮甫の役割　東洋大学文学部教授　岩下哲典　11

◆基調講演
箕作阮甫、その学者としての系譜　津山洋学資料館元館長　下山純正　38

◆対談
箕作阮甫の人物像とは？　岩下哲典
下山純正
司会　奥富亮子（山陽放送アナウンサー）　59

岡山蘭学の群像V

初めてジャーナリストと呼ばれた男　岸田吟香

◆基調講演
傑人 岸田吟香、美作より現る　豊田市郷土資料館館長　森　泰通　79

◆講演
アジアの中の岸田吟香　─混沌の時代を走り抜けたメディア人　早稲田大学政治経済学術院教授　土屋礼子　110

◆講演
描き、描かれた岸田吟香　岡山県立美術館顧問　鍵岡正謹　129

◆対談
吟香を読み解く　─質問に答えて　森　泰通／土屋礼子／鍵岡正謹　156

岡山蘭学の群像Ⅵ

オランダ技術で海を割った男　杉山岩三郎

岡山蘭学の群像1

Ⅰ　日本初の女医　おイネの生涯、そして謎（2015年4月16日）

Ⅱ　「珈琲」の文字を作った男　江戸のダ・ヴィンチ　宇田川榕菴（2015年7月30日）

Ⅲ　百年先の日本を見据えた男　緒方洪庵（2015年12月3日）

岡山蘭学の群像Ⅳ

開国へ　幕末外交の裏舞台で奔走　箕作阮甫

日時　２０１６年４月18日（月）
場所　山陽新聞社　さん太ホール

箕作阮甫
（箕作有俊氏蔵）

箕作阮甫（みつくり・げんぽ＝1799〜1863）

津山藩医の三男として生まれる。京都で漢方を学んだ後、江戸に出て宇田川玄真に蘭学を学ぶ。幕府の蕃書和解御用として外国書籍の翻訳にあたり、1853年ペリー来航時には米国大統領の親書を翻訳。プチャーチンとの対露交渉では使節に随行するなど裏舞台で奔走する。その後、幕府の蕃書調所（東京大学の前身）創設に参画して教授を務め、「海外情報の収集と研究」に力を注いだ。

阮甫の訳述書は、日本最初の医学雑誌『泰西名醫彙講』をはじめ、19世紀の新世界誌をめざした『八紘通誌』、官命による『海上砲術全書』など、99部160冊余りにも及び、その分野は医学・語学・西洋史学・軍事科学と広範囲にわたっている。また、わが国の近代化に貢献した箕作秋坪、箕作麟祥、菊池大麓など、優れた学者を輩出した箕作家系譜は、「学者の一統」として広く知られている。

◆基調講演

幕末の外交と箕作阮甫の役割

東洋大学文学部教授　岩下哲典

岩下哲典（いわした・てつのり）
専門は日本近世・近代史。特に、江戸幕府の外交政策、文化政策、情報政策を研究テーマとしている。博士（歴史学）。国際日本文化研究センター共同研究員、津山洋学資料館展示構想策定委員など歴任。
著書に『黒船来航絵巻 金海奇観』『高邁なる幕臣 高橋泥舟』『レンズが撮らえた幕末明治日本紀行』『日本のインテリジェンス』など多数。

皆さん、こんにちは。ただ今ご紹介にあずかりました、東洋大学の岩下でございます。長く、19年間、明海大学というところにおりましたので、どうも思わず「明海大学の」と言ってしまいそうです。先ほど会長さんから日蘭の関係の話がありましたが、今日はこちらのパワーポイントを見ながら日露のお話をさせていただきます。ちょっと文字ばかりで、私もモジモジして「どうしようかなぁ」と思っていたのですが、やはりパワーポイントでいきます。文字ばかりですが、どうぞよろしくお付き合

異国船渡来之図（津山洋学資料館蔵）

いいただければと思います。

幕末の外交

本日は、幕末の外交についてまずお話しさせていただきますが、日本の近代外交というのは、実はすでに吉宗の時代、18世紀中ごろよりちょっと前から始まっていたのではないかという話と、近代外交はペリー来航からというようにこれまでは言われているのですが、それはもう古いのではないかということにだんだんなってきております。ですので、国立歴史民俗博物館というのが千葉県の佐倉市にありますが、そこの江戸時代の展示は、「国際社会の中の近世日本」という、そういうふうに始まっていたりするのです。江戸時代はいわゆる「鎖国」で、「江戸時代は本当に鎖国だったのか」というようなタイトルの本もありまして、やはり外交というのは意外と早く始まっていたということを、ちょっとお話しさせていただきます。そして、そこに津山の洋学と箕作阮甫がいかにかかわっていたのかをまとめてみたいと思います。

少し前、最近の日露関係でちょっと注目すべき事件がいくつかありました。それは2010年11月1日ですが、ロシア大統領が今はプーチンという人ですが、当時はメドベージェフという人でしたが、国後島を突如訪問したのです。国後島、このあたりをロシアでは「南クリル諸島」と言っています。メドベージェフ大統領は国内視察であるということだったのですが、当時の前原外相は「極めて遺憾」とコメントして、駐日ロシア大使に強硬に抗議をいたしました。その翌日に、今度は外相のラブロフが歯舞・色丹に訪問する計画があるということを発表いたしました。このあたりをロシアでは「小クリル諸島」と言っています。私がこう言っているからと言って、ロシアの実効支配を認めているわけではございませんので、あらかじめお断りしておきますが、日本政府は事情聴取のため駐ロ大使を一時帰国させるという措置をとりました。3日になりまして駐ロ大使が帰ってきまして、当時の菅首相に報告して、首相はさらなる情報収集や分析を指示したのですが、私はこういうことは、ちょっとおかしいのではないかと思うのです。つまりそれらは、対応が後手後手で、なぜもっと早く対応できないのか、そういうことがある前に情報を収集して対応しないのかということでございます。

メドベージェフロシア大統領(当時)
(写真提供:共同通信社)

外交というのは、意外と日本ではきちんとしていないことが結構あるのではないかと思います。

箕作阮甫 略年表 ※年齢は数え年

1799年	寛政 11	9月 津山藩医箕作貞固の三男として生まれる（幼名、惠迪）	宇田川榕菴 誕生(1798年)
1808	文化 5		フェートン号事件
10	7	9月 兄・豊順が亡くなり、家督を相続（当時12歳）	緒方洪庵 誕生
		12月 玄甫と改名	
16	13	3月 京都竹中文輔について漢方医学を修行	
19	文政 2	2月 京都での医学修行を終え、津山に帰る ⇒ 津山藩医となる	
21	4	11月 藩儒大村成夫の養女登井と結婚	
23	6	5月 藩主参勤交代のお供で江戸に出、宇田川玄真に洋学を学び始める	シーボルト来日
27	10	7月 江戸詰めを終え、津山に帰る	楠本イネ 誕生
28	11	11月 阮甫と改名	シーボルト事件
30	天保 元	10月 藩より江戸詰を仰せ付けられる	
31	2	2月 江戸に出る。のち本八丁堀松屋町で医業を開く	
34	5	2月 甲午の大火で阮甫宅類焼	
		「今後、専ら西洋の書物を攻究・翻訳して世間に益する」ことを決意する	宇田川玄真 没
36	7	『泰西名醫彙講』初輯出版	
38	9		緒方洪庵、適塾を開設
39	10	6月 幕府より、蕃書和解御用（外国書籍の翻訳）を仰せ付けられる	蛮者の獄
42	13	『和蘭文典 前篇』出版	
44	弘化 元	2月 佐々木（箕作）省吾、阮甫の養子となり、のち四女ちまと結婚	オランダ国王、開国を勧告
46	3	7月 江戸定府を仰せ付けられる。箕作麟祥（省吾長男）生まれる	宇田川榕菴 没
		12月 省吾没する。菊池（箕作）秋坪、阮甫に入門	
48	嘉永 元	11月 長女せき、広島藩医呉黄石と結婚	
		『和蘭文典 後篇』出版	
51	4	4月 秋坪、阮甫の養子となり、三女つねと結婚	
		『八紘通誌』初編出版	
53	6	6月 ペリー来航に際し、江戸城に登りアメリカ合衆国大統領の国書などを翻訳	ペリー、浦賀に来航
		10月 プチャーチンの来航に際し、長崎へ派遣される	
54	安政 元	10月 プチャーチンの来航に際し、下田へ派遣される	日米和親条約
56	3	4月 幕府が設立した蕃書調所の教授職となる	蕃書調所設立、ハリス来航
57	4	5月 種痘館設立発起人名簿の筆頭者となる	
58	5	5月 伊東玄朴らと神田お玉が池に種痘館を開設	日米修好通商条約
62	文久 2	12月 洋学者として初めて幕臣になる	
63	3	6月 65歳で没する	

例えば２０１０年、先ほどの話の2カ月ほど前ですけれども、中国漁船が沖縄県の尖閣諸島付近で海上保安庁の巡視船に2回も体当たりしてきました。これは最終的には9月13日那覇地検で、中国漁船の船長を処分保留のまま釈放して帰国させてしまうということで、彼はのちに英雄視されたりするわけです。この人物は人民解放軍との関係も取り沙汰されておりました。実際のところは、よく分かりませんが。

結局この海保への体当たりに対する、こういった那覇地検の対応というのは、一体どういうことなのだろうかということでございます。本当に日本の国境は大丈夫なのだろうかというふうに思います。尖閣諸島は石垣から１７０キロもありまして、最近では海保も新しい巡視船をどんどん導入しまして、それがニュースになったりしました。中国あるいは台湾は１９７０年代に海洋資源が見つかったことから、この辺りの領有を主張してくるということであります。それから、竹島はもう韓国が実効支配しておりますし、対馬は韓国人が自衛隊の諸施設周辺の土地を買いあさっているということもありますし、対馬で盗まれた仏像が韓国から出てきて、あれは元々韓国のものだから返さなくてもいいとか、そういうおかしな事柄が、外交問題として頻発しております。

今日、問題にする北方問題ですけれども、これはやはりロシアが実効支配をしておりまして、今後どのような展開になるのか、われわれ庶民からはよく分からないのですけれども、基本的には平和条約が未締結であるという、極めてお寒い状態になっています。もちろん「日ソ共同宣言」がありますから、お互いに外交官を派遣して国交は存在しますけれども、ある意味、太平洋戦争が終わってから70年間も、そのまま戦争状態が続いているという、おかしな状態になっているのが現状ということです。

こういうことを考えてみますと、やはり日露の最初のコンタクトがどういう状況であったのかということを、しっかりと知っておく必要があるだろうと思うのです。それから、その後の関係がどうだったのか。また、そのとき今日のテーマの中心人物である箕作阮甫は、どのような役割を果たしたのか。そして、そういうことから学ぶべきものは、当然あるというふうに私は思います。これはビスマルクの言葉で私の言葉ではございませんが、「愚者は経験のみに学び、賢者は歴史に学ぶ」。ぜひ歴史に学んでいきたいというわけです。

『教会領長崎』安野眞幸著、講談社刊

「鎖国」体制の重要な眼目

さて、では近世の対外関係というのは、いったいどういうものなのかというと、いわゆる「鎖国」と呼ばれていますが、その一番大事なことは、海外からの人・物・情報を管理するという強い政治的な意思、つまり国家意思が存在するという

南蛮渡来風俗屏風（逸翁美術館蔵）

ことが「鎖国」体制の一番重要な眼目です。いろいろな現象面がありますけれども、これが最も重要だと思います。海外からの人・物・情報を管理・統制する。それを強い国家意思で体現するというのが、「鎖国」体制です。

なぜそうだったのかといいますと、やはりその背景にあるのはキリスト教の禁令だと思います。キリスト教がなぜ禁止されたのかというと、いろいろ説はありますが、最近の説は、我が東洋大学の神田千里先生によりますと他宗教の存在を許さない不寛容性であるとのことです（『宗教で読む戦国時代』講談社）。今は違いますが、当時のキリスト教はほかの宗教の存在を許さない。それがよく分かりますのは、例えば、長崎が有馬晴信によってイエズス会に寄進されたのですけれども、そのとき領内にあった全ての寺社仏閣が破却されました。ですから寺社仏閣が何もなくなってしまった。あるのはキリスト教の教会のみ。今、長崎県庁の建っているあの丘、出島のすぐ上のあの丘にイエズス会の教会がどんとあって、長崎には宗教施設はイエズス会の教会しか存在しない。やはり、この宗教的不寛容は、徳川幕府の宗教政策と全く相容れなかったのです。したがいまして、キ

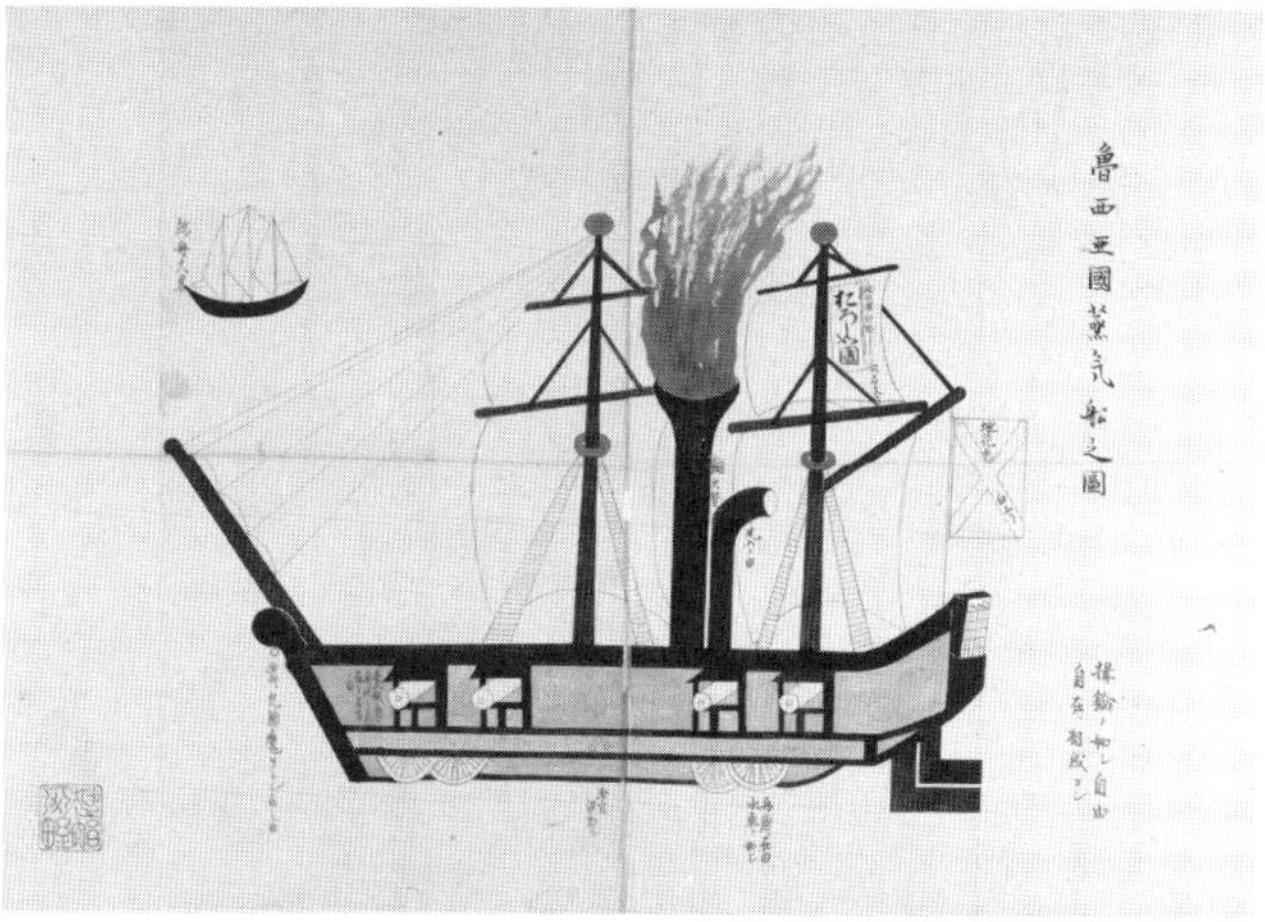

魯西亜国蒸気船之図（津山洋学資料館蔵）

リスト教と、それから日蓮宗の不受不施派という宗派も弾圧されていく。人に施しをしないし、人からも施されない、自分たちだけしか存在しないのだという、そういう日蓮宗の一派も弾圧されていくということになったわけです。要するに、キリスト教が入ってくる可能性があるから、人・物・情報を完全にコントロールするというのが、「鎖国」体制ということになります。

これからは、ちょっと一つ一つ説明していくと時間がないのでざっくりとお話ししたいと思います。最初に出た施策としては、長崎の直轄地化と長崎奉行の設置。それから日本人の海外渡航を禁止すること。また、ポルトガル船の来航禁止。オランダ人は出島に軟禁する。それから、幕府直営貿易は長崎に限定して、それも中国とオランダのみ。長崎港の防衛は福岡藩、佐賀藩、大村藩の軍役とする。また、対アイヌ交易は松前藩に担当させる。朝鮮王国の対応は、対馬藩にやらせる。琉球王国は薩摩藩に対応させる。そして、全国の諸藩に海岸防備をさせ、それから異国船が漂着した場合には幕府に通報するというシステムを作り上げる。これらが、いわゆる「鎖国」になります。さらに、オランダ人に海外情報を提供させるということになりました。だから鎖国というのは、これらをトータルして、いわゆる「鎖国」というようにいうわけです。

そういった状況の中で結構早い時期にやってきたのが、ロシアのシュパンベルクという人で、「元文の黒船」という事件がありました。これは吉宗の時代末期になりますが、1739年、18世紀中ごろです。陸奥、安房、伊豆の海岸沖合にシュパンベルクはやってきました。シュパンベルクというのは、これはデンマークの船乗りの軍人なのですが、当時はやはりロシアよりデンマークのほうが海運国でありまして、ロシアは、そういう人たちをスカウトして海軍をつくらせていたのです。そのシュパンベルクの探検隊（ベーリング探検隊の分遣隊）が南下してきまして、これらの地域で住民と物々交換を行いました。どこの船かすぐにはよく分からなかったのですが、彼らからもらったコインなどを長崎出島に送りましてオランダ人に鑑定させたところ、ロシアのものであるということが判明したのです。シュパンベルクらは探検航海だったので、それで終わってしまったわけなのですが、長崎のオランダ人に問い合わせる態勢が整っていたことはとても重要なことで、近世日本がいわゆる「鎖国」によって西洋諸国ではオランダと交易による交流のチャンネルを持っていたということが、日本にとっては実に有利だった。つまり、日蘭の交流があったことは、日露交流にも影響を及ぼし、日英、日米などとの対外関係にも影響を及ぼし、それは実は日本に有利だったということです。そして、最初のころから、もうそういう状況になっていたということです。

はんべんごろう事件

さらに「はんべんごろう事件」というのがあるのですが、これはなぜ「はんべんごろう」というのかというと、ハンガリー人のベニョフスキーという人が、ロシアにとらわれていてシベリア抑留されていたのです。逃げ出して、ロシアの船を奪ってヨーロッパに帰ろうとしていたのです。その途中に日本に寄ったのです。

林子平（早稲田大学図書館蔵）

その話を、仙台藩の工藤成卿とか、林子平などが知るのですが、そのベニョフスキーがオランダ商館宛の手紙を書いていたのです。ドイツ語で書いてあったものですから、それを長崎に送りましてオランダ人に翻訳させたところ、ドイツ語をオランダ語に翻訳して、そのオランダ語を日本語に翻訳したときに、ベニョフスキーがどういうわけか「はんべんごろう」という名前になってしまったのです。だから日本では「はんべんごろう事件」というのですが、そこに何が書いてあったかというと、ベニョフスキーは当然ロシアに対しては良い感情を持っていませんでしたので、日本の北方の領域にロシア人が「南下《なんか》してきて何《なん》かやろうとしている」というダジャレで、すみません、滑りましたね。そういう状況でございました。

　言ってみれば、今はアイヌとの交易程度ですが、そのうちロシアと何らかの直接接触をせざるを得なくなるだろうと思わせた。そのことを工藤成卿は『赤蝦夷風説考』に書きますし、それからその『赤蝦夷風説考』は、田沼意次に献上されました。それで田沼の蝦夷地調査が行われ、それから最上徳内や近藤重蔵、間宮林蔵といった人たちが北方探検していく。そういう点で、この「はんべんごろう事件」というのは重要かなというふうに思います。また、林子平という人が『三国通覧図説』や『海国兵談』を書きまして、日本橋の水はロンド

大黒屋光太夫・磯吉の画幅
（左が光太夫、大黒屋光太夫記念館蔵）

ンのテムズ川までつながっているということを警告したわけです。そして、そのことを幕府に警告するわけですけれども、当時幕府の責任者は松平定信でしたが、浪人風情が何を言うかということで、版木を没収するということになり、林子平は「親もなし、妻なし、子なし、版木なし、金もなけれど、死にたくもなし」というようなことを言って、最期は不遇の死を遂げるという状況でした。

では、彼らの警告が当たらなかったかというと、やはり当たっているわけです。それはまずラクスマンが根室にやってまいります。彼は有名な漂流民大黒屋光太夫を連れて帰ります。大黒屋光太夫は『おろしあ国酔夢譚』という井上靖の小説にもなりました。桂川甫周という人が、光太夫漂流記『北《ほく》槎聞略《さぶんりゃく》』を書きました。これは光太夫からの事情聴取の結果できた本で、井上の種本です。ラクスマンをとにかく帰らせたかったので、長崎入港の許可書を出しました。これは「信牌《しんぱい》」と言いますが、信牌を出したけれども、また心配事が出てきます。その信牌を持って、レザーノフがやって来るのです。そして、これは日露の重要な問題だということで、のちに箕作阮甫は『西征紀行』の中で言及しております。結局、長崎で日本の開港を要求したのですけれども、日本は半年も待たせたあげく開国はしないということになりましたので、帰りがけにレザーノフの部下たちが樺太や択捉を襲撃していくという事件を起こしました。さらに、その直後

レザーノフ（「魯西亜国使節図」より
早稲田大学図書館蔵）

の1808年には、長崎でイギリス軍艦が長崎港に不法侵入するという「フェートン号事件」が起きて、日本においては南北で大きな危機的状況になりまして、イギリスとロシアが同盟して日本を脅かすのではないかというようなパニック状態になったのです。

ですので、幕府としては先ほどのラクスマン来航もありまして、北方の守りがこれではまずいと考えました。折しもイギリス軍艦のプロビデンス号も蝦夷地に測量にやって来ましたので、まずは北海道、当時は蝦夷地と言っていましたが、その東半分を幕府の領地に組み込みまして蝦夷奉行を置きました。それからレザーノフが来ましたから、箱館奉行を置きました。そして、先ほどの樺太と択捉島の襲撃がありましたから、それが「フボストフ・ダビドフの蝦夷地襲撃」なのですが、こういうことで西蝦夷地のほうも常置しまして、蝦夷地全体、現在の北海道全体を幕府が直轄するということにしたのです。それで松前奉行を設置するということにしました。ですから、幕府もそういうロシアの圧力にかなり一生懸命対応はしたのです。

さらに「ゴロヴニーン事件」という事件が、1811年に起きます。彼は、北の海域を軍務として探検測量するという、軍事行動の一環ではあったのですが、平和的な軍事行動というか、先ほどのレザーノフのような攻撃ではなかったのですが、日本側はもう最高度に防衛をしよう

ゴロヴニーン『日本幽囚(実)記』より
(国立国会図書館蔵)

としていましたから、これはもう捕縛するわけです。そして、その一行の中にムールという人がいまして、『獄中上表』を書き、このムールは日本に定住したいと思ったものですから、ゴロヴニーンたちとは一線を画して、「自分はこれこれこういう理由で日本に残りたいのです」という上表をいたします。そのときに、世界情報を語ったのです。この中にナポレオンの情報も実はありまして、文献上初めて日本人がナポレオンを知ったのが、このムールの『獄中上表』になります。

そして、この事件は高田屋嘉兵衛の尽力によって解決しました。彼は瀬戸内海の淡路島出身です。その翌年に、日露の国境を画定しようという話に、実はなったのです。ところが残念ながら、この1814年の国境交渉は不調というか、使節団が全くお互いに出会えないという残念な結果になりました。択捉のあたりで出会いましょうと約束をしていたのですが、その期日のころは霧がひどくて会えなかったのです（濱口裕介氏の御教示による）。だから、これ以降日露の交流はほとんどありませんでした。ただ、ゴロヴニーンは『日本幽囚記』をヨーロッパで発行し、そしてそれが『遭厄日本紀事』として日本で翻訳されまして、そして日露の関係がよく分かるようになりました。ラクスマン、レザーノフ、ゴロヴニーンのことがよく分かるようになって、箕作阮甫もこれらをしっかり勉強しています。

そして、先ほどのフェートン号事件のあと、ゴロヴニーン事件が起き、日露関係は小康状態を保つ

高田屋嘉兵衛
（静岡県立中央図書館蔵）

わけなのですが、しかし今度は、別の問題、アヘン戦争が起きました。これは中英の問題なのですが、そのアヘン戦争直前の中国情報もきちんと日本にもたらされました。これは、オランダと中国からぞれぞれもたらされてきます。さらにオランダ国王が、「このままでは日本はまずいですよ」ということで忠告もしてくれました。その9年後の1853年にペリーがやって来ますけれども、オランダは1850年にアメリカの対日政策を伝えています。米国議会が使節を日本に派遣するらしいですよと。さらにオランダ商館長は、幕府にペリー来航の予告もしました。その予告をして、さらに日米で条約を結ぶ前に、日蘭で通商条約を事前に結んでおきましょうよと、そうすればアメリカにもきちんと対応できますよと。ですから、ペリーの来航は突然ではないのです。いわゆる「泰平の眠けを覚ます上喜撰 たつた四杯で夜も寝られず」と言っているわけですが、そういうふうに驚いたのは予告情報を知らなかった人たちです。幕府の上層部はこれらの内容を知っておりましたから、やはり来たかと。浦賀奉行所の奉行は当然知っていましたし、与力・同心も一部うわさで聞いていましたので、ペリーが来たときに、「これはアメリカの船か」ということをしつこく最初から聞いているわけです。ですので、実際にペリーは予告通りに来たわけです。そして、ロシアのプ

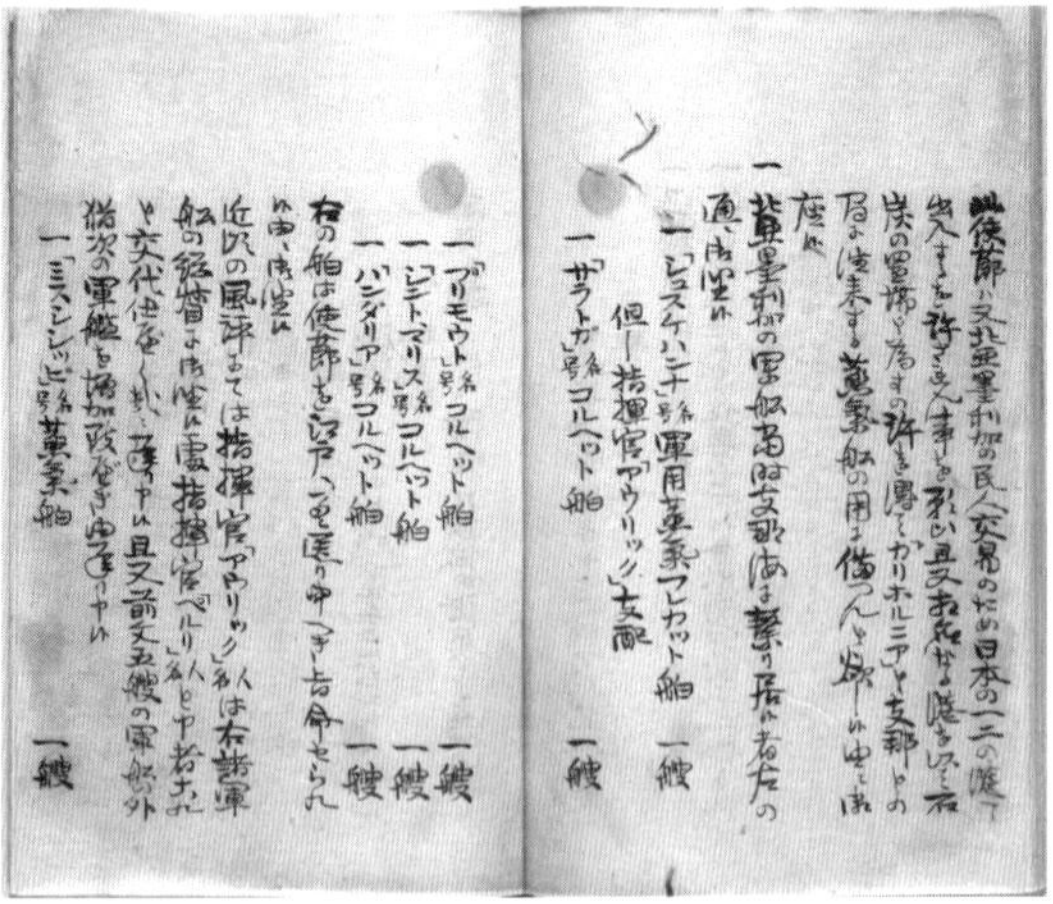

「阿蘭陀別段風説書」
（神奈川県立歴史博物館蔵）

チャーチンもそのペリーの動向に触発されて長崎にやって来る。そこに箕作阮甫がかかわる。やっと箕作阮甫が出てきました。

対外問題と洋学

それでは、対外問題と洋学がどういう関係にあるかということを、ちょっとおさえておきたいと思います。つまり、今見たように、西洋諸国の使節・艦船の来航が頻繁に生じるようになり、対外問題をより身近に感じるようになります。そうすると、支配層はやはり西洋の動向を知らないといけないと思うようになりました。その西洋の動向を知るためには、まず、蘭学・洋学だと、こういうことになります。そして、また蘭学・洋学が必要とされるようになりますと、当然西洋諸国の情報・知識が集積されて、またそれが次第に下のほうに拡散する。そうしますと、対外問題を考察する機会が増え、またそれを受容する層が拡大します。そうすると、より蘭学・洋学の必要性が高まってくる。やはり時代とともに、蘭学・洋学の必要性が高まるということです。さらに、対外問題が幕府だけの専管事項ではなくなります。つまり、幕府は対外問題の処理に自信がなくなりましたので、朝廷に「実はこういう対外問題があって、こうしました」ということを、わざわざ報告をし始めます。これが、ある意味朝廷に政治的求心力を与えることにもなりますし、それから諸藩や下級武士や庶民たちが、海外の動向に関心を持つようになります。ますますそういうチャンスと需要層が拡大することになりますよね。そうしますと、蘭学者・洋学者の活躍の場が拡大するということになります。これが背景です。

例えば、坂本龍馬の、ペリー来航直後の書簡を見ると、「異国船処々に来り候へば、軍も近き内と奉存候。其節は異国の首を打取り……」。これは「異国人の首を取り」でしょうね、異国の首は取れないと思うのですが。「……異国の首を打取り、帰国可仕候」。こういうふうに龍馬がお父さんに、えらい勇ましい書簡をペリー来航直後に送っている。この異国というのは、多分アメリカ人のことだろうと思います。ところが一方で、「兄御許にアメリカ沙汰申上候に付、御覧可被成候」。これも同じ書簡の中で言っています。ただ単に異国の首を取るというだけではなく、アメリカというものがどういうものかということを、一応知った上で首を取るということを龍馬は言っているのです。この龍馬の書いた「アメリカ沙汰」というのがどういうものか、ちょっと沙汰の限りではないのです。これがもし出てきたら、高く買い上げたいと僕は思っているのです。

　これらは言ってみれば、誰もが異国と対峙して、異国を意識せざるを得なくなった。つまり、「幕末情報世界」が出現したということになります。当時、まだ無名の土佐の青年さえも異国を大いに意識せざるを得なくなったのです。彼は、実は箕作省吾、つまり阮甫の娘婿省吾の『新製輿地全図《しんせいよちぜんず》』を見ておりました。『坤輿図識《こんよずしき》』や『坤輿図識補』を見ていたかどうか、ここまでは分かりませんが、『新製輿地全図』は龍馬の継母の実家にはあるそうですので、そういう点で見たのではないかというふうに言われています（小美濃清明氏のご教示による）。箕作家

坂本龍馬（国立国会図書館蔵）

の地理的な知識が、土佐にまで広がっていたということが言えるわけです。なお、『坤輿図識』や『坤輿図識補』は大変売れまして、もちろん吉田松陰も読むべき本の中にちゃんと入れています。箕作家がこれで潤ったというふうに言われていますので、とても素晴らしい当時の大ベストセラーです。私もこういうのが書けたらいいなと思っているんです。

　さて、津山の洋学と箕作阮甫の話に移りますが、津山で洋学がいつごろから行われたかというのは、例えば、本日の受付で売っております『岡山蘭学の群像1』のⅡをぜひ参照していただきたいと思います。津山では、宇田川家が古くて、さらにその前が久原甫雲という人なのですが、宇田川三代や、『西説内科撰要』、『医範提綱』、『植学啓原』などなど、ぜひこのあたりは『岡山蘭学の群像1』のⅡを見ていただきたいと思いますが、そういうかたちで津山の洋学は盛んになっていきます。でありますが、宇田川初代玄随は江戸の人ですし、玄真は大垣でしたか、よその人で宇田川家に養子に入っているということなのですが、そういう意味では箕作阮甫は津山生まれ津山育ちの人なので、まさに純粋の津山の洋学者と言ってもいいと思います。

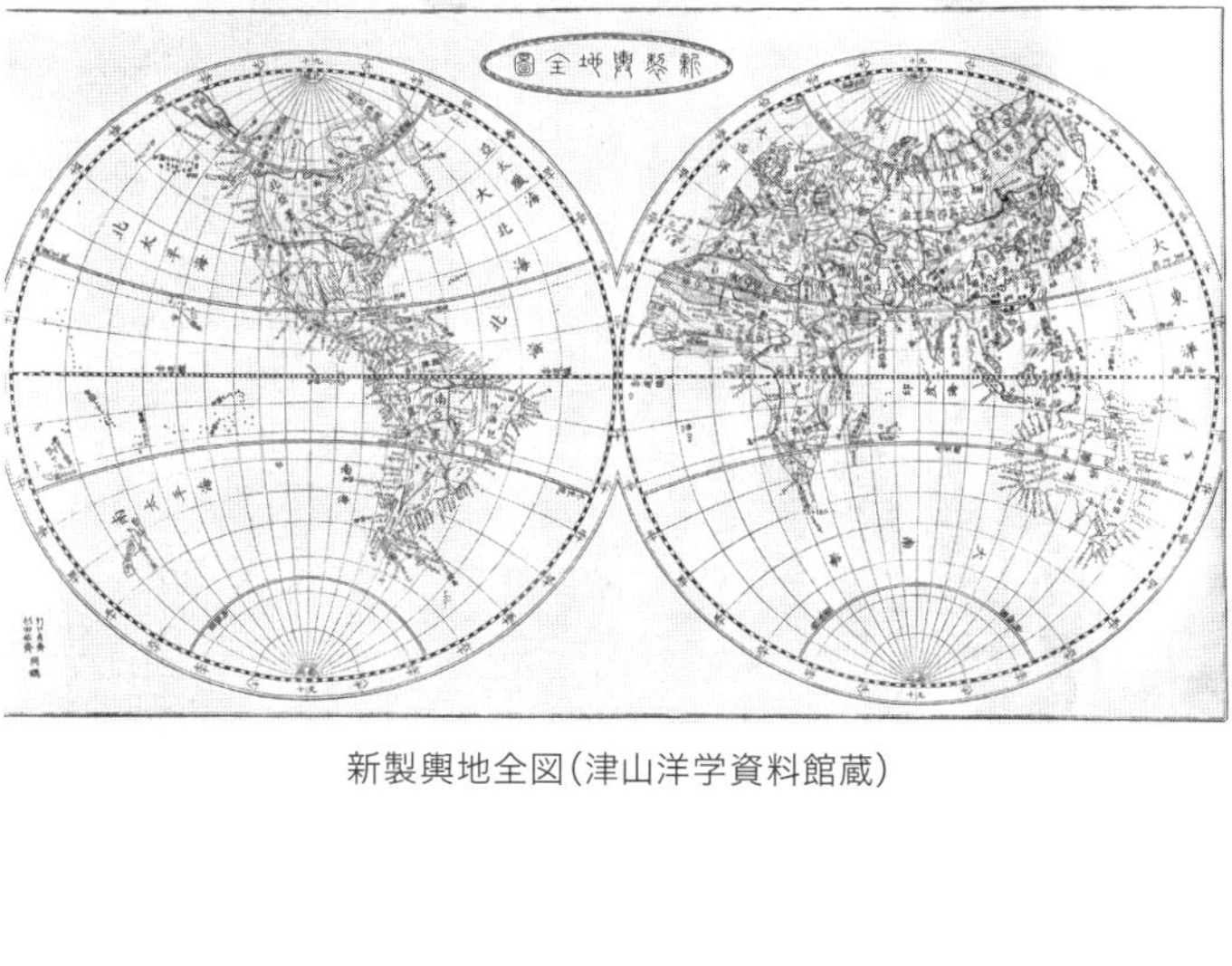

新製輿地全図(津山洋学資料館蔵)

１８３９年、蛮社の獄の直後に「蛮書和解御用」に引っぱられています。これは阮甫の前任者が、非業の死を遂げたからです。小関三英というのですが、蛮社の獄に連座する可能性が高いと三英は思って自殺したのです。その人の代わりに箕作阮甫が入りました。さらに、阮甫は、アメリカ合衆国大統領の親書、いわゆるアメリカ国書と呼ばれるものを翻訳しておりまして、さらにさらに、長崎・下田でロシアと交渉して、１８５６年には蕃書調所、これは外国の関係の書籍だけではなくて、外交文書の翻訳も行う、そうした専門機関のただ二人だけの教授のうちの一人に就任するということになります。

さて、阮甫がどういうかたちで、このプチャーチンの来日とその交渉にかかわったかということになります。ロシア側は日本を開国して交易をしたい、そしてまた国境の画定をしたいということでした。問題になっているのは、千島列島と樺太になります。ただ、日本側はもう少し先送りしたかった。こういうのを「ぶらかし戦術」というふうに言っています。やはり国内問題が優先されまして、海外の問題よりも、国内で海外の勢力と呼応して幕府を倒す、あ

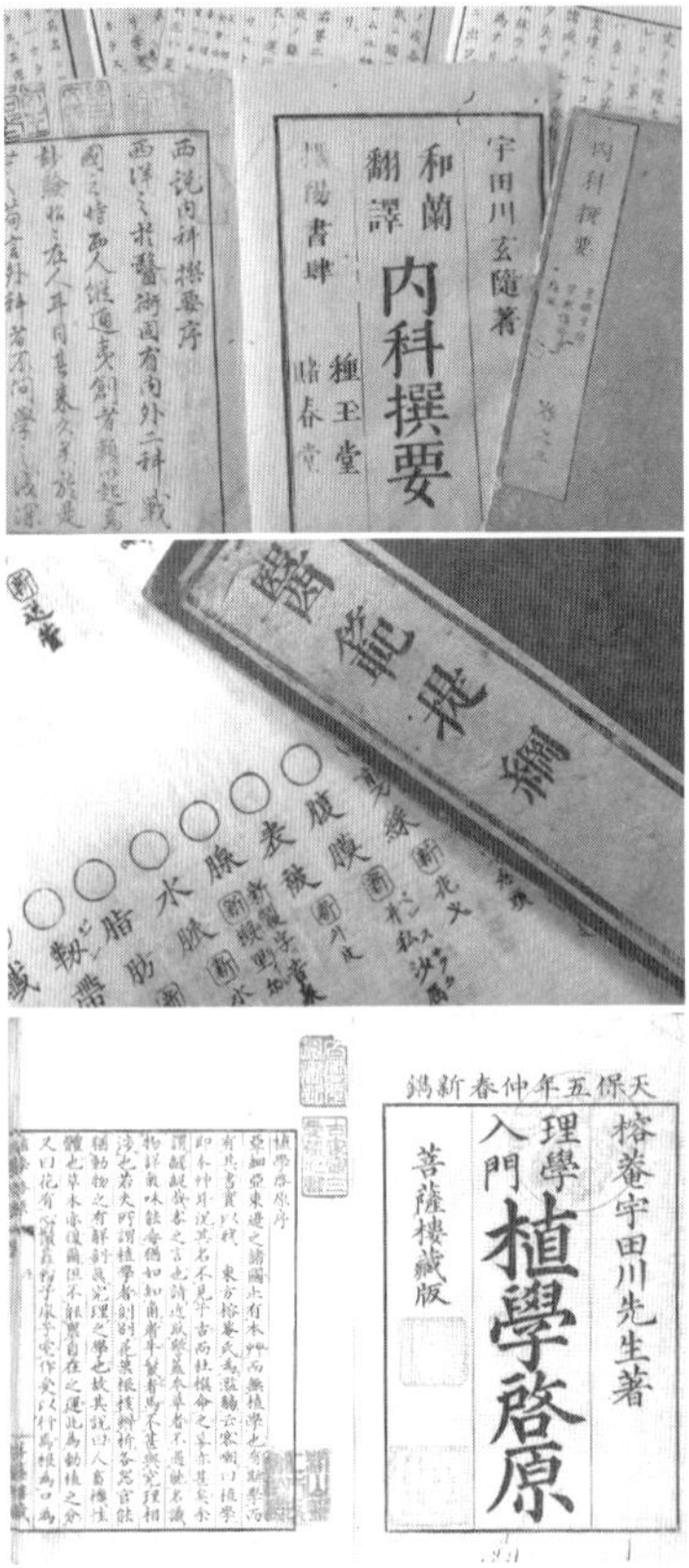

(上)『西説内科撰要』
(中)『医範提綱』
(下)『植学啓原』
(上記３点津山洋学資料館蔵)

るいは転覆させる、あるいは何らかの不穏な動きをすることが一番問題だというような考え方だったのです。さて、プチャーチンの応接として長崎に送られた人物は、西丸留守居筒井政憲、そして勘定奉行川路聖謨。そして、その従者として箕作阮甫と武田斐三郎。武田斐三郎は、箕作阮甫のさらに従者ということになりますが、加わりました。それから目付の荒尾成允、それと聖堂儒者古賀謹一郎、その人たちが長崎に行きます。ところで、このメンバーを見ますと、筒井は、ペリーの応接掛の林大学頭よりも格は高いのです。

ところで、箕作阮甫は川路に個人的に頼まれたのかというと、実はそうではありません。これは、当時の老中首座阿部正弘が、きちんと津山の藩主に断りを入れています。それで、津山藩主も箕作阮甫に直に会って、しっかりやってこいということで、箕作阮甫も感激して、覚悟をもって川路の従者として付いて行きます。

オランダ語が共通言語

ロシア側との交渉は、何語でやったと思います

プチャーチン
（戸田造船郷土資料博物館蔵）

武田斐三郎
（函館市中央図書館蔵）

か。ロシア語ですか。ちがいます。英語でもないです。オランダ語なのです。アメリカとの交渉も、オランダ語なのです。アメリカが連れてきた通訳は、ポートマンといいまして、これがオランダ系アメリカ人なのです。だからペリーは英語でポートマンに話し、ポートマンはオランダ語で話し、そのオランダ語を日本人のオランダ通詞、森山栄之助と堀達之助が日本語に翻訳して、そして林大学頭などに日本語で話すということになります。林が話す時はその逆をやります。日本人はオランダ語が分かるというわけです。オランダ通詞が長崎にいて、オランダ人との交流をしているからオランダ語は非常によく話せるということをペリーはよく知っていたのです。当然ロシア人もそのことをよく知っておりましたので、オランダ語が共通言語になるわけです。ですから、先ほどのオランダ通詞森山栄之助と箕作阮甫が、この交渉の非常に重要なキーパーソンということになります。

森山栄之助と堀達之助
『米艦隊日本遠征録』1856年刊
(日比谷図書文化館蔵)

ペリーのときは、箕作阮甫はその場にはいませんでしたけれども、やはり幕府も長崎のオランダ通詞をあまり信用していないのです。どうも自分たちのいいように物事を持って行きがちだということで、間に入っている人が漁夫の利を得るということはよくありますから、それでオランダ通詞とは系統の違う、オランダ語ができる人が必要だということで、箕作阮甫に白羽の矢が立ったということに

長崎に入港したプチャーチンの船（嘉永六年丑七月魯西亜船四艘入津之図、早稲田大学図書館蔵）

なります。そして、武田斐三郎というのは、これは伊予大洲藩士で、やはり蘭学者で、箕作阮甫の一番弟子です。この武田斐三郎は、箱館の五稜郭の設計図を引いた人です。そういう人が阮甫の弟子なのです。

ゴンチャローフというプチャーチンの秘書官が記録を付けています。その記録によりますと、プチャーチンは長崎に入港したあと、ロシアの国書を受領することを願ったわけです。長崎奉行はそれを受け取りました。が、結構待たされています。7月から10月まで待たされ、やっと10月に江戸から先ほどの使節が来るということを知らされた。ところがロシアは、イギリス・フランスとのクリミア戦争が近かったものですから、いったん上海に出て、また長崎に来て、そして幕府使節が到来するということを告げられて、その12月にやっと第一回の会談がありました。第一回の会談はお互いにこんな人間がいるよということで、本膳料理なども日本側は用意したわけです。そして、今度はパルラダ号にロシア側が招待した。その日に阮甫はゴンチャローフにしっかり観察されています（後述）。その後、会談が何回か行われまして、これらの交渉ではほとんど川路が主導していまして、クシュンコタンという樺太におけるロシア側の拠点にロシア軍がいるのですけれども、それを撤退させてもらわなければ国境の画定はできないとか、またロシア側と条約を結ぶ場合の項目を書き出して交換するとか、あるいはプチャーチンがさらにこの箇条を入れてくれと言ってくることに対応するとか、さらにプチャーチンが最恵国待遇を要求してくるなど。こういういくつか日露の条約につながるような下交渉をしていますが、この交渉にすべてかかわっていたのが箕作阮甫ということになります。最恵国待遇というのは、例えばロシアに最恵国待遇を付与していた場合、次にアメリカと条約を結んだら、アメリカと結んだ内容は自動的にロシアにも適用させるという、そういういいとこどりの先取り条項なのですが、これを理由があるからよいのでは、というふうに進言していたのは、実は箕作阮甫なのです。ロシアのほうが、アメリカよりも信用できる。そういうふうな考え方が当時ありまして、それを進言していたと思います。

日露修好条約

プチャーチンのほうは、さらにいろいろな事情がありまして、長崎を出港しました。それからアメリカ艦隊が再来して、箕作阮甫がそろそろ長崎から帰ろうかというときに、ペリー再来日の情報がきまして、ペリーとの日米和親条約締結が行われました。箕作阮甫は、これはどんな状況なのか、そしてどんな内容なのか、ということを一生懸命知ろうと、大磯から夜中走って横浜まで行くのです。とても気になったようですね。一方プチャーチンのほうは、また長崎にやってきて、そして樺太のアニワ湾で日本使節が来るのを待つといって、また出て行ってしまう。プチャーチンという人は、なかなか腰の落ち着かない人ですね。さらに、長崎で日英修好条約が結ばれて、それにあせってプチャーチンは箱館に行く。さらに箱館から大坂湾に姿を現して、大坂で朝廷に圧力をかけようとする。そして筒井、川路、村垣が、川路には当然箕作阮甫もついて、下田に到着しました。そして、条約交渉しようというときに、東海大地震が起きまして、これでロシア軍艦ディアナ号が大破しました。でも、その地震のあとも交渉が再開されました。そしてディアナ号は西伊豆の戸田《へだ》というところに行きますが、その途中で航行不能になって沈没してしまったので、ロシア人が帰れないではないかという話になって、そのあと、日本人の船大工さんとロシアの大工さんが一生懸命船を造って、それで帰って行くということになります。そういうアクシデントがありながらも、頑張って日露修好条約の最終原案ができまして締結した。この間も箕作阮甫はかかわっていた。ただ、箕作阮甫の記録を見ましても、本当に重要なところは、なかなか出てこないのです。やはり外交機密に関することは、残していないということであります。今後さらに阮甫がどういうかかわりを持ったのかというのを、点検する必要があると思っています。そして、プチャーチンのほうは、日本人と一緒に造った船だけでは収容しきれなかったので、アメリカ船やドイツ船で、それからヘダ号の3ルートで帰っていきました。

ディアナ号模型（戸田造船郷土資料博物館蔵）

さて、日露修好条約の意義です。実はまだ日露間では通商条約を結んでいないのですが、そのあと追加条約を日露では結んでいまして、そのあとに日米修好通商条約を締結し、その上で日露の通商条約が結ばれています。ただ、すでに日露修好条約の段階から、ロシアと日本は、やはり必需品の小売りをするという、限定的ですけれども、川路なども交易をするという考え方をすでに持っておりました。それはやはりロシアとは、以前のレザーノフのときにロシアは通商要求をしているから、ロシアには認めてもいいんじゃないかという考え方が幕府内部に存在したのです。したがいまして、ペリーが高圧的にやって来たから国を開いたというよりも、その前の19世紀初頭の日露関係があったから、ソフトランディングできたのだというのが、実は最近の対外関係史の研究者の考えなのです。ペリーに押しまくられてどうのこうのというのではなくて、日本はすでに開国・通商のオプションを持っていて、それを次第にいろいろな事件の中で学びながら行っていったということになります。その上で最恵国待遇をロシアには与えていた。ペリーには、これは与えませんでしたから。やはり、いかに日本がロシアに対して好意を持っていたかということがよく分かります。

魯西亜使節応接図(早稲田大学図書館蔵)

ですので、日本が国際社会にデビューするきっかけ、これはロシアと、そのロシアにかかわった箕作阮甫や川路聖謨がとても重要ですし、特に箕作阮甫はある意味民間に近い、完全な民間人ではありませんけれども、津山藩士ですけれども、そういった人たちが必要とされた。幕府の、本来のオランダ通詞ではない人がスカウトされ関与したというところが、重要だというふうに思います。

ユーモアと不退転の決意

さて、阮甫が仕えた川路という人は、ロシア人と「女性談義に移った」と書いてありまして、外交のみならずいろいろな話をしたようです。そして箕作阮甫も、先ほどのゴンチャローフに、「私は髷をつけていない丸坊主に剃り上げた頭を見かけた。それはドクトル〔箕作阮甫〕であった。医者と坊主はまるきり髪を蓄えないのである。彼をこちらのドクトルに紹介したが、いたって活発な男で、わずかながらオランダ語も話すのであった。」と観察されています。オランダ語の会話はそれほど活発ではなかったかもしれませんが、オランダ語文の翻訳力は当代随一であったというふうに思います。それが箕作阮甫なのです。

ところが箕作阮甫の『西征紀行』を見ると、交渉の場では川路も阮甫もお互い明るく振る舞っていましたが、ある時、川路聖謨は「涙を迸らせた」というわけです。要するに、交渉が始まる前、幕府に呈上する書類をみんなで読み合わせていたら、みんなで涙を流したのだと。そして、これからどうなるのだろうと、そういう話なのです。だからやはり外交当局というのは、非常に大変で、顔で笑って心で泣いてという部分があるのです。今の話は、津山洋学資料館友の会で出された、木村岩治先生編の『箕作阮甫 西征紀行』からです。これは、非常に重要なお仕事だと思います。この本はまだあるのでしょうか。もしかしたらインターネットで買えるかどうかです。

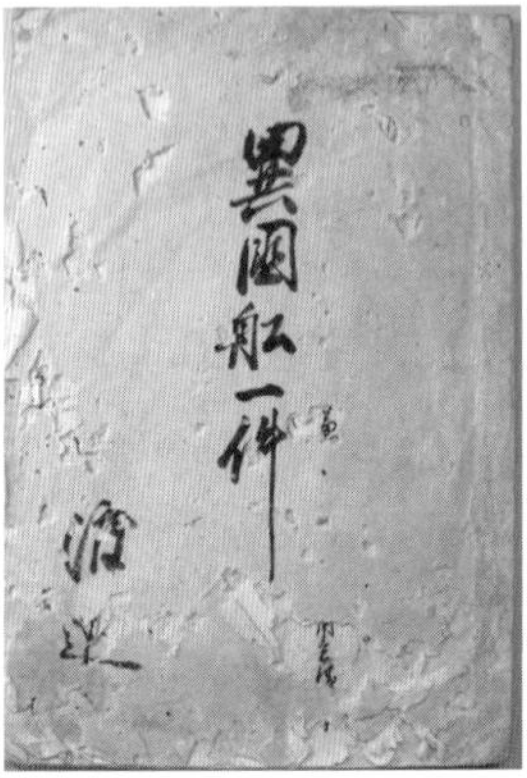

ともかく外交当局は、やはりユーモアと不退転の決意が必要だろうというふうに思います。私がどうしてそう思ったかというと、長崎の防衛を担当している佐賀藩・福岡藩には、80人の「捨足軽」という秘密兵器がありまして、これはどういうものかというと、火薬を小樽に詰めて服の下の上半身にまきつけ、いつでも点火、つまり自爆できるようにしていたというのです。そういうものがちゃんと長崎には存在していたということが分かりまして、やはり外交の最前線というのは命をかけるというのが当たり前ということなのです。

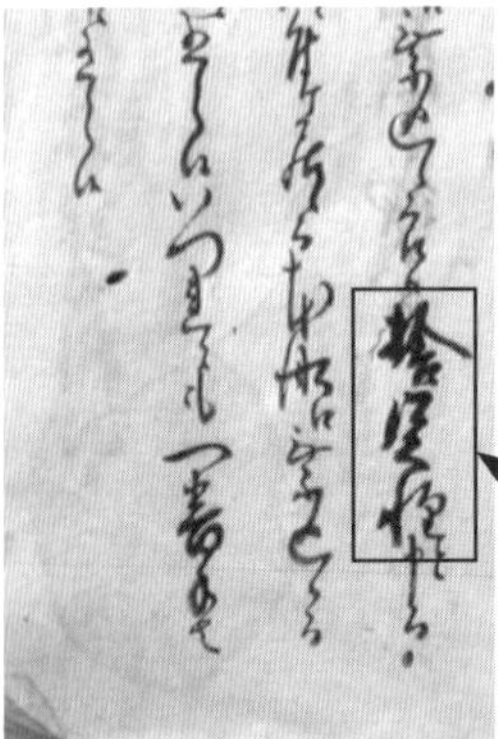

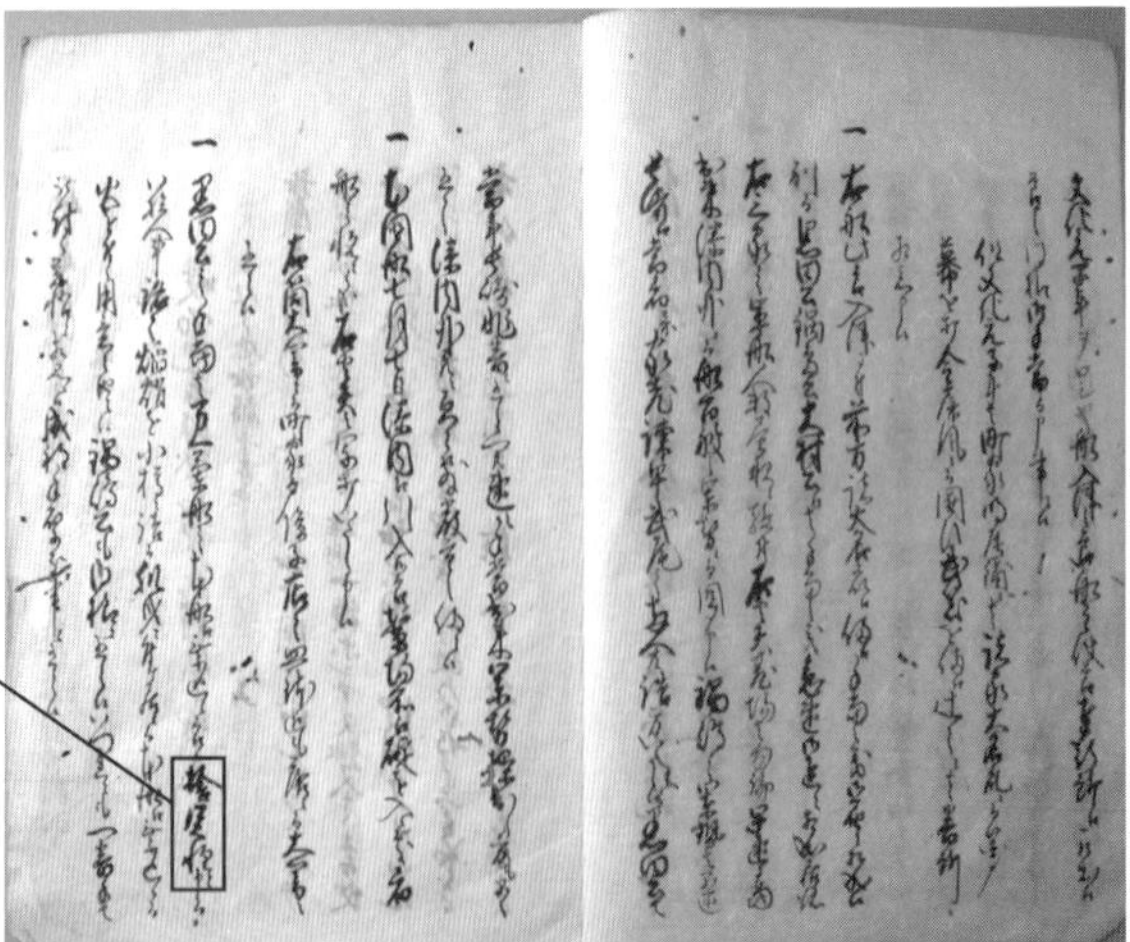

「捨足軽」の文字（岩下哲典氏提供）

ですから、外交当局者は、憂国の士であるべきですけれども、ユーモアを持っている必要も当然あります。そして、歴史を忘れないでいただきたいということです。日露問題に携わる人は、阮甫の『西征紀行』や『長崎日記』、『下田日記』、後の二つは川路聖謨の日記ですが、これらをしっかり読んでほしいものです。それから今日本では、国際化とか、グローバル化とか言っていますけれども、本当の国際化やグローバル化とは一体何だろうかということを歴史から勉強する必要があるだろうと思います。その答えは、実は津山洋学資料館にあるのではないかなというふうに思います。実は今、洋学資料館では、6月19日まで企画展「日本とロシア　箕作阮甫と秋坪の対露交渉」という展覧会をやっているわけです。この展示会をぜひ多くの人々に注目して見ていただきたい。これが本日の最も重要な結論でございます。

ご清聴ありがとうございました。

◆基調講演

箕作阮甫、その学者としての系譜

津山洋学資料館元館長　下山純正

下山純正（しもやま・よしまさ）
専門は洋学史、医学史。特に、在村蘭学の総合的研究をテーマにしている。洋学史学会、日本医史学会関西支部などに所属。共著に『在村蘭学の展開』『岡山県歴史人物事典』『洋学資料に見る日本文化史の研究Ⅲ』『洋学資料に見る日本文化史の研究Ⅳ』など。

皆さんこんにちは。ご紹介いただきました下山でございます。岩下先生に引き続いて、お話を進めてまいりたいと思います。初めに、箕作阮甫の業績について、もう少し整理をしてみたいので、パワーポイントの画面をご覧いただければと思います。

業績の1番目は、先ほど司会の方からもお話がございましたが、阮甫という人は非常に著訳書が多いことです。その総数は99部160余冊にも及びまして、これは国会図書館の憲政資料室というところに箕作家から寄託されています。訳した本を積み重ねると阮甫の背丈を超えたと伝えられていますが、阮甫と同年代の津山藩医宇田川榕菴の身長が遺骨鑑定の結果164センチですから、阮甫の身長は、おそらく160センチあるかないかだったと思います。著訳書はそれくらい膨大なもので、しかも、医学・語学・西洋史学・軍事科学など学問領域が非常に広いということが特徴です。

2番目に、岩下先生からもお話をされましたように、幕末の対米・ロ交渉に奔走しました。これはくどくどと申しません。先ほどのお話のとおりです。

3番目に、これもお話の中にもちょっと出ていましたが、蕃書調所の首席教授を務めたことです。この蕃書調所というのは、のちに東京大学へと変わっていきます。当時は学校の制度が次々と改正され、何度も校名が変わった時代ですが、最終的には東京大学に落ち着きました。蕃書調所の首席教授というのは、今で申せば大学の総長格の仕事ですから、阮甫のことを称して、「日本で最初の大学教授」というような言われ方をする方もいます。

次に4番目ですが、それは、お玉ヶ池種痘所の設立に努めたことです。お玉ヶ池の種痘所というのは、疫病として恐れられた天然痘を予防するための施設でした。天然痘は有史以来、全国的に何度も流行したのですが、それに感染しないために当時の先端医療であった牛痘種痘を広めようと、安政4年（1857）、そういう場所を設けようとしたわけです。そこで蘭方医の有志が連判状を作って幕府に進言するのですが、その筆頭に阮甫の名前があります。このお玉ヶ池の種痘所が、のちに東京大学の医学部へと発展することになります。ですから箕作阮甫は、東京大学と東京大学医学部の両方の創設に関わったことになります。平成20年（2008）、私がまだ現職中のときでしたが、東京大学医学部が設立150年を迎え、安田講堂で記念式典を行うというので、津山市長と洋学資料館長に招待状が届いたのを覚えています。

学者の系譜

5番目は、箕作家一族が「学者の系譜」として知られているということです。よって、本日はそのことについてお話をしたいと思っています。

まずこれは、『高等小学修身書』という子ども用の修身の教科書です。今は修身とは言いませんけれど、いわゆる道徳の教科書ですね。これに、箕作阮甫が取り上げられているんです。この本は、昭和8年（1933）に出版され15年（1940）に再版されていますが、阮甫が多くの著訳書を刊行し、幕末期の外交交渉に活躍した大変な学者で、その子孫からは立派な学者が輩出されたということが書いてあります。確かにそのとおりなのですが、今考えてみますと、時代が時代ですから、国威発揚とか戦意高揚という感じにも取られかねないかもしれませんね。したがって年配の方の中には、修身の時間に箕作家や阮甫のことについて習った方もおられるのでしょうか。

『高等小学修身書　児童用』文部省（津山洋学資料館蔵）

これから、その系譜について話してまいりますけれども、本題は、阮甫以降の話です。しかし、箕作家の先祖について、まったく話さないというわけにもまいりませんので、こちらの系図を見ながら少しだけ触れておきたいと思います。

箕作家は、元は近江源氏の流れをくむ佐々木氏でした。新幹線で京都駅から名古屋方面に向かいますと、近江八幡、安土というところがありますよね。安土城という有名な城があった場所が国指定特別史跡になっていますが、その辺りを通過する際、名古屋方面に向かって右側の車窓にいくつかの山々が見えてきます。それが古戦場としても知られる観音寺山や箕作山なのですが、その箕作山の麓に佐々木氏の一族が居を構えていたものですから、後に山の名前を取って、「箕作」と名乗るようになったといわれています。

それから、室町時代の終わりごろ、永禄11年（１５６８）には、箕作一族が織田信長の上洛に反抗して、戦いに敗れてしまいます。それで、甲賀に逃れて隠れ住みます。その40年後、図の一番左側にいる泰秀が、今度は大坂の陣で豊臣方につくわけです。それでまた敗れてしまい、今度は小豆島に逃れることになります。小豆島は切支丹（キリシタン）だった小西行長が管理していたことから、切支丹が多く逃げ込んだようで、今でもそういう遺跡や墓石が数多く残っています。箕作という一族は、ひょっとしたら切支丹ではなかったかという説もあるので、小豆島に逃れた背景にはそんなことがあったのではないかと思います。

さて、この泰秀には、泰連・義林という息子が２人いました。寛永14年（１６３７）に島原の乱が勃発するのですが、どういうわけかこの２人が、島原の乱を見学に行っているのです。そんな史実か

箕作家系譜(阮甫以前)

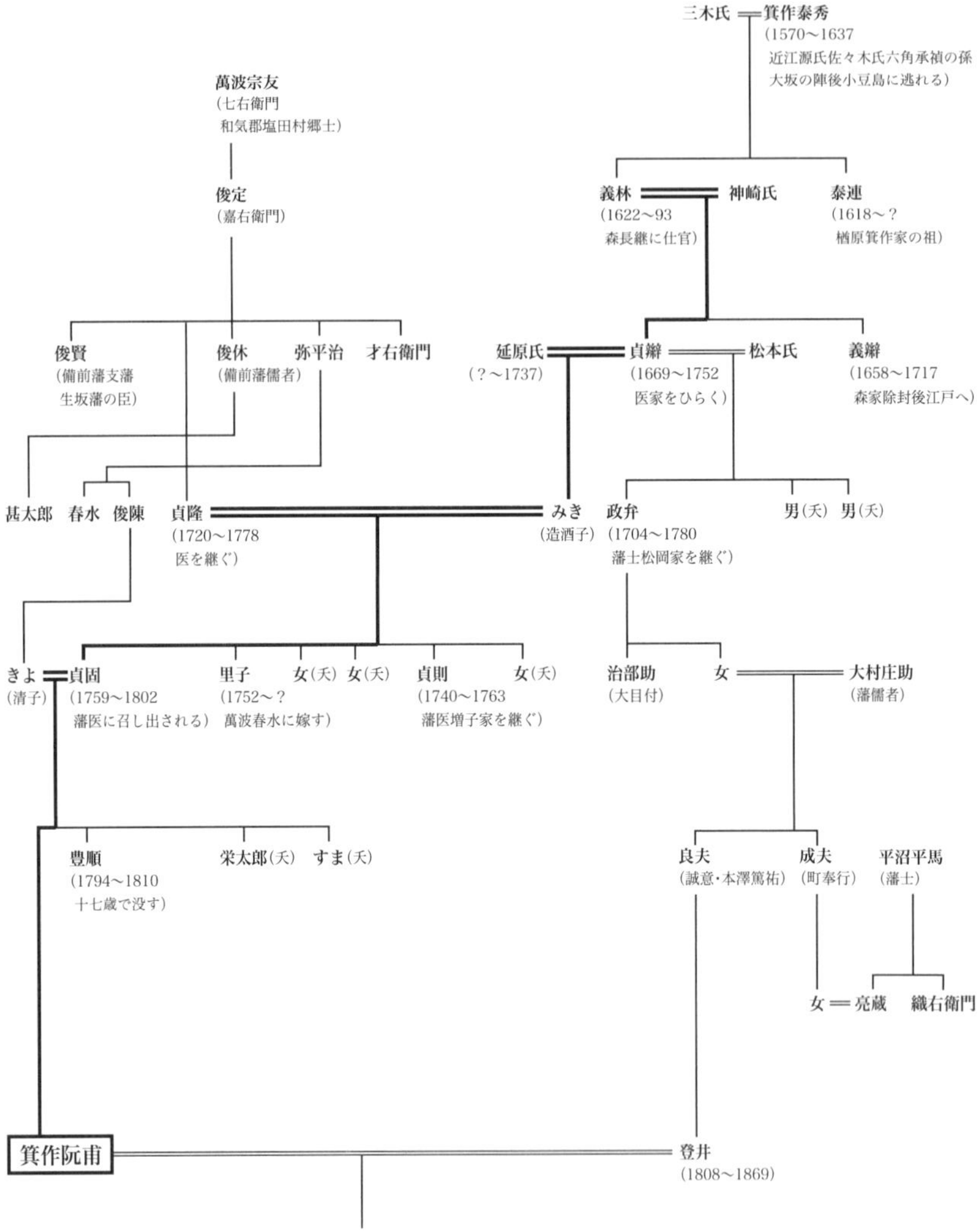

三木氏
箕作泰秀
(1570〜1637
近江源氏佐々木氏六角承禎の孫
大坂の陣後小豆島に逃れる)
萬波宗友
(七右衛門
和気郡塩田村郷士)
俊定
(嘉右衛門)
義林
(1622〜93
森長継に仕官)
神崎氏
泰連
(1618〜?
栖原箕作家の祖)
俊賢
(備前藩支藩
生坂藩の臣)
俊休
(備前藩儒者)
弥平治
才右衛門
延原氏
(?〜1737)
貞辮
(1669〜1752
医家をひらく)
松本氏
義辮
(1658〜1717
森家除封後江戸へ)
甚太郎
春水
俊陳
貞隆
(1720〜1778
医を継ぐ)
みき
(造酒子)
政弁
(1704〜1780
藩士松岡家を継ぐ)
男(夭)
男(夭)
きよ
(清子)
貞固
(1759〜1802
藩医に召し出される)
里子
(1752〜?
萬波春水に嫁す)
女(夭)
女(夭)
貞則
(1740〜1763
藩医増子家を継ぐ)
女(夭)
治部助
(大目付)
女
大村庄助
(藩儒者)
豊順
(1794〜1810
十七歳で没す)
栄太郎(夭)
すま(夭)
良夫
(誠意・本澤篤祐)
成夫
(町奉行)
平沼平馬
(藩士)
女
亮蔵
織右衛門
箕作阮甫
登井
(1808〜1869)

らも、キリシタンではないかという疑問が持たれるわけです。ところが、参戦できず仕舞いで小豆島に戻ってきます。切支丹が多く住んでいた小豆島自体が警備の対象となり島にも戻れない。結局、津山から東方の宿場町勝間田（現勝央町勝間田）に住む母方の遠縁である三木氏を頼って美作で暮らすことになります。その後、父泰秀らを呼び、楢原大谷（現美作市楢原）に隠れ住みます。中国縦貫自動車道の美作インターを下りた辺りがちょうど楢原というところですが、大谷の箕作家旧宅跡に立つと、本当に山中に隠れ住んでいたんだなと実感できます。

兄の泰連は、その後も楢原に住み続けましたので、今でも美作市楢原に2軒だけ箕作という姓があります。弟の義林は津山へ出て、津山藩が森家の時代に仕官をしています。その後、貞辯が生まれ漢方医になったものですから、ここから医家箕作家が始まります。貞辯は娘のみき（造酒子）に、和気郡塩田村（現和気郡和気町塩田）の郷士萬波家から貞隆を養子にもらい、やがて阮甫の父になる貞固が生まれます。貞固の妻も萬波の出であり、ややこしいのですが、父貞隆の兄萬波弥平治の孫娘きよ（清子）となります。

貞固は清子との間に一女三男を儲けますが、長女すまと長男栄太郎は夭折してしまい、二男豊順と三男阮甫の二人が育ちました。ところが、兄の豊順が医学修行の途中17歳で亡くなってしまい、残された阮甫が医家箕作家を継ぐことになってくるわけです。ようやく箕作阮甫までたどり着きました。

優秀な人物を輩出

ここからいよいよ本題の阮甫以降についてお話をしたいと思いますが、これについてはパワーポイ

箕作家系譜

箕作阮甫
‖
大村登井

- せき（初めはさき）
  - 島崎曹二（津山藩医島崎恕庵三男）‖せき
  - 呉黄石（広島藩医）旧姓山田 ‖ 岩本ノブ子
- 女（夭折）
- つね ‖ 秋坪〈養子〉（菊池文理二男・蕃書調所教授職 明六社、英学塾三叉学舎を興す、教育博物館長・図書館長）
- ちま（初めはしん）‖ 省吾〈養子〉（岩手水沢藩佐々木氏の出 地理学者）

ヤス（伊予吉田藩医の大槻魯庵に嫁す）

文聡【統計学者】
‖
やす

- 夏（会社重役の古田良三に嫁す）
- 敏（三井銀行の小松恒太郎に嫁す）
- 建【内科学】（東大教授）
- 文炳【経済学】（日大総長）
- たつ（鷲見寛司に嫁す）

クミ（明治女学校長。柏原浩明に嫁す）

リキ
‖
日高秩父（書家・内大臣秘書官）

- 得二（貿易等海外業務に携わる）
- 愛子（北島常晴に嫁す）
- 喜美子（大島与吉に嫁す）
- 勲子（海軍経理学校長の大東健夫に嫁す）
- 光三（田中家を継ぐ）
- 第四郎（文部次官・学習院副院長）
- 第五郎（書家・成城学園教授）

みな
‖
秀三【精神医学】（東大教授）
‖
みつ

- タマ（三浦家を継ぐ）
- カツ（東北大学教授の木村男也に嫁す）
- 茂一【西洋古典学】（東大教授）
- いくよ（斉藤助尭に嫁す）
- 芳江（三浦家養女となる）

- 章二（日大藤沢高校教務課長）

奎吾（英国留学、十五歳で開成所教師）

大麓【数学】（東大・京大総長、文部大臣）
‖
タツ

- タミ（憲法学者の美濃部達吉に嫁す）
- 千代子（法学者の鳩山秀夫に嫁す）
- 泰二（物理学研究途上で死去）
- 冬子（東大教授の末弘厳太郎に嫁す）
- 英子（国鉄技術官の平山復二郎に嫁す）
- 健三【動物学】（東大教授）
- 正士【原子物理学】（東京理科大学長）
- 百合子（川村学園長で千葉県知事の川村秀文に嫁す）

佳吉【動物学】（東京理科大学長）
‖
安

- 良次（日本郵船）
- 新六【理論化学】（東北大学教授）
- 花子（ILO日本代表・吉阪俊蔵に嫁す）

元八【西洋史学】（東大教授）
‖
ミツ

- 綾子（医博・眼科医の甲野謙三に嫁す）
- 秋吉（理博・作曲家）
- 縫子（矢野矢に嫁す）
- 洋輔（工業技術家）
- 歌子（堀田嘉幸に嫁す）

坪井正五郎【人類学】（東大教授）
‖
直

- 誠太郎【地質学】（東大教授・東京科学博物館長）
- 春（西田正三に嫁す）
- 菊（佐谷台二に嫁す）
- 忠二【地球物理学】（東大教授）

もと
‖
麟祥【法学】（行政裁長官）
‖
東子

- 貞子（東大教授で動物学者の石川千代松に嫁す）
- 操子（大阪大学長の長岡半太郎に嫁す）
- 祥三（早世）

- 俊夫（経済学研究途上で死去）

画像提供：津山洋学資料館

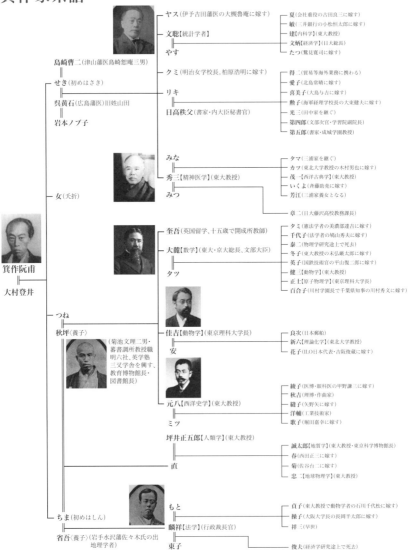

ントだと文字が見づらいため、プログラムにある系譜と画面とを参考にしながらお聴きいただければと思います。

プログラムの系譜をご覧いただくとお気づきでしょうが、「学者の一統」といわれているすごい系譜なんです。こんな家に生まれたらプレッシャーで大変と私はいつも思うのですが、それほど大変な学者の一族でございます。明治時代の著名なジャーナリストに福地源一郎という人物がいますが、彼の書き残したものを見ますと「箕作の血は学者の血だ」とあります。それだけ優秀な人物を輩出したということが、当時から有名だったわけですね。

系譜のとおり、箕作阮甫には男子は生まれず、女子ばかり4人生まれています。長女のせき、2女は夭折し、三女つね、四女ちま。したがって実質3女ですね。

この写真は阮甫と妻の登井《とゐ》です。これは相当晩年になった長女のせきの写真です。彼女は最初に、津山藩医で鍼灸医の島崎曹二と結婚しますが、性格の不一致かどうか分かりませんが離婚をしてしまいます。ちょうどそんなときに、広島藩医（江戸詰）の呉黄石《くれこうせき》という人物がいまして阮甫宅に出入りしていたようです。阮甫の門弟で、大庭郡久世出身

登井（とゐ）（箕作有俊氏蔵）

せき（長女）（箕作有俊氏蔵）

（現真庭市久世）の牧穆中が、先生（阮甫）に内緒で2人の仲を取り持ってしまい、あとで阮甫に叱られるというようなことがありました。呉黄石も妻が早世して独り身だったため、この2人が一緒になったわけです。系譜には呉黄石とありますが、旧姓は山田でした。今の広島県の呉市、当時は呉村でしょうが、そこが出身地だったものですから、晩年に地名を取って呉と改名したのです。何となく中国人名のようですが、日本人なのです。そこから呉家の一統が始まります。

つね（三女）

ちま（四女）

　長女を他家へ嫁がせたわけですから、箕作家の存続を願う阮甫としては悩むところです。つね・ちまが残っていますので、いずれかに養子を取らなければならないと考えていたときに、先ほど岩下先生のお話にも出ておりましたけれども、奥州水沢（現岩手県奥州市）から学問を志して江戸に出てきた佐々木省吾という門人がいました。奥州水沢といえば、有名な高野長英の出身地です。省吾は、当初長英への憧れもあって江戸・京都で蘭学を修め、地理学に長けていました。一旦水沢へ戻りますが、師である坂野長安の講義に度々登場する阮甫の名声に憧れ、弟子になれることを夢見て再度江戸に出たようです。

弟子の省吾を養子に

阮甫は真摯な性格で学問に対しても熱意を持った省吾をいたく気に入り、養子に迎えることを決めます。その際、省吾に「お前、つねとちまと2人が残っているが、どっちでも好きな方を選び、養子にならんか」と言ったそうです。その時省吾は、「ちまさんはつねさんに比べると不べっぴんなので、美人のつねさんはどこへでも嫁にやれるから、私は不べっぴんのちまさんでいい」と言って、ちまを選んだそうです。このことは、省吾の一粒種である麟祥の追悼文集『箕作麟祥君伝』という本の中に出ています。このつねとちまの画像を比べてご覧ください。ちまが特に不べっぴんという感じはしないのですが。ちまにしてみれば、「まぁ失礼ね！」という感じでしょうけれど。

これは後で分かったことなのですが、阮甫の娘の1人に疱瘡（天然痘）を患った子がいたということです。今はそんな方は見かけませんが、うろ覚えですが、私が子どものころには、天然痘のあとかたが残った年配の方を見かけた記憶があります。ひょっとしたら、ちまの器量の問題ではなく、顔に天然痘のあとかたがあったのかもしれませんね。省吾は心優しい人物だったものですから、そういう気遣いもあったのではないかと思います。

この省吾が、『新製輿地全図』・『坤輿図識』・『坤輿図識補』という幕末のベストセラー・ロングセラー地理書を刊行して、これで箕作家の家計が潤ったという話を、先ほど岩下先生がされていました。

呉 黄石

この本はそれほど広く読まれたわけですが、あの吉田松陰・桂小五郎・坂本龍馬たちが愛読していたことも有名で、彼らもこの本からなにがしかの影響を受けたであろうことは推察できます。ご承知のように、外国への留学を夢見た松陰は、ペリー来航中にアメリカ艦への乗り込みを画策し密航を企てますが、その目的は果たせず、長州へ檻送され幽閉の身になってしまいます。山口県萩市にある松陰神社境内の至誠館には、松陰が兄に宛てて送った「今度、牢に来るときには『坤輿図識』を持って来てくれ」という内容の書翰が何通も所蔵されております。松陰にそう言わしめた本を著したのが、この箕作省吾なのです。

ところが、省吾は労咳（結核）を患っていて、『坤輿図識補』を執筆中に吐血して原稿が血で染まったそうです。そんな無理がたたって省吾は27歳で亡くなってしまいます。深い悲しみに暮れた阮甫でしたが省吾のやり残した仕事を引き継ぎ、これを最後まで仕上げて出版にこぎ着けたんですね。そういうことから、この本は「喀血の書」として広く知られることになりました。

さて、残された妻のちまは困ってしまいますよね。一粒種の麟祥という子も生まれ、これから幸せな生活をと思っていたら省吾が突然亡くなってしまうわけですから。ふびんに思った阮甫は、ちまを加賀百万石の前田公の側室のところへ一生奉公に出し、麟祥をあずかることになります。

阮甫としては、また養子を考えなくてはならなくなりまして、門人であった菊池秋坪（現真庭市下呰部出身）をつねに迎えることを決めます。そして、手元で修行させると甘えが出るため、「信頼する緒方洪庵の適塾で学んでこい」ということで、大坂にやられるわけです。その後江戸に戻って正式な養子としてつねと結ばれます。

この秋坪も大変な人物でして、幕末に2度もヨーロッパに行った人です。文久年間には開市開港延期交渉のためにヨーロッパを6カ国も回っています。また、ロシアとの国境交渉にも出向くという慌ただしい動きをしています。明治になっては明六社に参画したり、私塾の三叉学舎という英学塾を開いています。塾生には、平沼騏一郎や平沼淑郎、明治屋を創立した磯野計、変わったところでは東郷平八郎、平民宰相の原敬、こういう人たちがいました。ここではおおよそ300名近い若者が学んでいます。

その秋坪が多忙を極めていた最中、今度は妻つねが38歳で亡くなってしまいます。箕作家としては大変ですね。そこで、一生奉公で出ていたちまを呼び戻し、箕作家を守るということもあって、秋坪と再婚することになります。そのため系譜の線が複雑になっているわけです。その秋坪とちまの間にも一人娘の直が生まれています。直はのちに人類学者として著名な東京大学教授坪井正五郎に嫁すことになります。

この写真が箕作秋坪です。これは外国に行き来していた文久年間の写真と思われますが、目がギョロッとして怖そうな感じがしますね。省吾は突然亡くなって

ヨーロッパ派遣の幕府使節一行。右端が箕作秋坪、右より2人目は福沢諭吉
（慶應義塾図書館蔵）

いますので残念ながら写真を残していません。これは、箕作秋坪が開市開港延期交渉のために、文久2年（1862）にヨーロッパを回ったときに撮影したものです。一番右側にいる丸坊主の人物が秋坪で、医師兼傭《やとい》翻訳方として随行していました。先ほどのギョロッとした目つきの写真とはイメージが少し違うかもしれませんね。その隣にいるのが若き日の福沢諭吉です。二人は同じ適塾出身者ですから仲が良かったようで、旅先でもよく一緒に出かけています。このころから交流があったのですね。

孫の代の人々

次に孫の代の人たちですが。初孫は、ちまと省吾との間にできた一粒種、箕作麟祥です。よく、「りんしょう」と呼ぶ方もいますね。これまでどう読むのが正しいのか、はっきりしてなかったのです。「名前をどう読むんだ」と問われて、麟祥自身が「これは唐獅子めでたと読むんだ」と冗談を言っているぐらいですから。最近、麟祥の三男祥三が自書した「親族書」を見ましたら、「あきよし」とふりがなをふっていたので、「あきよし」と読むのが正しいようです。なかなか難しい読み方ですけれど、幼名は貞一郎といいました。

養子、箕作秋坪（旧姓菊池）
（津山洋学資料館蔵）

箕作麟祥（幼名貞一郎）
（箕作有俊氏蔵）

徳川民部大輔殿下と日本政府特別使節団（松戸市戸定歴史館蔵）

彼は、慶応3年のパリ万博派遣使節の一員として、フランスに行っています。その際、フランスの法律や経済を学んで帰国し、司法省に出仕することになります。その後の活躍はめざましく、わが国に刑法・民法・商法・訴訟法・治罪法・憲法などのフランス法を輸入した明治期を代表する法制官僚となります。「不動産」・「動産」・「権利」・「義務」、それから「国際法」といった言葉を、法律上の用語として整備していった人物なんです。「尖閣諸島の問題で、国際法に照らし合わせて……」というニュースが流れていますが、そういう言葉というのは、麟祥が法律上の言葉として整備をしたものなんですね。

それから、明治期の法律学校、例えば、和仏法律学校（現法政大学）や専修学校（現専修大学）などの創設や運営にも麟祥が大きく貢献しています。

これが、フランスに行ったときのパリ万国博覧会の派遣の一行の写真です。どこに麟祥がいるかといいますと、後列の右端に頭だけ写っているのが麟祥です。なにか繊細な感じの人物のように見えますね。

次に、系譜の孫のラインの右端をご覧いただきますと、呉文聡という人物がいます。この人は統計学者でして、今も4年に1度実施される国勢調査の原案を作成しました。残念ながら第1回国勢調査が実施される前に亡くなっています。麟祥に学んで、それから慶應義塾や大学南校で学び、その後、逓信・農商務省・内閣統計局などの要職を歴任し、さらにアメリカに渡って学んだ経歴を持った人物です。

日本最初の遣英留学生（外山正一『ヽ山存稿』より）

次に呉秀三がいます。東京大学医学部の教授であり、わが国精神病学の権威です。関連学会の創設にはほとんど秀三が携わっているんですよ。『箕作阮甫』や『シーボルト先生其生涯及功業』という、どちらかといえば医学史的な本の執筆も多く手がけていますが、その方面でも大変に有名な人物です。

呉 文聡（個人蔵）

呉 秀三（個人蔵）

この写真は、慶応3年に幕府が派遣した日本最初の遣英留学生たちを、渡英中に立ち寄った上海で撮影したものです。中心に髭をたくわえた英人ウィリアム・ロイドがいますが、そのロイドの膝に抱えられている少年が大六（のち大麓）です。最初は箕作姓でしたが、のちに父秋坪の旧姓を継ぐことになり菊池大麓となります。当時11～12歳です。兄の奎吾は、下前列の右から2番目です。当時15歳で身体が大きかったと伝えられています。このとき数カ月かけてイギリスへ渡るのですが、その間、留学生たちは船底で英語の勉強をしていたそうです。暇なときには先輩たちに遊んでもらっていた大麓でしたが、この時ばかりは師となって英語を皆に教えていたというから驚いてしまいます。

　これは奎吾の写真です。安政6年（１８５９）、奎吾は8歳の時に蕃書調所の句読師に挙げられ、15歳で先ほどの遺英留学生に選抜されます。イギリスのユニバーシティ・カレッジスクールで半年あまり学んでいましたが、日本が大政奉還になったとの連絡を受けて、大麓らと共に慌てて帰国します。その後は大学校（現東京大学）に奉職し、中教授、大教授、小博士と累進し、将来を嘱目されていました。しかし、20歳のとき、隅田川で遊泳中に心臓マヒによって溺死をしてしまいます。

箕作奎吾
（箕作有俊氏蔵）

　これは、大麓の写真です。明治3年に大麓は、政府の命令でイギリス留学を命じられ、再びイギリスの地を踏みます。初めはロンドン大学を受け、次いでケンブリッジ大学へと進みます。ロンドン大学の入学試験を3等で合格し、公使館から賞与を受け取っています。それにしても維新後間もなくイギリスに15歳で行かさ

菊池大麓（大六）
（津山洋学資料館蔵）

れて、イギリスの名門ロンドン大学に3番で合格するなんて、彼は一体どんな頭脳をしていたのでしょう。

ケンブリッジ大学では数学を専攻しましたが、成績は常に1番でした。2番目にブラウンという学生がいて、いつも大麓に負ける。東洋からやって来た奴に負けてばかりというので、何とかこれを巻き返したいと思っていた。そんな時、大麓が病気で入院をしたことから、仲間たちは、このチャンスにブラウンが彼を出し抜くだろうと思っていたそうです。しかし、ブラウンは、入院中の大麓を見舞い、講義ノートを届けていたという美談が残っています。そういう友情物語が伝えられているんです。そんなことから、大麓は友人たちから「東洋の奇男児」と呼ばれたそうです。

帰国後は東京帝国大学の学長、第一次桂内閣の文部大臣、それから京都帝国大学の第3代目総長などを歴任しています。ちなみに、京都帝国大学の4代目の総長久原躬弦は津山藩医久原洪哉の子息ですから、「津山の洋学」の流れを汲む人たちが、続けて重責を任ったということになります。

盟友はがっかり

もう一つ、逸話を紹介しましょう。ケンブリッジ大学時代、大麓の友人にスミスという学生がいて、当時、「大麓の代数」、「スミスの幾何」といわれていました。のちにスミスは来日し、かつての盟友である大麓を訪ねたことがありました。スミスが「常に成績優秀だったお前が、どんな出世をしているだろうと思って訪ねてきたが、何をやっているんだ」と尋ねたので、大麓が「文部大臣をやっている」と答えたら、スミスは「え、そんなつまらないものをやっているのか」といったそうです。スミスとしては、大数学者になっている大麓の姿を期待していたのでしょうね。それが政治家をやっていたのでがっかりということでしょうけれど、そういう面白い話も残っております。

系譜で菊池大麓の下を見ていただきますと、長女のタミが、天皇機関説で知られる憲法学者の美濃部達吉に嫁いでいます。その息子が、東京都知事だった美濃部亮吉です。皆さんの世代だとお分かりですよね。最近では、若い人たちに話しても「美濃部亮吉って誰ですか」と逆に尋ねられるんです。そういうことで美濃部家とも姻戚関係にあります。それから次女の千代子は鳩山秀夫に嫁しています。秀夫は、内閣総理大臣を務めた鳩山一郎の弟で、東京大学法学部の教授でした。

次の写真は箕作佳吉です。慶應義塾から大学南校で学び、渡米してハートフォード府中学校、エール大学では動物学の学位を受けまして、ジョンズ・ホプキンス大学、それから渡英してケンブリッジ大学で学んだあと帰国します。帝国大学の理科大学、今でいう東京大学の理学部の教授になっています。

箕作佳吉（佳橘）

女性の方はご存じでしょう。世界で初めて養殖真珠を成功させた御木本幸吉、そしてミキモトパール。しかし、幸吉も最初のころは失敗を繰り返していたようですね。そこで困ったあげく指導を請いに出向いたのが、海洋動物学者の箕作佳吉博士のところでした。鳥羽には、真珠博物館とか御木本幸吉記念館があります。そこへ入館すると大概宝飾真珠の展示ばかりに気を取られて気づかない方が多いと思うのですが、箕作佳吉博士のパネルが展示してあって、佳吉と幸吉が出会うシーンがアニメーションでも流れています。ですから、今度訪ねることがございましたら、ぜひとも、そちらの方も見学していただけたらと思います。

最近、東京湾から珍しい深海鮫ミツクリザメという、口の中からまた口が飛び出すようなグロテスクな鮫がよく捕獲され、テレビでも特番でよく取り上げられています。佳吉が多くの新種を発見したものですから、ミツクリの名がついた海洋生物が意外に多くいるんです。ほかにも、娘花子の名前を冠したハナハゼというのもいましたね。

昭和天皇に西洋史を教授

それから次の写真が元八です。先の三叉学舎で学んだあと、東京大学予備門を出て、東京大学理学部では最初に動物学を専攻していました。それで、ドイツのフライブルグ大学に留学したのですが、強度の近眼だったために顕微鏡が苦手でして、動物学をやっていくには致命傷だったのですね。そこで考えて歴史学に転向することを決め、ハイデルベルグ大学で学び、その後東京大学教授になりました。西洋史が専門でして、『世界大戦史』だとか『仏蘭西大革命史』などの著書で知られています。

元八が一般に知られるようになったのは、彼が亡くなってからのことかもしれません。

それは、ニューヨーク・タイムズ（米国）という有名な新聞社のザルツバーガー記者が、昭和天皇にインタビューしたことがあるのです。陛下に対し、「お若いときにお読みになった書物で何か影響を受けたもの、あるいはまた尊敬している人物がおられますか」という質問をしたんですね。陛下は帝王学を学んでおられますから、誰の影響を受けたとか、誰を尊敬しているというようなことは平素日本のマスコミにはおっしゃらない。ところが、アメリカ人の記者だったということもあって、少し気を許されたのか、『仏蘭西大革命史』を読んで、平和というものは維持しにくく壊れやすいものだということを学んだ」とか「尊敬するのは、政治家でもなければ軍人でもなく、西洋史の学者で……」というので、箕作元八の名前を出されてしまったのです。それがニューヨークタイムズ紙に掲載されたものですから、アメリカで記事を読んだ日本人たちは「箕作元八って誰」ということで話題になった人物なんです。実は、陛下がまだ皇太子の時に西洋史を教授したのが元八だったんですね。たしか、後に陛下が「元八は、どちらにも片寄らない歴史観を植え付けた」ということを話しておられたと思います。

箕作元八

昭和42年、陛下が蒜山での植樹祭のために岡山へ行幸されたことがありました。その当時の県知事は加藤武徳という方でしたが、陛下は植物学者でもおありですから、植物に関するご質問があってはとの心配から専門家を同行させていました。しかし、陛下がふと加藤知事に対して、「今、箕作の家はどうなっているのか」とお尋ねになった際、加藤知事は返答できず困ってしまいます。側近に振ったのですが誰も答えられなくて恥をかいてしまったという話を、岡山市のオリエント美術館の元館長植村心壮先生が『伝えておきたい話』という本の中で書いておられます。

そういうことで、思いつくままに話してまいりました。この学者の系譜を見て、優秀な人物を輩出できたのは遺伝に起因しているという説もあります。かつては大学の医学部で遺伝学の講義において、箕作家の系譜が引用されたこともあったようです。でも私自身は、江戸から維新を経て明治という変革の時代という背景があって、初めて生み出されたもののように思います。そして何よりもその特殊な環境です。右向けば学者、左向けば学者、兄弟も学者、伯父も学者、とにかく周りが皆さん学者ですから、自然に学問の道を極める学者を志して育つわけです。

この箕作家一族が、明治以降のわが国の近代化に大きく寄与したことを、お分かりいただけたと思います。さらに申せば、今後このような系譜はそうそう出るものではないと思いますが、さて如何でしょう。

そういうことで時間になりました。詳しくお話ししたら切りのない話を、端折ってお話しさせていただきました。ご清聴ありがとうございました。

◆対談

箕作阮甫の人物像とは？

岩下哲典（東洋大学文学部教授）
下山純正（津山洋学資料館元館長）
司会
奥富亮子（山陽放送アナウンサー）

司会　先ほどは、家族の系譜ですとか、幕末の外交で奔走した素晴らしい業績の数々を伺ってきましたが、ここからは先生方のお話を踏まえながら、もう少し「箕作阮甫」の人物像に迫っていきたいと思います。

先ほどの岩下先生、下山先生のお話にもありましたが、私も岡山県生まれなのですが、これだけすごい業績をお持ちの方であるのに、意外と岡山県人に箕作阮甫のことが知られていないですよね。下山先生、どうしてなのでしょうか。

下山　その質問は、私が津山洋学資料館に勤めはじめたころから、ずっと聞かれ続けた質問なんです。それでも今では津山駅前には銅像が建っていますし、本日も岡山の地で箕作阮甫についてのシンポジウムが開催されているわけですから、阮甫のことは次第に知られるようになってきているとは思っているのですが。

端的に申し上げれば、箕作阮甫が体制側の蘭学者だったからと言えます。津山は親藩です。「親藩」を分かりやすく言えば徳川の親戚藩ですから、その藩が抱えている学者は体制側と見なされてしまいます。したがって、優秀であれば、幕府から蕃書和解御用への任用や蕃書調所首席教授へと登用され、出世し活躍するチャンスにも恵まれたわけです。しかし、そういう体制側にいる人が、いくら功績をあげてもなかなか評価されないですね。「判官びいき」という言葉がありますが、例えば、高野長英のように幕府批判して逃走し、最後は捕まって非業の死を遂げたということで、そのときは本人は大変でしょうけれども、後には小説の題材に採り上げられたりテレビドラマ化されて歴史上のヒーローになってしまいます。渡辺崋山もしかりです。そういうことで、体制側の蘭学者として学問一筋に生きたことが、今日では、誰もが知ってるような歴史上の人物とはなり難い要因でもあると思います。

司会　地道に築き上げられた人柄というイメージがあるのですが、岩下先生の先ほどのお話では活発な方だったということでした。先生はどんな人物像をお持ちですか。

岩下　活発というか、それはゴンチャローフというロシアの秘書官にそのように観察されたのですが、それは多分、外国人であったからそう思ったのでしょう。なおかつ阮甫自身もオランダ語が相当できるので、いろいろな西洋の文明社会を知ることができたでしょうから、いわゆる体制側の中で生きにくいところもあったとは思います。むしろロシア人とは解放された感じで話をして、そのように観察されたというふうに思ったほうがいいのかもしれませんね。

箕作阮甫　1863年(文久3)夏
(箕作有俊氏蔵)

箕作阮甫　1855年(嘉永7)ロシア艦船訪問時
(丸善雄松堂『ゴンチャローフ日本渡航記』より)

司会　下山先生、箕作阮甫の写真といえば、皆さんにもお配りしているパンフレットに出ているものがおなじみですが、その写真からはちょっと難しい方かなというイメージがありますが。

下山　難しそうな顔をしているでしょう。うかつに冗談をとばしたら、一喝されそうな厳しい顔をしていますよね。

箕作阮甫の写真というのは、これまで2点しか確認されていないのです。1つは、箕作麟祥男爵家の後裔宅に伝わっていた写真で、のちに呉秀三が『箕作阮甫』という本を出版したときの口絵に使用した写真です。そしてこちらはロシアの科学アカデミーに保管されているもので、先ほど岩下先生のお話にあったロシアとの交渉時に、モジャイスキーという人物が撮影してロシアに持ち帰ったものです。このときはまだ津山藩医ですから頭を剃っているわけです。ところがこちらの写真は晩年ですから、藩医を辞して幕府直参になったということで髪が伸びています。オールバックになっているという感じです。一般には、こちらの写真の方がイメージとしては強いと思いますね。

司会 そうですね。お亡くなりになったのが1863年ですから、こちらは最晩年に撮られた写真なんですが、実は最近すごい写真が発見されたんですよね。

下山 実は今、箕作本家がご所蔵の写真資料をお預かりして調べているんです。その中に箕作阮甫の湿板写真（ガラス板写真）があるだろうとは想像していたのですが、同時に撮影された写真が4枚あったということが新たに分かったんですね。それを画像でご覧いただこうと思います。

これなんですが。ご存じのように、当時の湿板写真というのは露光時間が長くかかりますから、何分間も動かないようにしていないとだめだったんですね。動くとぶれてしまうものですから、写真撮影は大変でした。それで、一番左端の写真がこの中では露出もピントも合って最もよく撮れた写真です。

新たに発見された箕作阮甫の湿板写真（箕作有俊氏蔵）
左上の写真をトリミングしたものが一般に知られている

司会　よく使われている写真ですよね。

下山　これをトリミングしたものが、先ほど話した呉秀三著『箕作阮甫』の見開きの写真に使われ、世の中に知られることになったのです。ですから、原板をよく観察するとそれまでは見えていなかった周辺部分もよく分かりますね。

司会　なるほど。ああいうところにもたれている写真だったのですね。

下山　ええ、私はこの写真を40年近く見続けていましたのに、これは時代劇などで殿様が肘掛けで使っている脇息だとばかり思い込んでいまして、今まで何も疑問も持たなかったんですね。ところがよく見ると四本足の文机なんです。それに座布団をのせてもたれ掛かっているんです。さらに、阮甫が座っているのは座布団ではなくて敷き布団なんですよ。この状況を考慮すれば、病床から身を起こして、ぶれたりしないために文机の上に座布団を置いて、それにもたれ掛かりながら撮影されたものなんでしょうね。

それから、隠れた右手には団扇を持っていますね。となれば、撮影されたのは夏ごろではなかったかと想像できます。阮甫が亡くなったのは文久3年（1863）6月17日ですが、新暦では8月1日にあたります。撮影に応じて、体調のすぐれない状態で身を起こし、敷き布団に座したのではないかと

推察できます。断言はできませんが、懐には懐紙入がのぞいているように見えます。阮甫は元来喘息持ちで、労咳だったとする説もあります。もしそうであれば、時間がかかる撮影に臨むにあたり、痰を吐いたり咳き込んだりすることが不安だったのではないでしょうか。そこで懐紙入を忍ばせていたのではと考えます。

司会　襟元がちょっと緩んでいる感じがしますよね。

岩下　だらしがないという言い方はちょっと失礼かもしれませんが、それはやはり病床からこういうかたちで撮影したためですかね。

下山　几帳面な阮甫ですから、恐らく撮影前には家族が衣服を整えたのでしょうが、痩せ細ってしまった身体には着物が合わず、少しの動きで襟元が乱れたり、手の袖のところがめくれたりしたのでしょう。少し疲れた感じがしますが、眼光は鋭いですね。

岩下　それだけに、１００年、１５０年後に見てもらえたらという気持ちがあるかもしれないですね。

下山　もう一つ、この写真を比較してみて興味深いのは、右手が隠れて見えないことで、阮甫の深層心理を読み取れることなんですね。

司会　ああ、はっきり写っていないですね。

下山　阮甫は幼少時の怪我が原因で右ひじを悪化させ、右手が不自由になってしまったんですね。そのため、大人になっても匙で食事を取っていたそうです。となれば、当然右手に劣等感を持っていたのではないかと思ったんです。さっそく箕作家に連絡して、「どうも右手を隠そうとしているように見受けられるが……」とお尋ねましたら、「右手にコンプレックスがあって、撮影の時には隠そうとしたと伝え聞いています」とのことでした。しかし、このコンプレックスがあったればこそ、学問で身を立てなければならないという強い意志を持ったわけで、これは非常に重要なポイントですね。

司会　存じ上げませんでしたが、医者（藩医）として、また、学者としてはちょっと支障があるかなと思われるぐらい悪かったのでしょうか。

下山　勿論、藩医ですから医者（臨床医）としての仕事は支障なくやっていました。しかし天保5年（1834）2月に江戸で大火があった際、類焼によって彼の家財や蔵書などは全て焼けてしまったんですね。そこで阮甫は、「これからは西洋の書物を研究し翻訳することに専念し、そのことで世間の役に立とう」と考えるようになったんです。

司会　岩下先生、そういった幼少期からの思いというものが、やはり箕作阮甫という人物をつくりあげた原動力につながったというふうにお考えですか。

岩下　そうですね。それはあると思います。幼少期の原風景というのは一生もっていくものですからね。それから、この写真についてもう少し話しますと、おそらく首押さえをしていたのではないかと思うんです。このころの写真は必ず首押さえして、首を固定しないと顔がぶれてしまうので、見えないように首押さえをしていた可能性があります。それから後ろは白い布ですので、私は家の中ではなくて外でそういうセッティングにして撮った可能性が高いと思っていますが、下山先生、どうでしょうか。

下山　そうですね。敷き布団のことがあるので家の外まで行ったかどうかは何とも言えませんが、撮影者が明るい場所で撮りたかったことは分かります。あの当時、露光の問題がありますから。

岩下　そうですよね。表情をこのようにつくったというのは、病床であっても、自分はこういう人間だったんだということを後世に残したいという思いはあったというふうに思います。

下山　これを撮影したのは、確定ではないのですが、佐賀藩医の川崎道民ではないかと思っています。先ほどお見せした写真の中に、箕作秋坪と福沢諭吉らがヨーロッパに行ったときの記念写真がありましたが、あの真ん中あたりに道民が写っていたんですね。道民はアメリカやヨーロッパで湿板写真を学びまして写真機材も買い込んでいたんですね。これは想像なんですが、文久2年（1862）12月に帰国した秋坪が、養父阮甫の体調がすぐれないことを心配して、写真撮影の心得がある道民に、遺影ともなろう写真撮影を依頼したのではないかと思うんです。そして翌年夏に病床にあった阮甫を説得したことで、痩せ細ったものの凛とした最晩年の大学者箕作阮甫の姿が写真として残ったのではないでしょうか。

カボチャを担いで笑う島霞谷（個人蔵）
（画像提供：群馬県立歴史博物館）

岩下　当時、笑っている写真というのはほとんどなくて、島《しま》霞谷《かこく》という人が自分で撮影したものが唯一あるものと言われています。大笑いしている写真というのは難しいのです。笑うのを固定するのは難しいですから、やはりきちんと

した顔で撮らないといけなくて、そうすると緊張しますから、その時にはぁーと力を抜くと「魂抜かれた」という話になっていくのではないかと思います。だから、「写真を撮ると魂を抜かれて早く死ぬ」と言われるようになったのだと思いますが、だいたい写真というものはその人の晩年に撮るからやっぱりそういう話が出てくるのではと思います。

司会　ああ、なるほど。その話につながるんですか。家族に自分のしてきたことやこういう人だったというものを形として残しておきたかったのでしょうね。下山先生、箕作阮甫は子どもの時に幼くしてご家族と別れていて、気の毒な人ですよね。

下山　そうなんですよね。これは阮甫の人間形成にずいぶん影響したと思います。父貞固が亡くなったのは享和2年（1808）で、すでに長兄は夭折していましたし、次兄豊順は当時9歳、阮甫は4歳でした。母清子は42歳で、まだ80歳の祖母もいました。今でいう母子家庭です。父は藩医でしたが収入は半減したことで生活は困窮したでしょうね。家庭を守り、家を再興しなければならなかったわけですから、清子は阮甫や兄の豊順に対して厳しく養育したと伝えられています。ですから、阮甫も大変苦労して育ったわけです。

岩下　今の人もやはり、苦労したほうがいいのではないですか。

司会　苦労したほうが……。系譜だけを拝見していると、すごく家庭的に恵まれているという印象を持つ方もいらっしゃるかもしれませんが、ご自身は本当に苦労して箕作家の礎を築かれた方だというところで少し身近に感じていただけるかと思います。

さらにもうちょっと人間らしい逸話といいますか、箕作阮甫という方はものすごく真面目な人に見えますが、大変お酒がお好きだったようで、毎日毎晩、お酒を飲まれていたと、岩下先生も書かれていましたよね。

岩下　そうですね。箕作阮甫の「西征紀行」という紀行文がありまして、これは江戸から長崎、そして長崎から江戸まで帰ってくるものですけれども、ほとんど毎日お酒の記述があります。寒い時期だったので、やはりお酒で暖を取るということもあったと思いますが、幕府の重要な使節の従者であり、有名な学者ですから、道中に領地のある大名からもらい物をするのですが、その中にはかなり日本酒があります。そして、中でもおいしかったお酒ということで、私の郷土の木曽の酒がおいしかったと箕作阮甫先生は書いて下さっています。有り難いことですね。

それから、福岡の黒田の殿様からもらった酒も大変おいしかったので「もっといただきたい」と言ったそうで、それでガラス製のビンまでもらっています。当時はガラスのビンは非常に貴重だったので、そのビンももらって、おそらくかごの中でもビンが転ばないようにつるしてちびりちびり飲みながら行ったのでしょう。

関ヶ原を通るところがあるのですが、そこには、阮甫の祖先が城主だった箕作城があるので見たかったそうですが、お酒を飲んでいて眠りこけていて寝過ごしてしまったそうです。だから、後でたいへん後悔しているんですね。

司会　写真や業績のイメージからだと、本当に真面目できっちりした人かと思っていましたが、そういうお話を伺うと、ちょっとチャーミングな側面もお持ちだったのかなと。

一つのエピソードの一つとして、勝海舟が弟子入りしたいという願いを強く厳しく断ったという話があると聞きました。

勝海舟（国立国会図書館蔵）

岩下　勝海舟の『氷川清話』という有名な本がありますが、そこに海舟が「箕作阮甫と……」と書いているところがあって、私としてはそこは「箕作阮甫先生」と敬語を使って書いて欲しいなと思うところではあります。海舟は髪型がひどくて汚らしい服装をして長刀を差して、わずか百疋の束脩《そくしゅう》を入門金として持って行って、唐突に入門を許してくれと言ったようですが、「阮甫その風采に驚き……」と書かれています。阮甫先生はその風采に驚いて別の所に通して「君は蘭学を学んだことはあるのか」と尋ねたところ海舟は「ない」と答え、また生まれた国を問うと「自分は幕臣である」と答えたようです。すると阮甫先生は首を振って「蘭学は性急なる江戸人の決して学びうるところに非ず」、つまり「蘭学はせっかちな江戸の人には無理だ」、そして、「自分は忙しいので、あなたに教えることはできない。君のために思うに、蘭学のようなことは君は志さないほうがいいだろうと、自分は心からそう思うのだけれど」と阮甫先生は言ったと書いてあります。それで勝海舟は憤然として退出し二度と訪問しなかったとしています。非常に怒って帰ったという様子がよく分かるのです。

ただその後に、では蘭学を誰に習ったのかというと福岡藩の蘭学者永井青崖なのですが、実は永井青崖は箕作阮甫の一番弟子です。先ほど一番弟子は武田斐三郎《あやさぶろう》と言ったのですが、永井を忘れていました。一番弟子がやはり永井青崖だったのです。永井青崖としては、自分の先生から断られた人間を引き取らないですよね、やはり、私だってそんな人間は引き取りたくない。そう考えると、勝海舟の書いていることは、彼流の物言いであって、私は、むしろ箕作阮甫先生は永井青崖を紹介したのではないかと思うのです。阮甫先生は忙しかったので、弟子の永井に任せた。ところが勝としては当代一流の阮甫先生に教えてもらいたかった。その残念さから、ああいう言説が出てくるのだと思います。

下山　勝海舟の伝記本などを読みますと、海舟は皮肉屋なんですね。だから行儀も悪かった。江戸人で気っ風はいいんですけどね。

司会　性急なる江戸人。

下山　若い時の海舟は「ぶっきらぼう」というか、「粗野」というか。ですから、苦労人で几帳面な阮甫としては、入門時の頼み方が気に障ったのではないかと思いますね。

一方で阮甫は、同時期に入門を請うた奥州水沢出身佐々木省吾（後の箕作省吾）の入門は許しているんですよ。省吾は早くに両親を亡くし、朴とつで真面目、学問に対しても熱心な青年でしたから、阮甫は弟子入りさせ、養子にしたのでしょうね。

鷹見泉石（模本）（古河歴史博物館蔵）

阮甫は省吾に自らの境遇を重ねたのかもしれませんね。

ところが、その話が史実とは別に小説に引用され、またそれを題材に脚色された勝海舟を主役としたテレビドラマなどで、阮甫が入門を請う海舟を罵倒して断るように演じられることになるんですね。史実とは違うので、時代劇の内容を鵜呑みにしてはいけませんね。

司会　そうでしたか。

岩下　やはり勝海舟側の資料しかないので、どうしても勝の立場に立った解釈になってしまうところが残念なところですから、そうではなかったと、これからわれわれが史料をもっともっと捜して、頑張らないといけないですね。

司会　少しずつ広めていただきたいですね。お話を伺っていると、もっとお伝えしたい人間的な魅力というのがたくさんあるようですし、業績においてもまだ知られていない優れたものがたくさんあるわけですよね。

津山洋学資料館展示室〔2〕（同館提供）

岩下　やはり西洋の歴史研究ですね。阮甫先生は、ナポレオンの伝記なども翻訳しています。江戸時代にオランダ一国だけの地図を作った鷹見泉石《せんせき》という人がいます。現在の茨城県にあった古河《こが》藩主土井家の家老でした。その人が、江戸時代で唯一のオランダ一国の地図『新訳和蘭国全図』を作ったのですが、泉石は箕作阮甫先生からその序文をもらっているのです。さらにオランダ一国だけではなくて、フランスとかイギリスとか一国単位の地図をシリーズでずっと出そうと思っていたのですが、目を悪くしてできなくて、オランダ一国の地図だけで終わってしまいました。泉石の地図は阮甫先生や阮甫先生の娘婿箕作省吾の業績なくして成り立たないものだったと思います。

下山　それからもう一つ、日本で初めて造られた蒸気船は、薩摩の島津斉彬の命令によるものでした。当時の蒸気船は実験船ですから性能はあまり良くなかったのですが、造船する際の参考書になったのが、島津斉彬に頼まれて箕作阮甫が翻訳した「水蒸船説略」という本なんです。

岩下　それは、津山洋学資料館に、その模型を造ったいわれですよね。蒸気船の模型が資料館にちゃんとありますし、その上のほう、天井には気球がありますよね。気球についても、箕作阮甫先生は非常に関心を持っていたようですから、自由に空を飛んで上から見てみたいとか、蒸気船で世界に行ってみたいとかいう気持ちもあったのではないかと思います。

ですから、津山洋学資料館には、ディスプレイとして蒸気船と気球を展示室の中に作っていますので、このことを分かった上で、ぜひそこを見ていただきたいと思います。

司会　知りたいことがあると、探究せずにはいられない方だったんですね。

下山　阮甫だけに限らず、当時の洋学者たちは、それはそれは好奇心旺盛な人ばかりです。そうでなければ、ある面命懸けで学問に取り組んでいるのですから。先ほども小関三英や高野長英の話がありましたね。彼らの未知なる学問への探究は止まることを知りませんが、実は一歩間違えば死罪にもなりかねない、そんな危険と背中合わせだったんですね。

司会　そして今の私たちの時代に残してもらっているものがたくさんあるわけですからね。今日の話をお聞きいただいた皆さんには、今日から箕作阮甫大ファンになっていただきたいと思います。いろいろな角度からお話をお聞きして、あっという間に時がたってしまいました。下山先生、岩下先生、どうもありがとうございました。

以上をもちまして、シンポジウム「箕作阮甫の人物像とは？」を終わらせていただきます。ありがとうございました。

奥富亮子（おくとみ・りょうこ）
山陽放送アナウンサー。入社後初仕事が津山洋学資料館の取材。箕作阮甫、宇田川榕菴らの業績を紹介するテレビ番組でアナウンサー人生をスタート。テレビ番組「ＶＯＩＣＥ21」のリポーターとして岡山、香川を隈なく巡り、トメちゃんの愛称で親しまれる山陽放送の顔に。

日時　２０１６年８月４日（木）
場所　山陽新聞社　さん太ホール

岡山蘭学の群像Ｖ

初めてジャーナリストと呼ばれた男　岸田吟香

岸田吟香
（岸田夏子氏蔵）

岸田吟香（きしだ・ぎんこう＝1833～1905）

美作国久米北条郡（現岡山県美咲町）生まれ。江戸で学び、三河の挙母藩に仕えたものの、武士を嫌って脱藩。目の治療に通っていた横浜のヘボン医師のもとで、アメリカに新聞があることを知り、日本初の民間新聞「新聞紙」を創刊。その後、日本初の従軍記者として台湾出兵に同行、「新聞は国家の耳目なり」と説き、文章と絵によって戦況を伝え、その名を高めた。その後、和英辞書の刊行、液体目薬の製造販売、石油の掘削、製氷、定期船航路の開設、盲唖学校の創立、日中交流事業など多方面で活躍をみせる。その芸術的才能は、「麗子像」などで知られる四男の岸田劉生などに受け継がれている。

◆基調講演

傑人 岸田吟香、美作より現る

豊田市郷土資料館館長　森　泰通

森　泰通（もり・やすみち）
愛知県生まれ。日本考古学の研究の傍ら、岸田吟香の調査・研究も継続。２０１３年「特別展『明治の傑人 岸田吟香』」を開催。「吟香の応援団長」を自認しており、そのPRのために各地を飛び回る。
著書に、『明治の傑人 岸田吟香』など。

皆さん、こんにちは。ただいまご紹介をいただきました豊田市郷土資料館の森と申します。私の住む愛知県豊田市は車の街、産業都市のイメージが強いと思いますが、実は徳川家康に繋がる松平家発祥の地があるなど、歴史や自然が豊かな街でもあります。市の中心部は、かつては挙母《ころも》といいまして、江戸時代には挙母藩二万石の小藩でありましたが、その中にずば抜けておもしろい人物がいる。挙母藩の飛び地があったここ岡山県出身の挙母藩士、それが岸田吟香であります。平成25年には、私どもの郷土資料館で吟香の特別展を開催することができました。この写真は、その時のチラシであります。吟香の素晴らしさを一人でも多くの人に知ってもらいたい、私は常にそう願っておりますけれども、本日は出身地の岡山でお話をさせていただけることを、大変うれしく思っております。

チラシにあるのは、吟香が43歳の時に描かれた肖像画であります。身長176センチ、体重92キロ。江戸時代の生まれの人間としては巨漢であります。彼は、その姿のままの桁外れな行動力とアイデアで、次々と偉業を成し遂げていきます。プログラムの中ほどにも簡単な説明があります。私は、本日の一番手として、基調講演という役目をいただいておりますが、吟香の生涯を網羅的に語るには、一日あっても足りません。本日は焦点を絞ってお話をさせていただきます。併せて、「人間吟香」の魅力についても触れていきたいと思います。

吟香の恩人

吟香は、今から183年前の天保4年（1833）、現在の岡山県久米郡美咲町に生まれました。これが、昭和初期まで残っていた吟香の家です。今は、石碑が立っておりますが、吟香が生まれ育った場所は山あいの山村

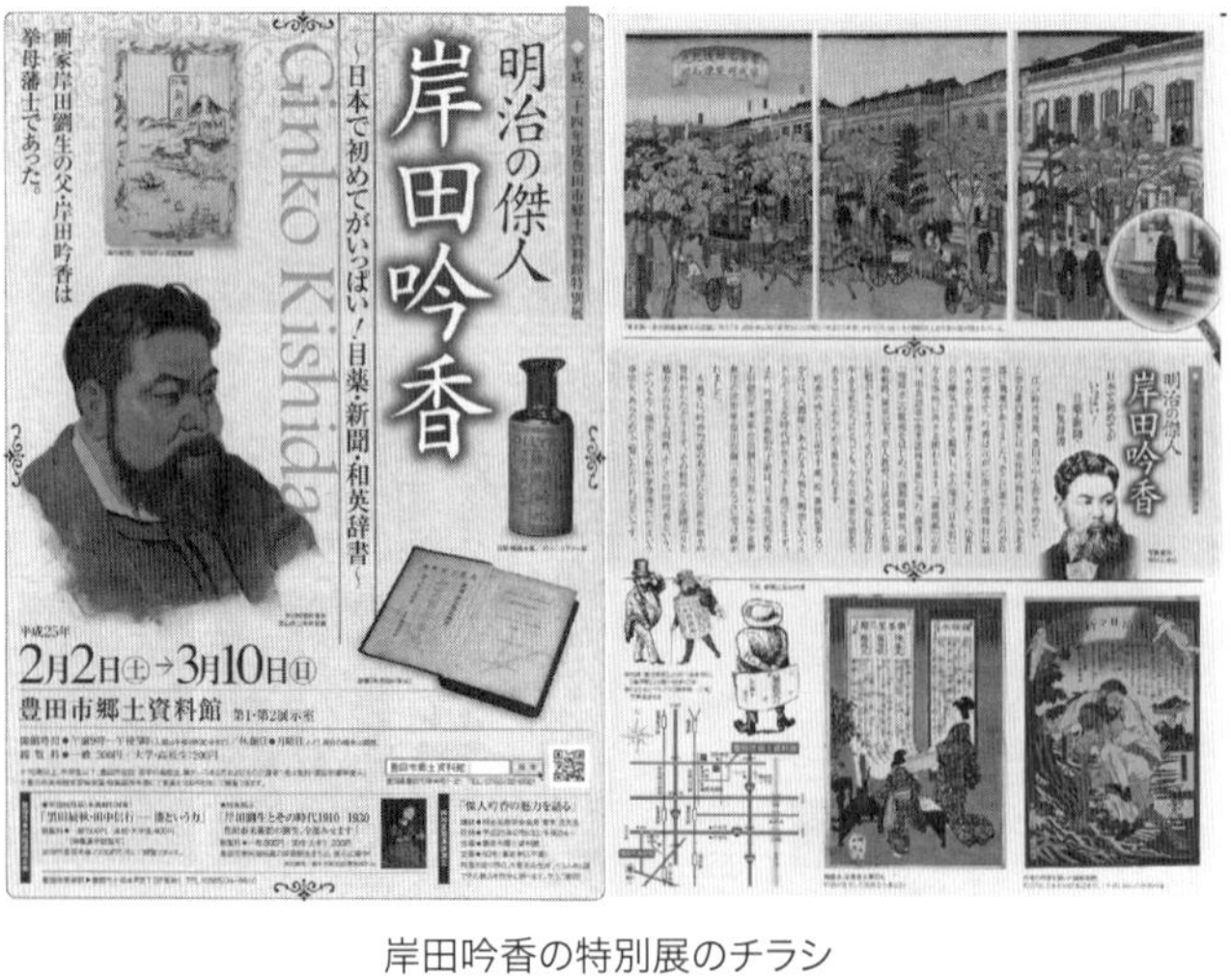

岸田吟香の特別展のチラシ

の風景でございます。こちらは、吟香が34歳の時に上海で描いた故郷の絵でありますが、よく見ていただくと、とても良く描けていることが分かります。絵の真ん中にある山の右側に山の稜線がこのように2本あって、左側にも山が迫る。真ん中の山の右裾の奥にもポコッと山があって、その手前が段々畑か田んぼになっている。今も基本的には変わることがない風景、それは吟香の目に焼き付いていた故郷の風景であったのだと思います。

吟香は12歳の時に、同じ

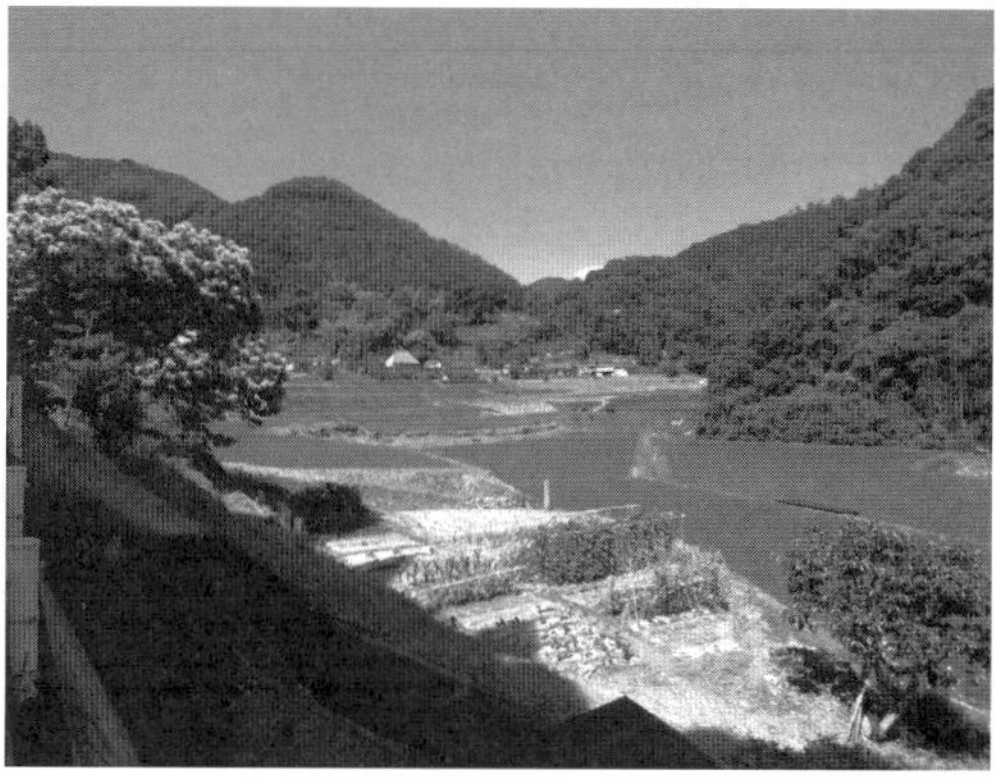

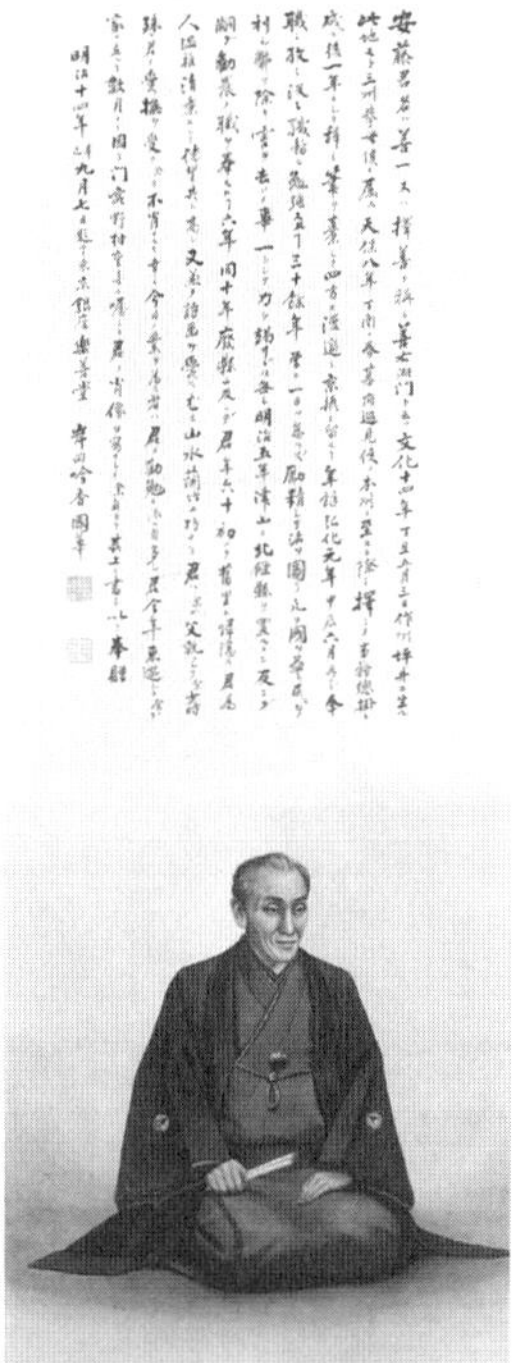

《安藤善一肖像》野村重喜・画　岸田吟香・賛（安藤眞二氏蔵）

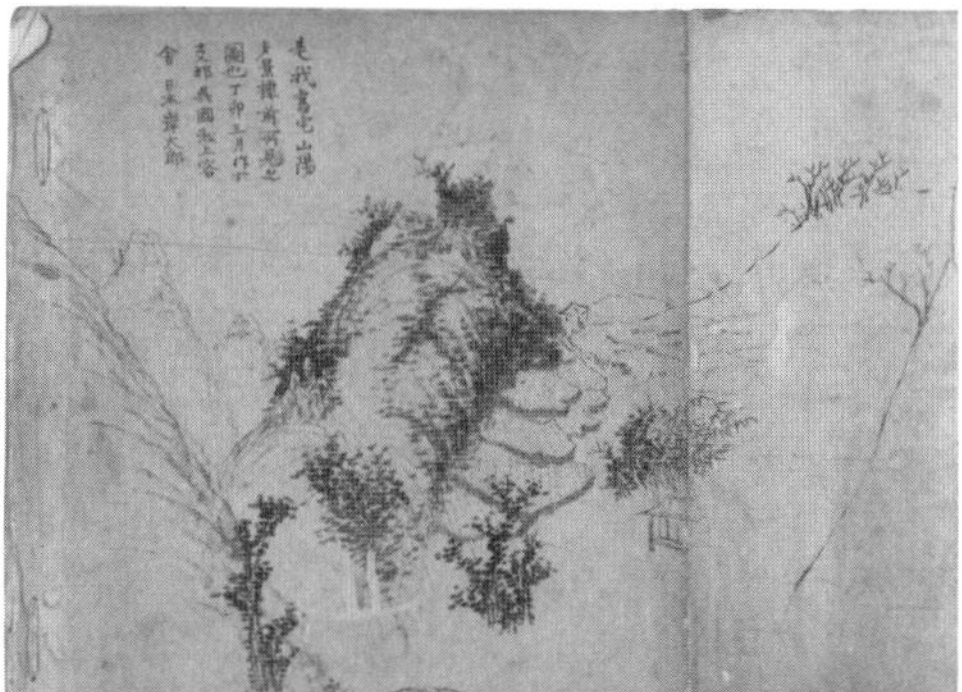

吟香が描いた故郷の風景
（『呉淞日記』第五之冊（個人蔵））

挙母藩領内の大庄屋である安藤善一の学僕となります。善一は、吟香が秀才の誉れ高いことを聞いて、父親を説得し、自分のところに住み込ませて勉強させるんです。吟香の才を見抜いていた善一は、まさに吟香の恩人であります。安藤家は、出雲街道沿いに今も歴史ある佇まいを残しております。

14歳になると、吟香は善一のはからいで、津山へ学問修行に出ます。津山は松平家十万石の城下町でありまして、ここで5年間学問修行をします。ここで培った人脈などが、この後ずっと吟香の財産となっていきます。

学問修行で江戸へ

そして吟香は、嘉永5年（1852）、19歳の時、更なる学問修行のために江戸へ向かいます。嘉永5年といいますと、翌6年にはペリーが浦賀沖にやって来ますので、日本という国が大きな波に飲み込まれていく、そういう時代であります。嘉永7年の手紙が残っておりますけれども、そこで吟香は、「大坂へ賊船入港致候由」と、ロシアのプチャーチン率いるディアナ号が天保山沖にやってきたことを書いています。それから、「江都《こうと》（江戸）は軍学頗《すこぶる》流行し、書生も皆兵を談し……」と、混乱する江戸の様子を伝えております。一方、別の手紙には、「遠方に而《て》つらひとハ申しながら、作州之屋敷（津山藩の屋敷）

津山城古写真（津山郷土博物館蔵）

ニ居申候得バ、大抵みな知り人」で、「其上、備前屋敷（岡山藩の屋敷）もつい隣ニ」あるものだから、習俗も言葉もあまり変わらないんだということを伝えております。吟香は津山藩士ではないのですが、学問修行のために藩邸に住み込む書生のような立場であったと考えられます。そして、江戸で学んだ吟香は、めきめきと頭角を現し、全国の尊王志士たちに大きな影響を与えた藤田東湖らとも交わったといわれております。その後一度、体調を崩して故郷へ帰るのですが、24歳の時、再び江戸に出て藤森弘庵《ふじもりこうあん》の塾に入ります。弘庵は、尊王志士たちのリーダー的な存在でありまして、吟香もここで、志士たちと大きく交流を広げていく、そのさなか25歳の時に、大老井伊直弼による安政の大獄が起きます。交流のあった頼三樹三郎《らいみきさぶろう》や梅田雲浜《うめだうんぴん》などが命を落とし、吉田松陰もこの時に死刑になります。吟香も、弘庵に代わって文章を書いたという疑いを受け、上州の伊香保へ逃げるという一幕がございました。

滋賀県の彦根城博物館へ行くと、当時、幕府の役人が取り調べをした調書が残っております。今は重要文化財にな

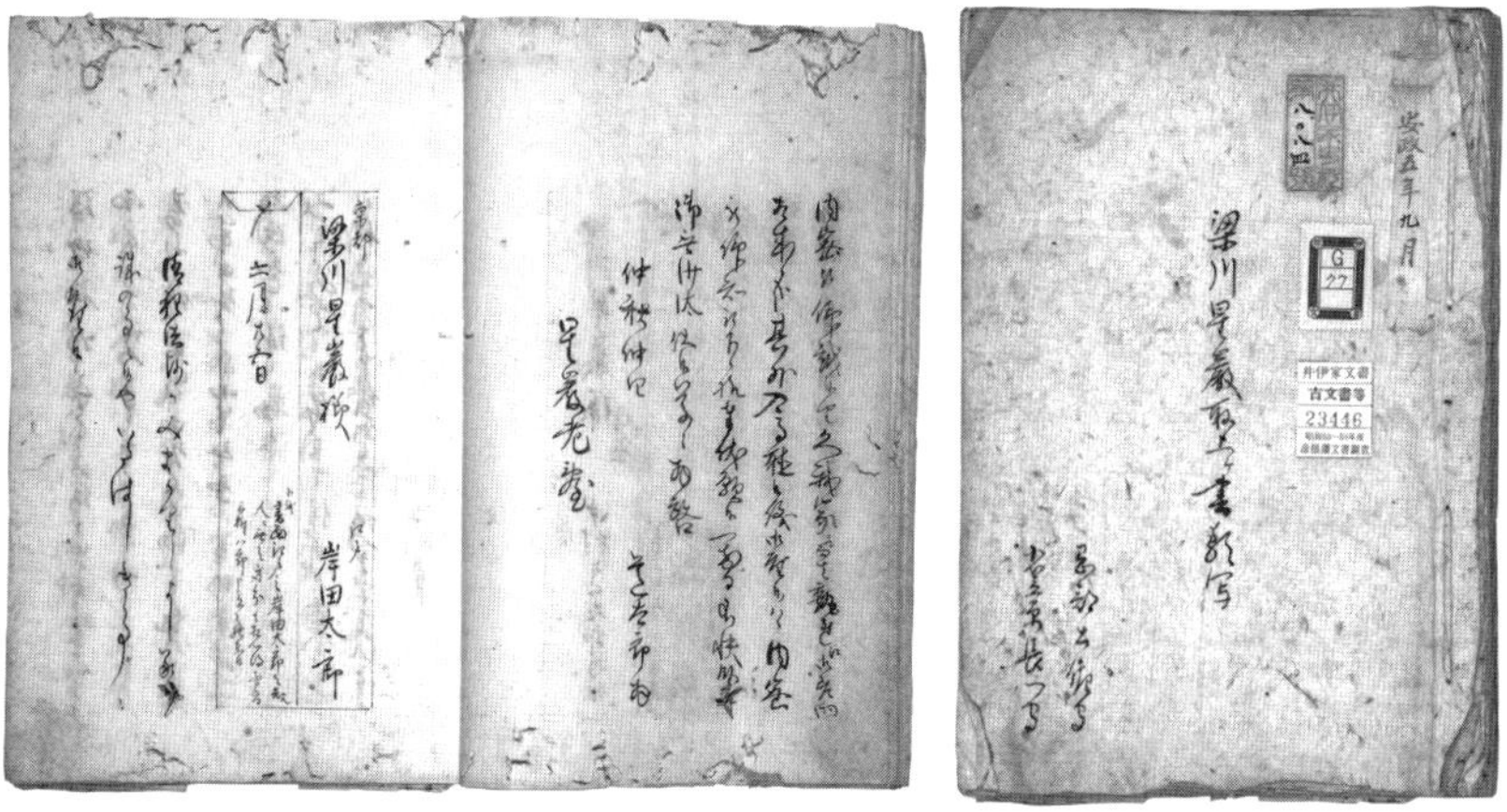

梁川星巌宛　吟香手紙の写し（重要文化財）　1858年（安政5）6月24日付（彦根城博物館蔵）

っておりますが、実はその中に、梁川星巌《やながわせいがん》に宛てた吟香の手紙も記録されております。差出し人は「江戸　岸田太郎」と書き写されておりますが、吟香のことです。吟香は、その手紙の中で、日米修好通商条約に調印した幕府のことを「いふもけからハし（けがらわし）」と記しています。そして、孝明天皇が反対の姿勢を示していることを「ありがたき　みことのり」と書く、そして、「あづま（関東）には、一人も国家を憂う者がいないのか」と。その頃、吟香は病で伏せっておったものですから、自分は京都へも上れずにジリジリしているというようなことが書いてある。まさに尊王攘夷派の志士としての吟香の姿を明確に示しております。そして、この資料には役人が書いたと思われるメモがついているんです。「書面江戸の岸田太郎なる者は知人でなく、身分すら知らないと頼三樹三郎は申し立てておる」と記されている。おそらく同志であった頼三樹三郎は、吟香のことを知らないとシラを切ってくれたんですね。これで吟香は救われ、それ以上の追及を逃れることができたのだと思います。吟香は、そのことを知ってか知らずか、後の日記にこんなふうに書いています。「京のいへざとも　うめだもらいも　月性《げっしょう》も　ミなしんだ……」と。つまり、梅田雲浜も頼三樹三郎も月性も皆死んだ。だから、生きているうちに早く会って、酒でも飲んで楽しまなければつまらない、と思いを語っています。

脱藩

吟香は、井伊直弼が桜田門外の変で討たれて、江戸の町が少し落ち着きを取り戻すと、江戸へ戻ってまいります。そして、文久元年（1861）3月に以前から関係のあった挙母藩の儒官《じゅかん》、すなわち儒学を教える先生になります。私どもの挙母の資料は、吟香のことをこう評しております。「信スル

所ヲ決行スルコト洪水ノ長堤《ちょうてい》ヲ決潰スルカ如ク」と。やると決めたら、もの凄い行動力だったのでしょう。しかし、吟香の後の日記を少し読んでみますと、「十年ばかりまへ（前）にふと大名につかまへられて、五六年の間さむらひ（侍）のなかまにはいつて、いやでこたへられないからいろいろとしてやうやくの事で、やしきをにげだして、かたな（刀）をうツちやツてから、もうつめくそほども さむらひ（侍）になるりやうけん（了見）ハないが」と書いてある。武士でいることが、嫌で嫌で仕方なかった。挙母藩二万石は、吟香にはチト窮屈だったのかもしれません。

吟香は10月に江戸詰めになり、挙母藩の江戸の下屋敷に移るのですが、12月には早くも脱藩してしまうんです。その1年後の手紙が残っておりますが、そこには「今日もマグロと大根を煮て大いに酔って笑うんだ。こんなご時世に世間を玩《がん》弄《ろう》し、天下を睥睨《へいげい》して暮らすことも、また、おもしろいもんだ」というようなことが書いてあります。マグロは鮮度を保つことが難しくて、当時は庶民の食べる最も下位の魚だったのですね。それまでは、尊王攘夷派の志士として、身を尽くして自ら立ち回っていた吟香でありますが、なんだか吹っ切れたというか、糸が切れてしまった、一歩離れて横目で見ている吟香がここにいるように見て取れます。脱藩後の吟香は、江戸の町中に身を潜めていくことになります。

「きしださくら」の署名と「ままよ」（『呉淞日記』右：第三之冊　左：第六之冊（部分）　個人蔵）

また少し日記を見てみましょう。吟香は自分の自伝を書き残していませんので、分からないことがいっぱいなのですが、日記がたくさん残っていますので、それを読み解いていくことが重要になります。慶応2年（1866）12月29日の『呉淞《ウースン》日記』には、「四五年まへ（前）にそのだいミやう（大名）のやしきをもにげだして、きまゝにくらす方が一生のとくとおもひついて、それからまゝよのぎんと名をかへた」とあります。「まゝよ」というのは、吟香がよく使う言葉で、「エーイ、ままよ、どうにでもなれ」という意味です。「やしきを出てからあんまりあそびすぎて、かみも何も……」、これはかみではなく「かね（金）も」だと思います。「かねも何もなく成てしまつて、深川のかりたく（臨時の遊郭）へ奉公にはいツた時、そのだんな様が名ハなんといふときいたから、口から出まかせに銀次と申しますといふたのがはじめなり。そのほうばい（朋輩：同僚のこと）のものが銀公ぎんこうといふから、そのぎんこうで今までゐるなり」と、自分の名前の由来を記しております。

　こちらはまた別の『乙丑日記』ですが、自分の姿が描いてあって、この頃の吟香はまだほっそりしてます。いろんなことが書きなぐってありますが、これは元治2年（1865）の日記ですので、前年の元治元年には、京都では池田屋事件、禁門の変が起きて、尊王攘夷派の志士たちが決死の覚悟で戦っている。そのさなか、吟香はどうしているかというと、「火ばちのそばに終日居て、此図をかく。（中略）あゝ世の中にすめバめんどうな物だ物だ」。「あゝ何ンも肴がねい、それでも酒だ。おもしれエ　おもしれエ。誰かくれバいゝ。あゝなんでもいゝ。へのやうなもんだ。おれハなんでもかまハねエ。のめさへすれバいゝ。エゝどうするものか。へのまらだ。ちくしやうめ。天道め。正月終。あゝつまらなく一月つぶしてしまった。」と、吟香の鬱屈した叫びやつぶやきみたいなことが書かれております。これは脱藩から3年経った31歳の時ですが、まさにぐずぐず、ぐだぐだの吟香で、

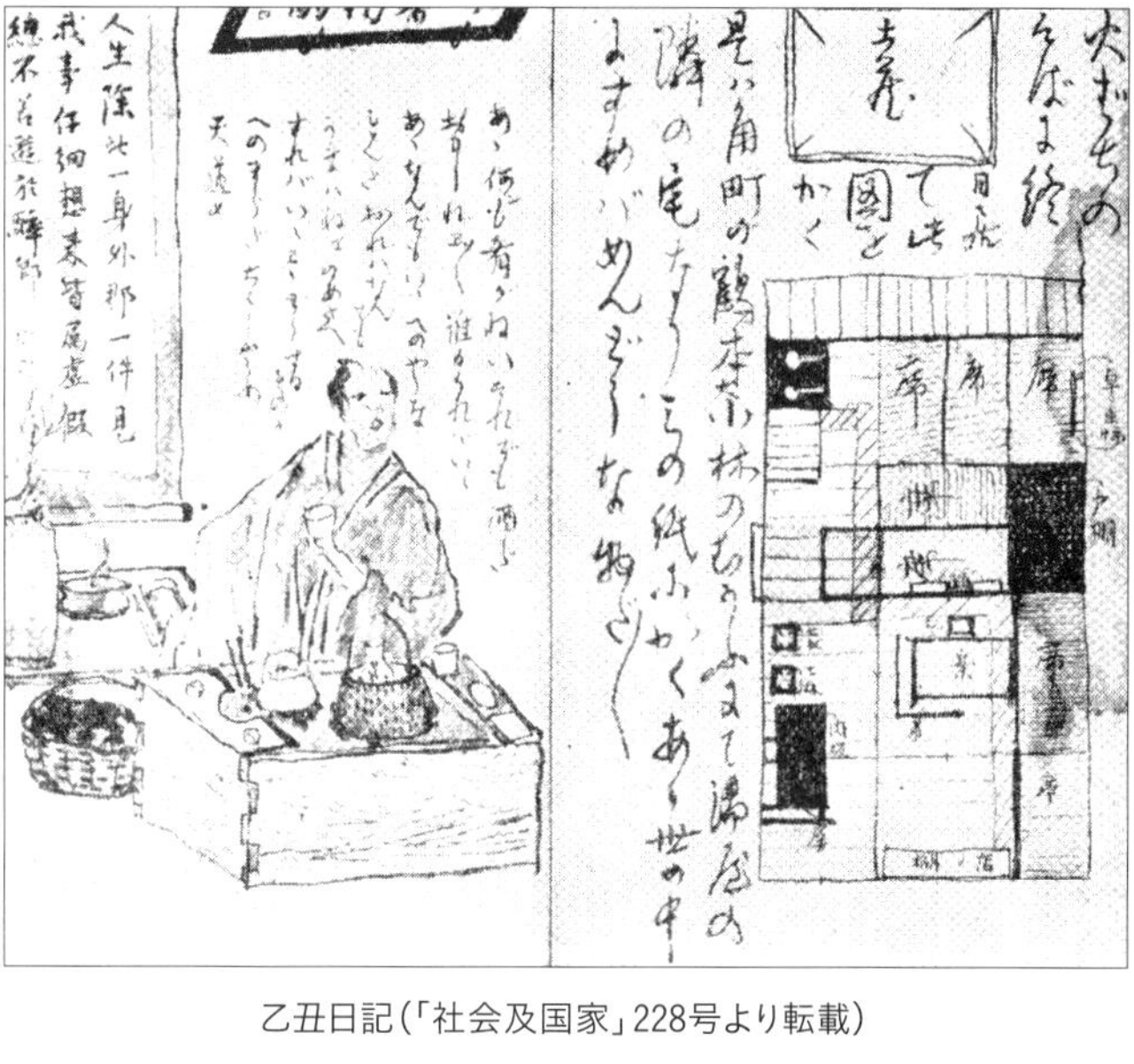

乙丑日記（「社会及国家」228号より転載）

このあと傑人と呼ばれるような人間になるとはとても思えない状況であります。吟香は左官の助手、八百屋の荷担ぎ、湯屋の三助、妓楼の主人などをして食いつないでいきます。さまざまな職業を江戸で経験して、30歳までに士農工商、全ての職に就くのです。武士を捨てて、江戸の町中で3年半、これは一見無駄な時間だったような気がいたしますけれども、これこそが、後の傑人吟香を生み出していくバックボーンになるのです。

人生を変えた出会い

そして、吟香の人生を変える大きな出会いがやってまいります。吟香は目を病むのですが、これがなかなか治らない。このままでは大好きな本も読めなくなってしまう。途方に暮れた吟香は、津山藩出身の箕作秋坪に、横浜にヘボンというアメリカの名医がいるという話を聞いて出かけていきます。そこでヘボンが吟香に施したのは、液体の目薬でした。それによって、吟香は数日で目が治ってしまったといいます。ヘボンは宣教師でありまして、聖書の日本語版を作る、そのために和英辞書を作ることに情熱を燃やしていたのですが、なかなか良い日本人の助手、つまり日本語の先生が見つけられずにいました。そこに現れたのが吟香です。漢学、和学に通じ、武士、町人、百姓、全ての言葉に通じている吟香は、まさに辞書作りにうってつけの人物でした。吟香の波乱万丈の人生と、その経験が生き

ヘボン博士（横浜開港資料館蔵）

る時がやってきたわけです。

やがて吟香は、横浜のヘボン邸に移り住んで、辞書の編集を手伝います。慶応2年（1866）9月にはほぼ原稿ができて、印刷するために上海へ向かいます。上海で書いた日記が、先ほどから紹介している『呉淞《ウースン》日記』でありますけれども、辞書がおおかた出来てきた頃の日記を少し紹介します。

「けふ（今日）へぼん（ヘボン）對譯字書《たいやくじしょ》にあたらしく名をつけてくだされ ほんのとびらがみ（扉紙）にかくやうに よい名をといふから 和英詞林集成《わえいしりんしゅうせい》とつける」。そして、その2日後には、「雨ふる 和英語林集成のとびらがみ（扉紙）のはんした（版下）をかく」と。「和英語林集成」、すなわち日本語と英語の言葉が林のように立ち並ぶ、良い題名ですね。「雙鉤《そうこう》でかいたがよくできた 詞の字を語に改めていちりん（一厘）ねあげをした」と、洒落を効かせてます。「へぼんだら五十枚くれる」（ヘボンが50ドルくれた）。「これまで久しくほねを折て 此ほんを手伝てこしらえたから おれいにくれるなり」と書いてあります。

そうしてできたのが、この写真の辞書です。吟香が雙鉤で縁取りをして書いた『和英語林集成』という字が中央にあります。「アメリカ国 ヘボン先生編集」、「186

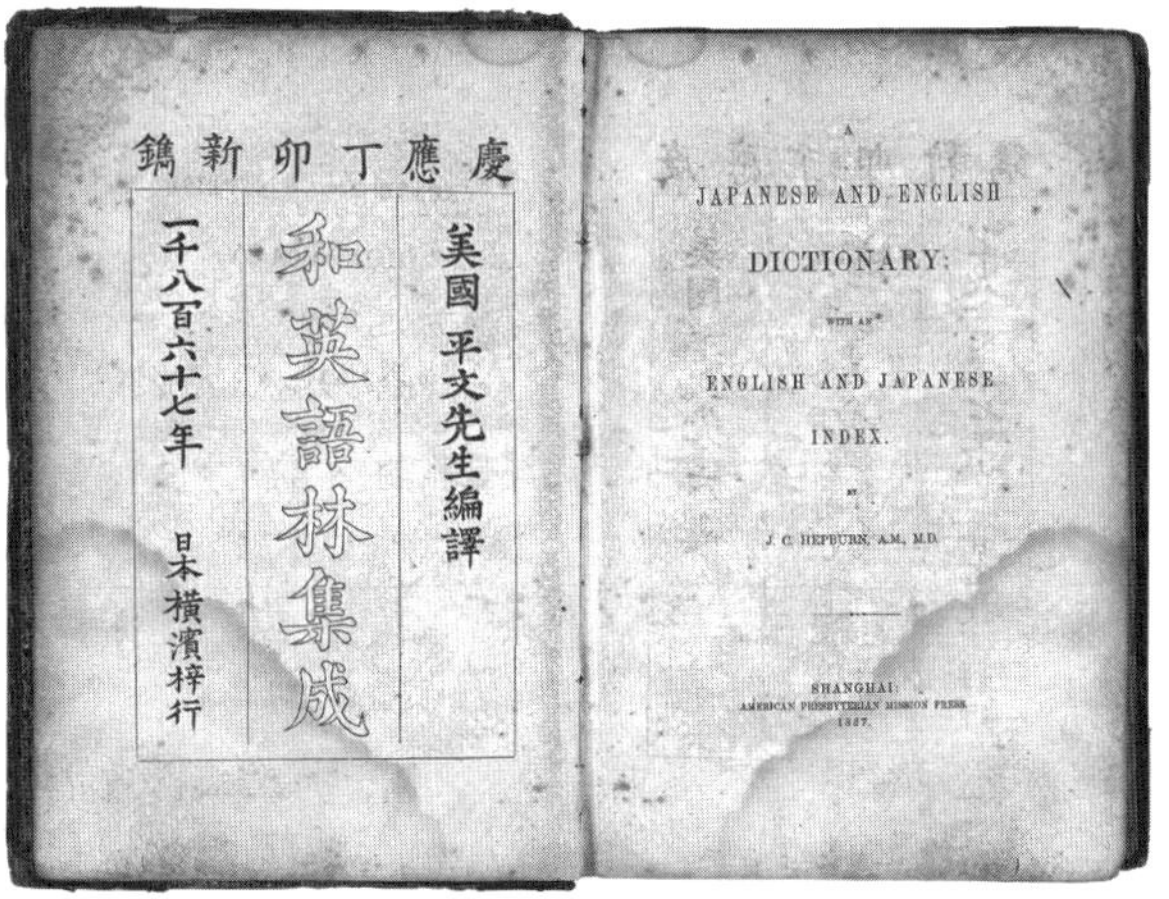

『和英語林集成』初版　1867年（慶応3）刊
左側の題字は吟香書（豊田市郷土資料館蔵）

7年」、「日本横浜梓行」とあります。とても立派な辞書であります。しかし、ここにはどこにも吟香の名前が出てきません。そう思って中を開いていくと、例えば「To，ト」というところを見ますと、「Na wa Ginko to iu（名は吟香という）,his name is called Ginko」と、さりげなく自分の名前を使っています。ついでに読むと、「Muszme no na wo O Tomi to tszketa（娘の名をおトミと付けた）,they called the girl's name O Tomi」とか、当時の日本語のことばがふと浮かび上がってくるような例文がついております。

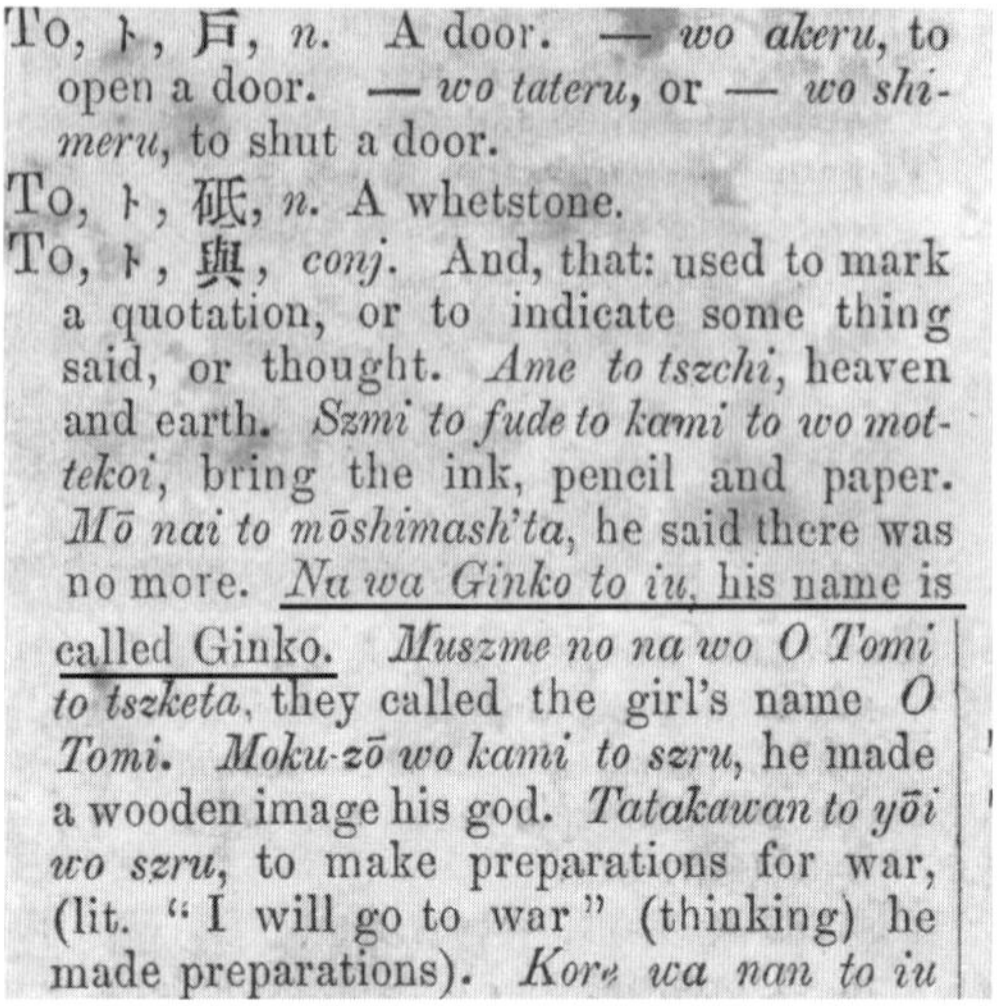
To, ト, 戸, *n.* A door. — *wo akeru,* to open a door. — *wo tateru,* or — *wo shimeru,* to shut a door.
To, ト, 砥, *n.* A whetstone.
To, ト, 與, *conj.* And, that: used to mark a quotation, or to indicate some thing said, or thought. *Ame to tszchi,* heaven and earth. *Szmi to fude to kami to wo mottekoi,* bring the ink, pencil and paper. *Mō nai to mōshimash'ta,* he said there was no more. *Na wa Ginko to iu,* his name is called Ginko. *Muszme no na wo O Tomi to tszketa,* they called the girl's name O Tomi. *Moku-zō wo kami to szru,* he made a wooden image his god. *Tatakawan to yōi wo szru,* to make preparations for war, (lit. "I will go to war" (thinking) he made preparations). *Kore wa nan to iu*

Toの欄には「Na wa Ginko to iu, his name is called Ginko.」と吟香の名前が例文に使われている

この辞書は、江戸時代の「話しことば」、「書きことば」を集大成した万華鏡とも評されています。当時の日本語を知り得る貴重な手がかりなんです。例えば「マ」のところを見ますと、「MAKE-IRO, マケイロ」なんてあって、例文として「Teki no ikusa make-iro ni natta（敵の戦 負色になった）」が出てきます。我々はよく「敗色濃厚」と言ったりしますが、「負色」という言葉を実際に探してみますと、慶応2年の有名な薩長同盟6か条の中に出てきます。「万一負色にこれ有り候とも」、すなわち「万が一、長州藩が負けそうな場合でも」と使っている。坂本龍馬たちも、実際にこの言葉を使っていたのでしょう。他にも「MAKEJI-DAMASHII, マケジダマシヒ」とか「MAKE-KACHI, マ

ケカチ」とあります。我々は今、「勝ち負け」と言うと思いますが。「MAKE-OSHIMI マケオシミ」とかも出てきます。和英の部が約2万語、英和の部が約1万語。日本初の本格的な和英辞書であります。1部20両もしたといわれますが、海外に渡る人や貿易商人たちに大きな人気を博しまして、その後も版を重ねていきます。この第三版で使われたローマ字表記が、やがて普及して、「ヘボン式ローマ字」と呼ばれるようになるわけです。

吟香は、他にいくつも簡単な辞書を作っております。ここに示した『異人言葉』には、「ケーエスアソム氏撰」と書いてありますが、「ケーエスアソム」は吟香のニックネームであります。吟香は桜が大好きで、日記の中には桜のことが何度も出てきています。自らを「岸田《きしだ》桜《さくら》朝臣《あそん》」と称して、この頭文字を取って「K.S.ASOM」と記しています。ここでは、例えば「帝《みかど》　エムピロル」「王　キン」「女王　クイン」などという言葉が並び、便利な単語帳になっています。

それから、『英語手引草』は会話集のようなものですが、「あなたのお国はいづくでござる　ワットイス・ユア・カンツリー」とか、「ヅー・ユー・スモーク」「アイ・ライキ・ベリー・マッチ」とあります。

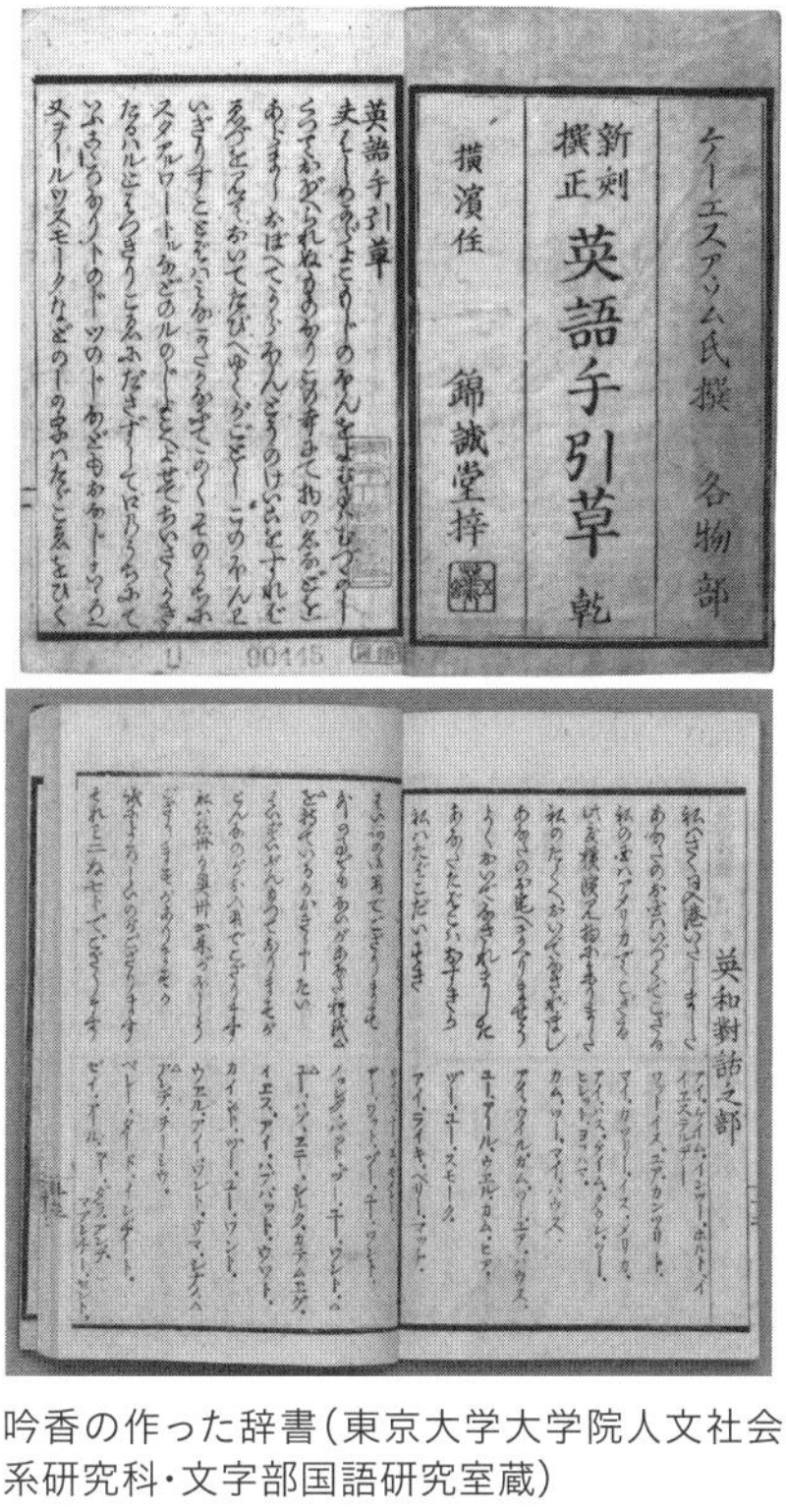

吟香の作った辞書（東京大学大学院人文社会系研究科・文字部国語研究室蔵）

どちらの本も、簡単に使える英語の辞書になっています。

日記を言文一致で

ちょっと話が逸れますが、ここで、『呉淞日記』の話をしておきたいと思います。ここには吟香の魅力がいっぱい詰まっております。ちなみに、当時の知識人の日記、文章はどんなものだったかということで、勝海舟の日記を紹介してみます。「且は薩、長二藩の為に遊説するの疑固くして、出ずれば途中に窺《うかがい》討たむとし、入れば激論して殺害せむとす。（中略）たとへ死すとも、また泉下に愧《はづ》る処《ところ》無《な》き而已《のみ》。」と。当時の知識人の文章は、漢文調なんですね。これが当たり前でした。吟香も挙母藩の儒官をやったぐらいですので、当然こういう文章に通じているのですが、彼の場合は話し言葉の口語体で、のびのびと書き記しています。吟香の日記は言文一致、つまり話し言葉と書き言葉が一緒になる。現代の私たちにはそれが当たり前ですけれども、最近では吟香の文章は、その萌芽、先駆けとして評価されるようになってきました。

その吟香の日記の一部ですが、長くなりますので一部だけ読みます。慶応2年（1866）12月7日の『呉淞日記』。「日本の学者先

『呉淞日記』第三・五・六之冊　三冊　1867年（慶応3）（個人蔵）

生たちが、ほんをこしらへるに四角な字（漢字）でこしらへるが、どういふりやうけん（了見）でほねをつて（折って）あんなむづかしい事をした物かわからねェ。（中略）なぜといつてミなせェ、書物をつくる事ハ、ミな世の人によませて、りこうにならせるか、おもしろがらせるとかの為にする事なり。むづかしい漢文でかいた日にハだれにでもハよめねェ。（中略）さうして見ると学者のこしらへたほんハむだほんなり。（中略）世間に学者よりハしろうとの方が多イから、しろうとにハさつぱりちんぷんかんぷんなり。だからおいらハもしほんをこしらへれバ、四角なもじでハかゝない。」と書いております。これは、江戸時代の幕末の文章とはまるで思えませんよね。勝海舟の文章と比べても、うんとやわらかい。江戸っ子のべらんめぇ調で喋る吟香が、まるで、すぐそこに居て、こちらに向かって語りかけているような、そんな感覚にさせてくれる文章であります。

　次は少し後の12月24日の日記。「あゝなんだか雨が降つていんきなてんきだ。ねてほんでもよまうか。けふのやうな日にハゆどうふに、どぜうなべか、なにかうまいもので、くだらねエじやうだん（冗談）でもいつて四・五人集ツて酒でものむほうがから（唐・中国）にゐるよりかよささうだ。こゝにゐてハおもしろくねエ。早ク日本へかへつて上野へいつて格さんとみさん等と一盃《ぱいいち》のみたいもんだ。」と。「一盃」と書いて「パイイチ」と振り仮名が振ってあります。おもしろいですね。12月24日なので、一緒に上海に行ったヘボン夫妻はおそらく、クリスマスイブを静かに祝っていたのでしょう。吟香は一人ぼっちで退屈して、少しやさぐれている感じがします。その2日後の26日には、「せつぶん（節分）ハいつかしらぬが鬼がわらふとも、まゝよの吟香、来年のくれハどこでくらすかwakarimasen（わかりません）。」とローマ字で書いています。別の日には、「ことし日本へかへツたら（帰ったら）なんぞよい書物をあみだしたいとおもひます（中略）字書などひらかな書にして　日本の町人百姓でも職人でもをりすけ（折助）雲助でもよめるやうにこしらへるつもりなり」（慶応3年3月27日）と。まさに先ほど紹介した『異人言葉』などのことですね。

そして、これは別の『乙丑日記』でありますが、私の大好きなフレーズです。「海が深いか、げたのあしあとが深いか、ふじの山か高いか、ありのつき山かたかいか、といふに、いづれもたかくもひくゝもなし。ぶよがながいきをするか、人がいのちがみじかいか、といふに、いづれもながくもみじかくもなし。あゝなんでもよいよい。」と。吟香の人生観が何ともよく表れていると思います。

吟香の日記のことでしたら、一日中でも話していられるのですが、今日はそうもいきません。この『呉淞日記』は、平成22年に新たに活字化され出版されております。興味のある方は、ぜひご一読いただければと思います。

新聞をつくろう

さて、吟香の一生を振り返るとき、彼の代名詞はジャーナリスト、新聞記者であったということになります。日記の中でも繰り返し、「わかりやすい言葉で伝える」ということを書いておりますが、まさにそれを体現したものだと思います。

吟香は横浜で、ヘボンにジョセフ・ヒコ（浜田彦蔵）を紹介してもらいます。ヒコは乗っていた船が大嵐で流され、アメリカ船に救われます。やがてアメリカで市民権を取って、アメリカ領事館の通訳として帰国し、横浜に来ていた。ヒコから聞くアメリカ社会の話に、吟香は大きくインスパイアされます。そして、アメリカにはその日の出来事を記事にして知らせるニュースペーパーなるもの、すなわち新聞があるということを聞きます。当時の日本には、事件や災害があった時にだけ一枚刷りで出回る瓦版しかありませんでした。その中で、ヒコと吟香と本間という3人が意気投合して、自分たちの手で新聞を作ろうじゃないかということになった。そうしてできたのが日本初の民間新聞、元治元年（1864）の『新聞紙』、のちに名前を変えて『海外新聞』になります。

新聞といっても、当時は小冊子の形式であります。これは、横浜港に定期的に入ってくる外国船が持っていた外国の新聞が基本的なニュースソースなんですね。それを日本語に訳す。加えて、吟香やヒコが取材したり、思ったことを少し書いたりするんです。『海外新聞』第二号には、「童子之輩《やから》にも読なんことを欲すれハ」という、ヒコや吟香の思いが綴られておりますが、さすがの吟香も、この時ばかりは新聞を社会に根付かせることはできませんでした。ヒコが尊皇攘夷派の志士たちに狙われる立場にあったり、値段が高いなど、いろんな理由があったのですが、新聞はまだまだ見慣れぬメディアだったんですね。しかし、新しく聞き知った出来事、すなわちニュースを定期的に伝える新聞は、まさに新たなメディアの誕生でありまして、現代の私たちにも欠くことのできない新聞

ジョセフ・ヒコ（播磨町郷土資料館蔵）

が、記念すべき第一歩をしるしたものといえます。『海外新聞』は、吟香がヘボンと一緒に上海に辞書を作りに行くのとほぼ時を同じくして廃刊となりました。

慶応3年（1867）には辞書が完成して、吟香はヘボンと一緒に日本へ帰ってきます。すると、日本の世の中は大きく変わっていました。江戸幕府は崩壊寸前。江戸の人たちは、幕府はどうなっちゃうんだ、自分たちはこれからどうすればいいんだと、情報が知りたくて仕方ないのです。そうした状況の中で、慶応4年に入りますと、10を超える新聞が次々と発行されました。その中に『横浜新報もしほ草』という新聞があります。表紙を見ますと、「九十三番 ウエンリート」と書いてあります。横浜居留地の93番に住むヴァン・リード（Van Reed）というアメリカ人が書いていることになっている。すなわち、治外法権のもとで取材したり、書いたりできるんです。ところが、よく見ると表紙の下の方に「K.S.ASOM」という吟香を表す暗号があったり、この赤いスタンプの所をよく見ていただくと、「Ginji Kicida」と読める。ヴァン・リードを隠れ蓑にして、筆を振るっていたのは実は吟香なのであります。どうも挙母藩を脱藩して以降、吟香は身を隠すのが常なんですね。習性になっているような気がします。

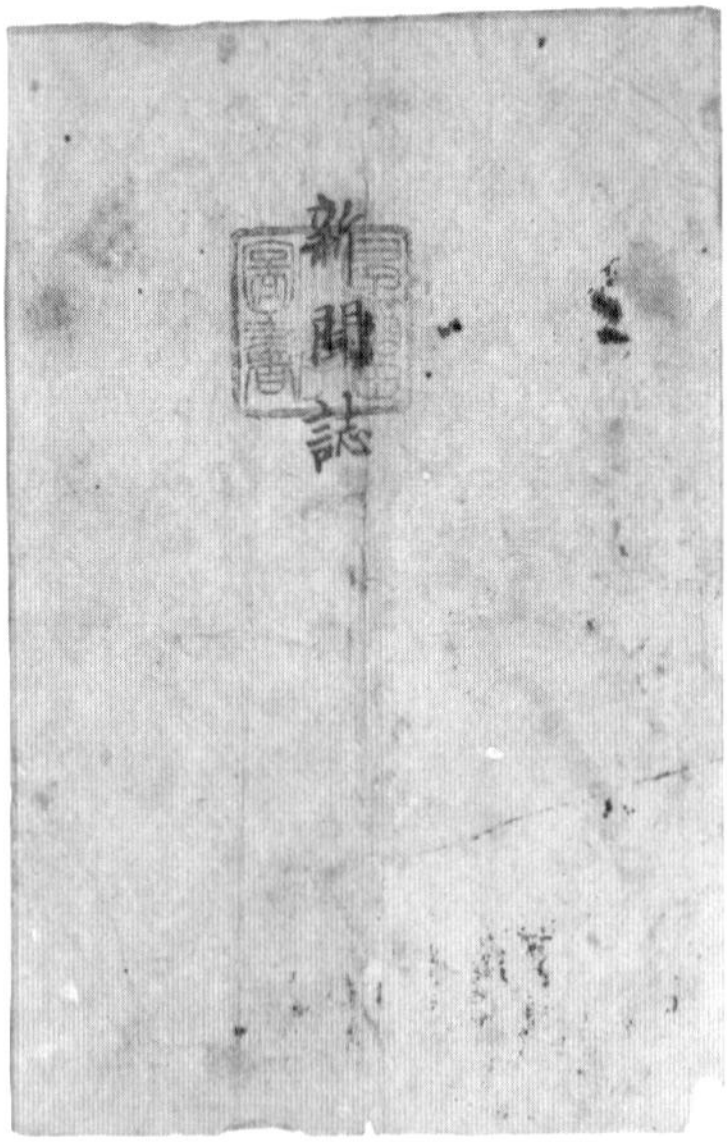

『新聞紙』（表紙部分） 1864年（元治元）
（早稲田大学図書館蔵）

どんな内容の記事かといいますと、例えば慶応４年の４月25日。「今日平尾にて官軍に生捕られたる近藤勇を死刑に行ひ其首を京師（京都）に送る」と、新選組局長の近藤勇処刑の記事がライブで出てきます。また第12号には、ヴァン・リードの名前で、「當今《とうこん》日本の急務は、内乱ををさむるにあり。」「日本人地圖を見て、其國の極小なるを知るべし。」と、大上段に構えて説かれています。一方、次の13号では、奥州から来た人の語ったこととして、「ともかくも、はやくいくさがやまねば、百姓もこまる、職人もこまる、ほうずもこまる、やまぶしも、やくしや（役者）も、げいしや（芸者）もこまる、商人《あきうど》がいちばんこまる、あゝこまつたものだ、はやくもとの太平にしてくださいまし。」と書いてある。私はこのどちらも、実は吟香が書いた文章なのだと思います。さまざまな階級の人たちに、内乱、つまり戊辰戦争を早く終わらせないと、日本はとんでもないことになってしまうということを伝えたい吟香の思いが、この２つの文章を書かせている気がいたします。

『横浜新報もしほ草』第九編（部分）
「Ginji Kicida」の朱印（豊田市郷土資料館蔵）

『横浜新報もしほ草』第一編　1868年（慶応４）
（豊田市郷土資料館蔵）

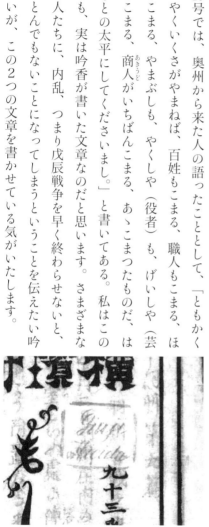

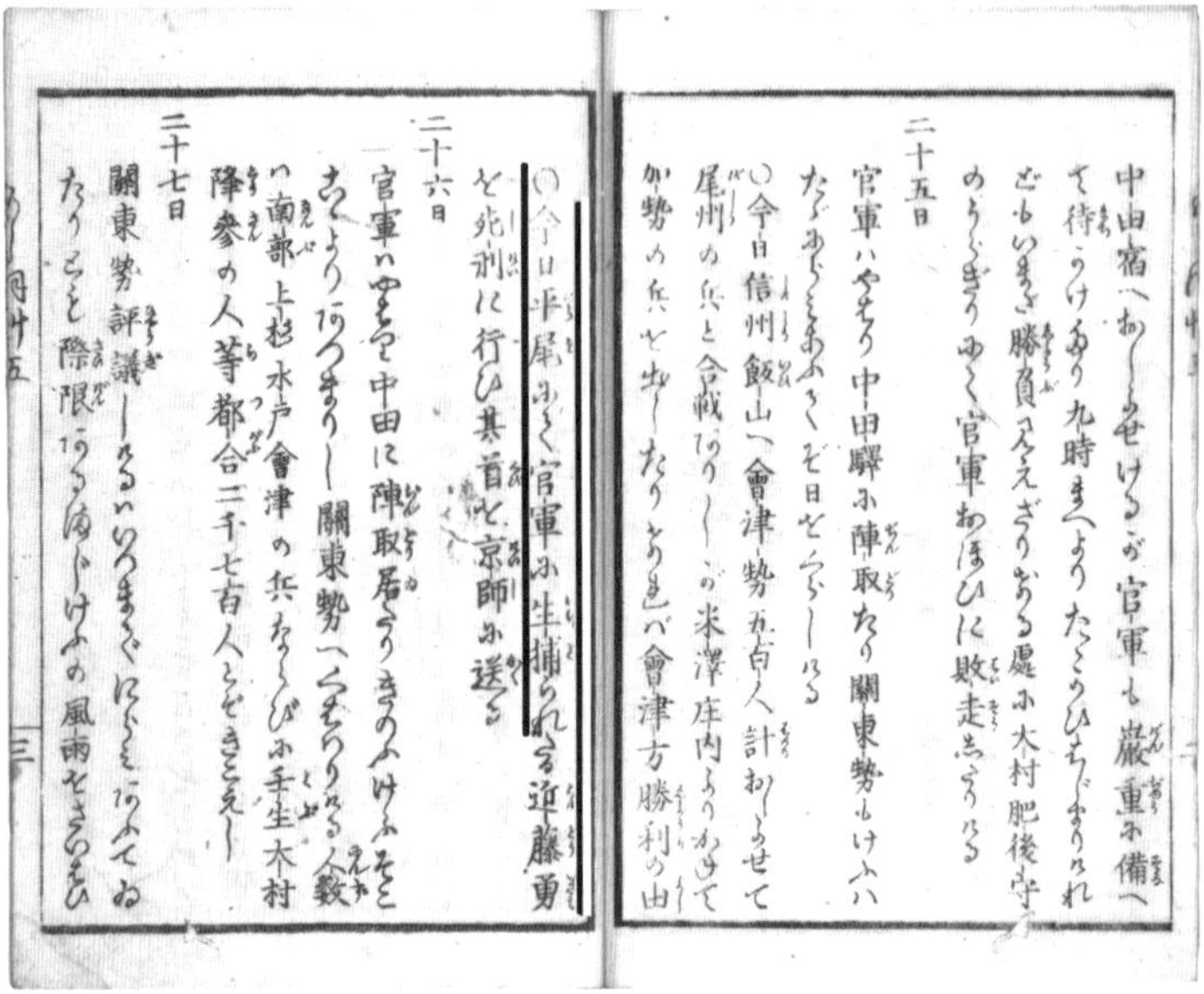

『横浜新報もしほ草』第五編　1868年（慶応4）
４月25日の部分に、新選組局長近藤勇処刑の記事がある。（豊田市郷土資料館蔵）

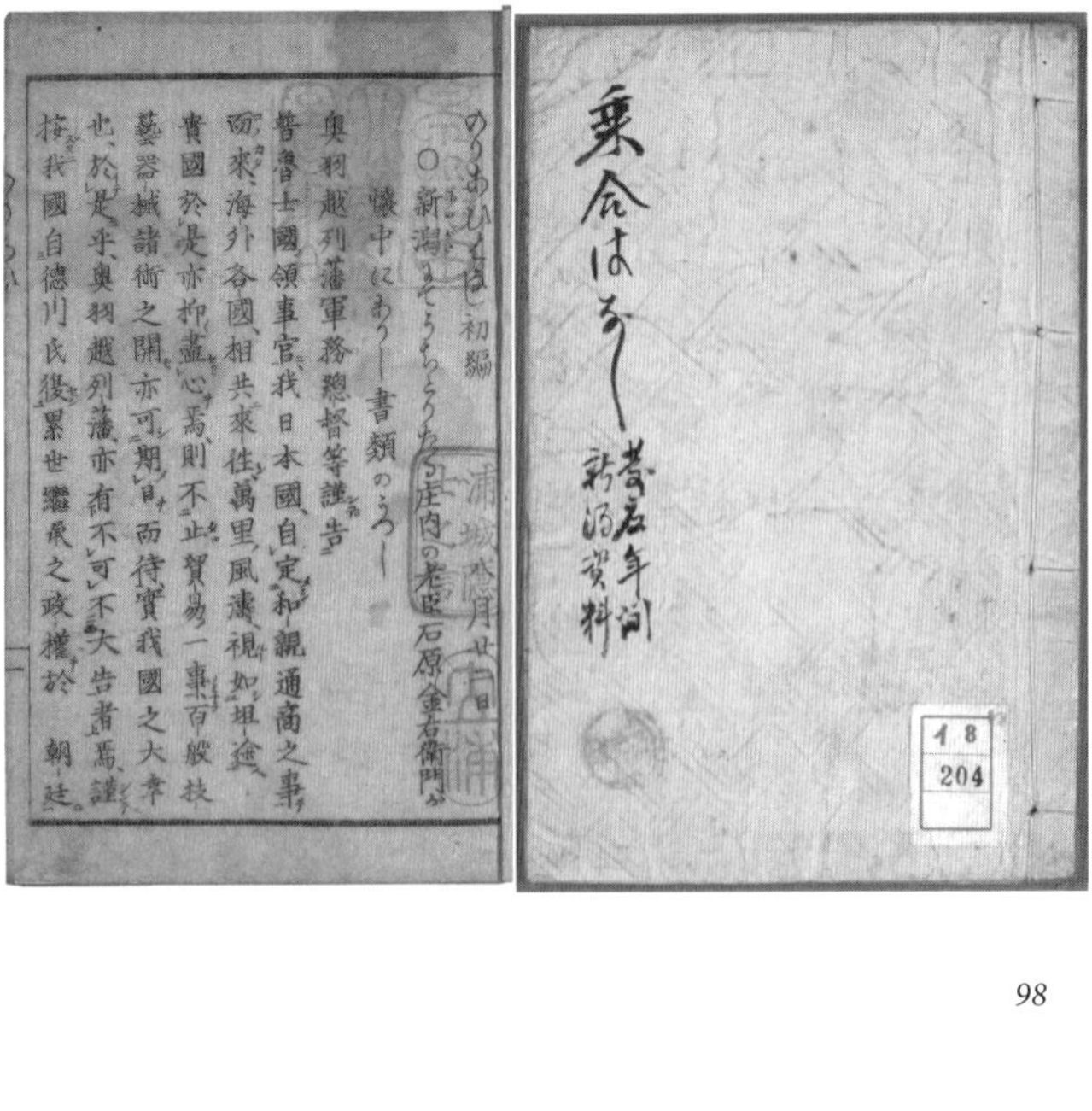

『渡航新聞
のりあひばなし』
1868年（慶応4）
（早稲田大学図書館蔵）

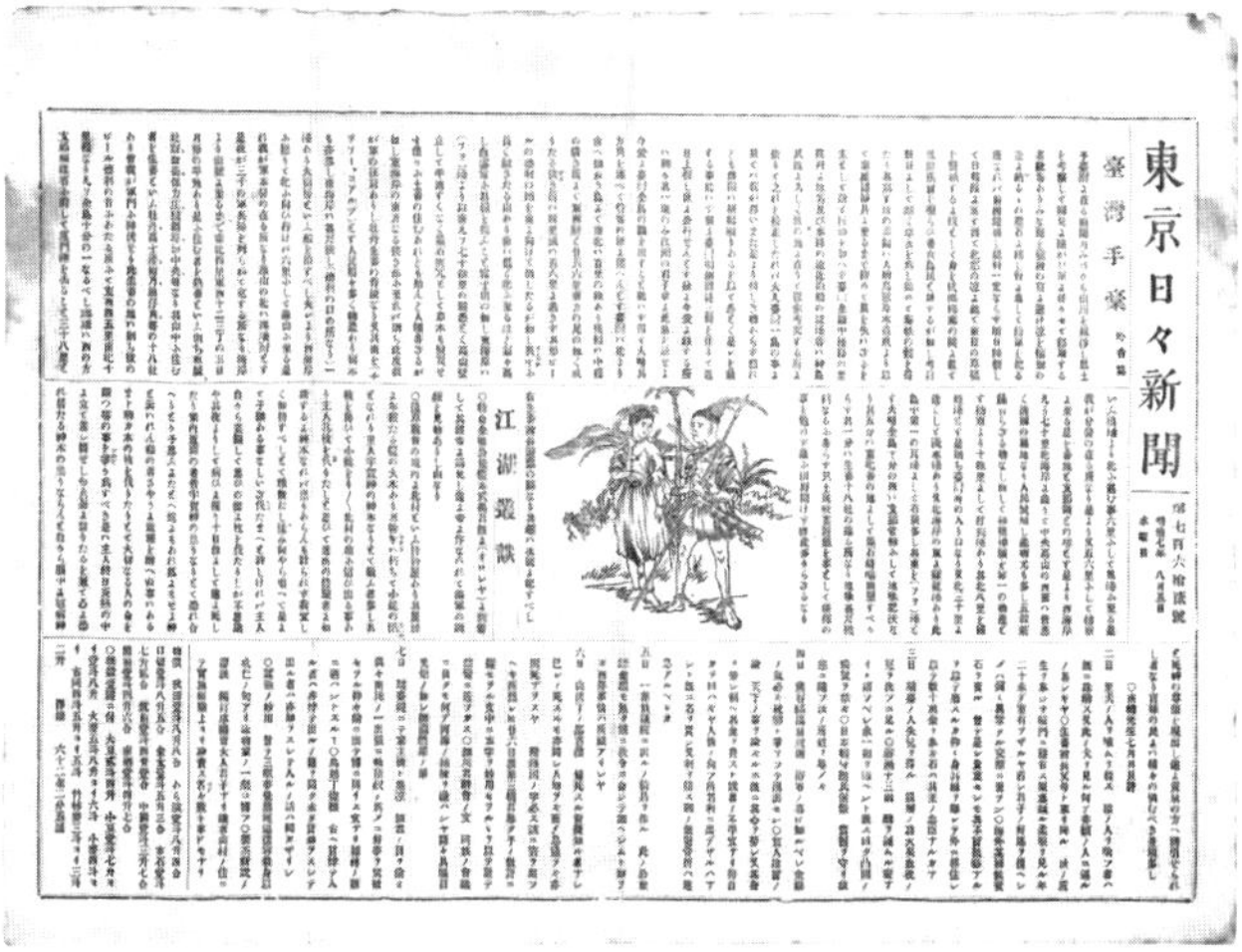
東京日々新聞
臺灣手藁　吟香稿
江湖叢談

東京日日新聞　1874年(明治7)8月5日

吟香は3カ月ぐらい、この『もしほ草』の編集をやるのですが、次第に蒸気船を動かす事業などに首を突っ込んでいきます。今日はお話しする時間がありませんが、文明開化の時代に吟香は実にさまざまな事業に手を出して、もう忙しくて新聞をやっていられなくなってしまうのですね。『もしほ草』の編集も人に渡してしまいます。しかし、ただ船を動かしていたのではなくて、やはり物書きとしての血が騒いだのでしょう。『渡航新聞のりあひばなし』という新聞を、また出しているんです。冒頭の部分を少し読んでみます。「新潟にてうちとりたる庄内の老臣 石原金右衛門が懐中にありし（懐中に持っていた）書類のうつし」と書いてあります。何だかワクワクしますね。何が書いてあるかというと、官軍と戦う奥羽越列藩同盟が、外交に活路を求めて実はプロシヤの領事館と接触しているということや、その庄内藩がエドワード・スネル(Edward Schnell) という武器商人に、こんな武器・弾薬を注文しているということなどが書いてある。そして、最後は、「続きは第二篇にて」と結ぶ。ある意味のぞき見趣味的な、ワクワクさせるこの仕掛けは、今の週刊誌と一緒だと思いませんか。吟香はこれを、自分が動かしていた蒸気船の待合所で発売していたんです。待合所で船を待ったり、船上で人々が読む。幕末にこんな仕掛けができたり文章が書けたのは、おそらく吟香くらいしかいなかったのではないかと思います。

失敗と成功を繰り返し

吟香は、その後も石油掘削や製氷など、さまざまな事業に手を出して、失敗や成功を繰り返していくのですが、明治6年（1873）に東京日日新聞の主筆に迎えられます。再びジャーナリズムに戻

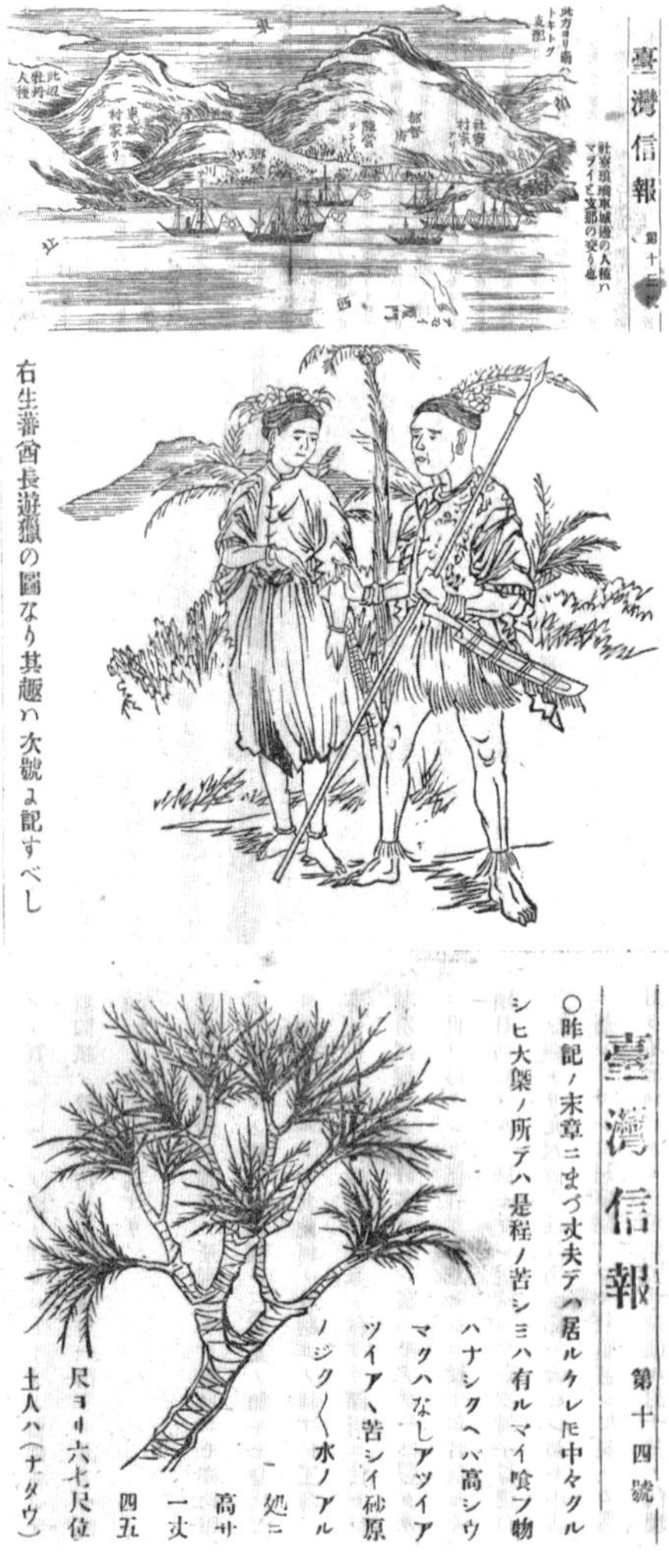

吟香が『東京日日新聞』に描いた台湾

ってくるんですね。翌7年には台湾出兵があります。日本軍最初の海外派兵であります。そこで吟香は、「新聞は国家の耳目なり」と説くのです。取材をして、レポートしなければ駄目だと。当時、従軍記者などという概念は日本にないのですが、その必要性を説いたのです。機密を尊ぶ軍部は当然嫌がるのですが、それを説き伏せてついて行ってしまいます。新聞社では唯一、吟香だけであります。これは当時の『東京日日新聞』でありますが、新聞記事があって、そこに吟香の描いた絵がつく。当時、写真はあるのですが、製版する技術がなかったので、文章がうまい上に絵が描ける吟香は、従軍記者にうってつけの人間でありました。吟香が描いた絵、そして文章。「まづ丈夫デハ居ルケレドモ中々クルシヒ（苦しい）大概ノ所デハ是程ノ苦シミハ有ルマイ喰フ物ハナシクヘバ高シウマクハなしアツイアツイアア苦シイ」と。実際に熱病とかで大変だったんですが、率直な気持ちが書かれております。

東京日日新聞は、今か今かと情報を待つ国民のもとに唯一戦況を伝えることができた新聞として、売れに売れたといいます。台湾での吟香の様子も、錦絵に描かれたり、絵に登場したりして、一躍有名人となっていきます。

当時の東京日日新聞は、「論説の

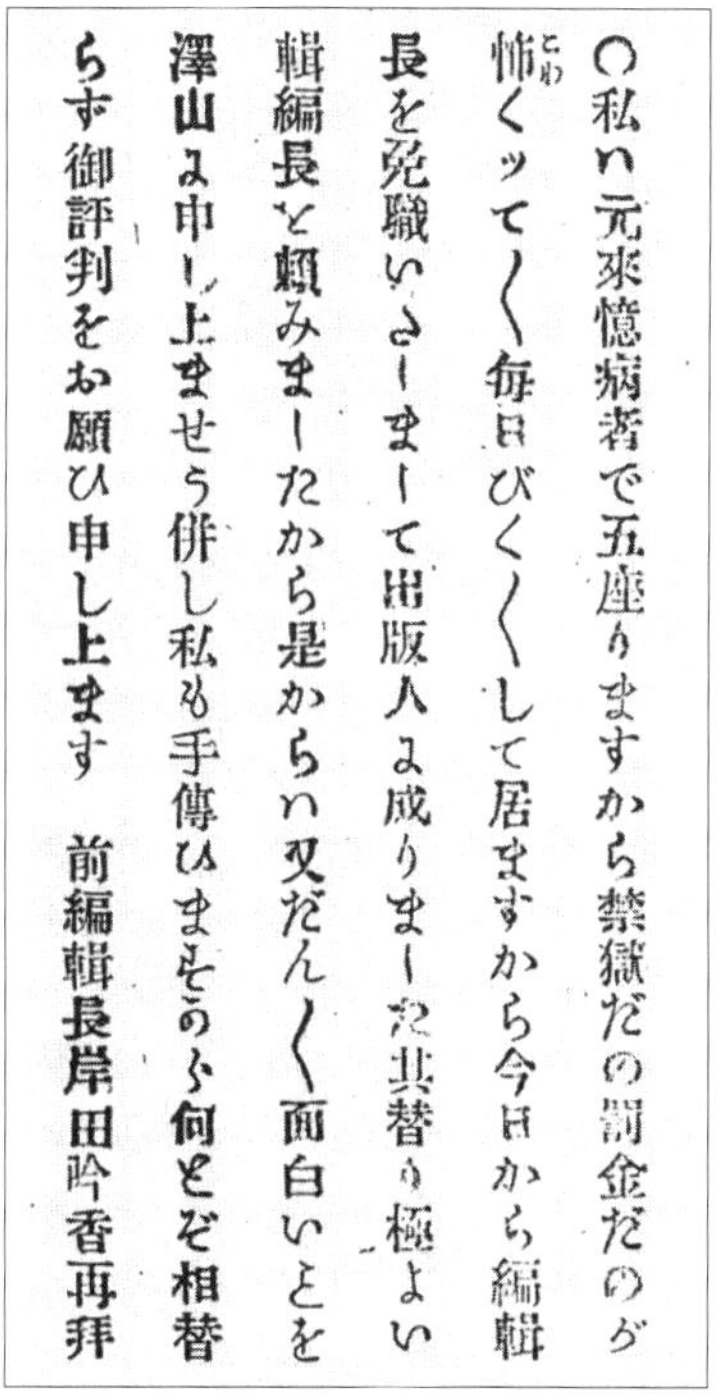
○私ハ元來憶病者で五座りますから禁獄だの罰金だのが怖《こわ》くッて〳〵毎日びく〳〵して居ますから今日から編輯長を免職いたしまして出版人に成りました其替り極よい輯編長と頼みましたから是からハ又だん〳〵面白いことを澤山に申し上ませう併し私も手傳ひますから何とぞ相替らず御評判をお願ひ申し上ます　前編輯長岸田吟香再拝

編集長を辞す挨拶
『東京日日新聞』明治8年8月19日

（福地）桜痴《おうち》」「雑報の吟香」という二枚看板を擁しており、非常に人気でありました。吟香のおもしろい文章を読んでみましょう。「あけぼの新聞ハ昨日から売り出すと申す引札《ひきふだ》が廻ッたゆえ、薬研堀へ買ひに往《いく》と、ヘイ本局が駿河台でまだ刷り上て参りませぬ。大かた今晩までにハ出来上がりませうと思ひます。それじやアゆうぼの新聞と直に名を替へたのか子《ね》。イエ日報社も前月の初めごろハ配達が翌日に成ッた事があッたけれど東京昨日新聞とも改名しなかッたそうで御座ります。口のへらねェ男だ。口の減らぬが新聞の種さ、口が減ると売れが減り升《ます》」と書いております。この「御座ります」というのは、吟香が流行らせた言い回しだったといわれています。

そんな中、明治8年（1875）になりますと、言論規制法が公布され、政府の新聞弾圧が始まります。各紙の編集長などが次々と投獄されていく。吟香は、そんな中でこんな新聞記事を出します。

「私ハ元来臆病者で五座《ござ》りますから　禁獄だの罰金だのが怖くッて怖くッて毎日びくびくして居ますから　今日から編集長を免職いたしまして出版人に成りました　其のかわり極よい編集長を頼みましたから　是からハ又だんだん面白いことを沢山申し上げませう　併《しか》し私も手伝ひますので　何とぞ相替らず御評判をお願ひ申し上ます　前編集長 岸田吟香」。何ともこれは無責任な宣言ですよね。ですが、これは挙母藩を脱藩して志士としての立場を捨てた時以来の、吟香の処世術であります。真っ向からは立ち向かわない。そして「ままよ」の精神。この少しとぼけた文章も、まことに吟香らしいと思います。吟香は、この後も大事なイベントなどがあると、頼まれて文章を書くフリーライター的な存在で活躍します。今日は、面白い文章しか紹介できませんでしたが、名文もたくさん残しております。事実を分かりやすく、時にユーモアを交えて伝える吟香の文章は、人々に非常に愛されました。

ヘボン博士直伝の液体目薬

そして、新聞記者と並んでもう一つ吟香の代名詞であったのが、液体目薬「精錡水《せいきすい》」であります。当時、日本は目を病む人が非常に多かったと、多くの外国人が書いております。吟香は、ヘボンのところで薬の調合を手伝っておりましたので、液体目薬が作れてしまう。これに「精錡水」という名前を付けて、おしゃれなガラス瓶に入れて、そしてヘボン博士直伝というふれこみで売るんです。それがよく効くものですから、よく売れます。やがて銀座の煉瓦街の中に「楽善堂」という立派な店を構えます。精錡水の店舗の銅版画を示しましたが、向かって右側が薬房、左側が文房具や本の売り場、2階が吟香たちの居住スペースであります写真（105ページ参照）は明治30年頃の楽善堂の様子ですが、2階に女性がたくさんいます。吟香は子沢山だったものですから、一人ひとりに乳母がいた。彼女たちは、銀ちゃんばあや、辰っちゃんばあやなどと呼ばれたと言いますので、その人たちだったのかもしれません。

この絵は、最後の浮世絵師と呼ばれた小林清親の絵であります。手前の女性が差す番傘には「岸田」「銀座」と書いてあり、後ろに建つのは、東京の新名所となった明治5年竣工の第一国立銀行であります。この素材が揃うと、当時の人は皆、自ずと銀座の岸田吟香を思い浮かべた。吟香は、そういう存在だった、大きな存在感をもっていたということです。

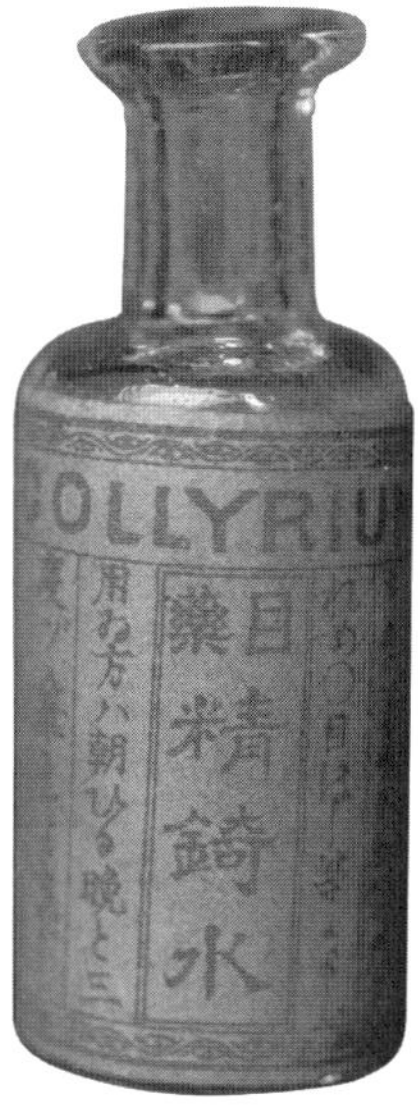

吟香が販売した目薬「精錡水」
（ボトルシヰアター蔵）

小林清親《海運橋(第一銀行雪中)》(横浜美術館蔵)

また、吟香は、広告人としても非常に優れたものがございました。ここに新聞広告を出しましたが、吟香が後手に持つ看板には「よいお薬で五座《ござ》ります」と、さりげなく書かれていたり、新年のご挨拶を自ら申し上げる。これも新聞広告としては日本初だったといわれます。これは引札《ひきふだ》ですが、自分をモデルにして精錡水の恰好をさせた非常におもしろいチラシであります。また、楽善堂の引札は、非常にうまいと思います。この女性の見ている薬の効能書に、私たちの目もひきつけられませんか。自然に文章を読んでしまう形になっていますね。吟香はこうしたセンスに非常に長けていたと言えます。そして、楽善堂は中国、当時の清にも活動を広げていきます。「上海楽善堂」をはじめとして、各地に支店や出張所を出して、精錡水は中国でも非常に売れるんですね。そして、出版にも力を入れます。中国では、役人の登用試験に参考書

明治30年頃の楽善堂の様子(『東京市有名実業家目録』所収の写真)

自画像入りの年賀のあいさつ広告
『東京日日新聞』明治12年1月4日

精錡水・楽善堂三薬広告
『東京日日新聞』明治11年11月11日

の持ち込みが可能だったのですが、大きくて不便でした。吟香はそこに目をつけて、銅版印刷で袖珍本《しゅうちんぼん》というポケット版を出すんです。これが評判を呼んで、年間15万冊以上売れたといいます。吟香の名前は、中国でも非常に有名になっていきました。

そうして、吟香は晩年まで活躍を続けますが、明治38年（1905）の6月に息を引き取ります。享年72。お墓は東京の谷中霊園にございます。葬儀には伊藤博文、板垣退助、榎本武揚など、そうそうたるメンバーが集まったといわれます。

吟香の子どもたち

では、吟香の子どもたちの話を少ししておきましょう。吟香は36歳の時に、小林勝子14歳と結婚します。そして、40歳の時に長男が誕生し、66歳になるまで七男七女に恵まれました。子どもたちには、吟香の芸術家としての血が引き継がれます。四男の劉生は日本近代美術史上屈指の洋画家に、

小林永濯「精錡水・楽善堂三薬」引札
（豊田市郷土資料館蔵）

「精錡水」引札（早稲田大学図書館蔵）

五男の辰也は宝塚の演出家になります。この絵は、豊田市美術館が所蔵している劉生の自画像です。それから、娘の麗子をモデルにした有名な麗子像。劉生は絵のみならず、巧みな文章、そして吟香譲りの几帳面な日記も残しています。それを少し読みます。「一人の大きながん丈な白髪の老人がゐる。（中略）余の父によく似てゐるのでなつかしい。ものごしが立派で偉さうな人だ。好意を感ずる。健康なれと祈る。」と、父親の吟香を思い出して書いております。父親の絵も残しています。

こうして、吟香の一生を振り返ってきますと、気が付くことがあります。吟香は常に庶民の目線で物事を見つめていた。八百屋の荷担ぎ、左官の助手、湯屋の三助、女郎屋の主人。庶民とともに暮らしてきたのです。分かりやすい辞書や新聞記事、国民に戦況を伝えるための台湾従軍、見る人の心を動かす広告、売薬や訓盲院（盲学校）の設立、いずれもこうした立場から生まれたものだと思います。そして、同時代の人たちが気付かなかった新たな価値、意義を見出すことに、とても長けていた。今日、紹介してきたさまざまなこと、それから石油掘削、製氷、蒸気船定期航路の開拓、目の見えない人への教育、日中交流など、これらのいずれもが現代においても重要な要素であることに、改めて驚かされます。そして彼には、そのアイデアを行動に移す、けた外れの行動力があった。これこそ、まさに傑人の名にふさ

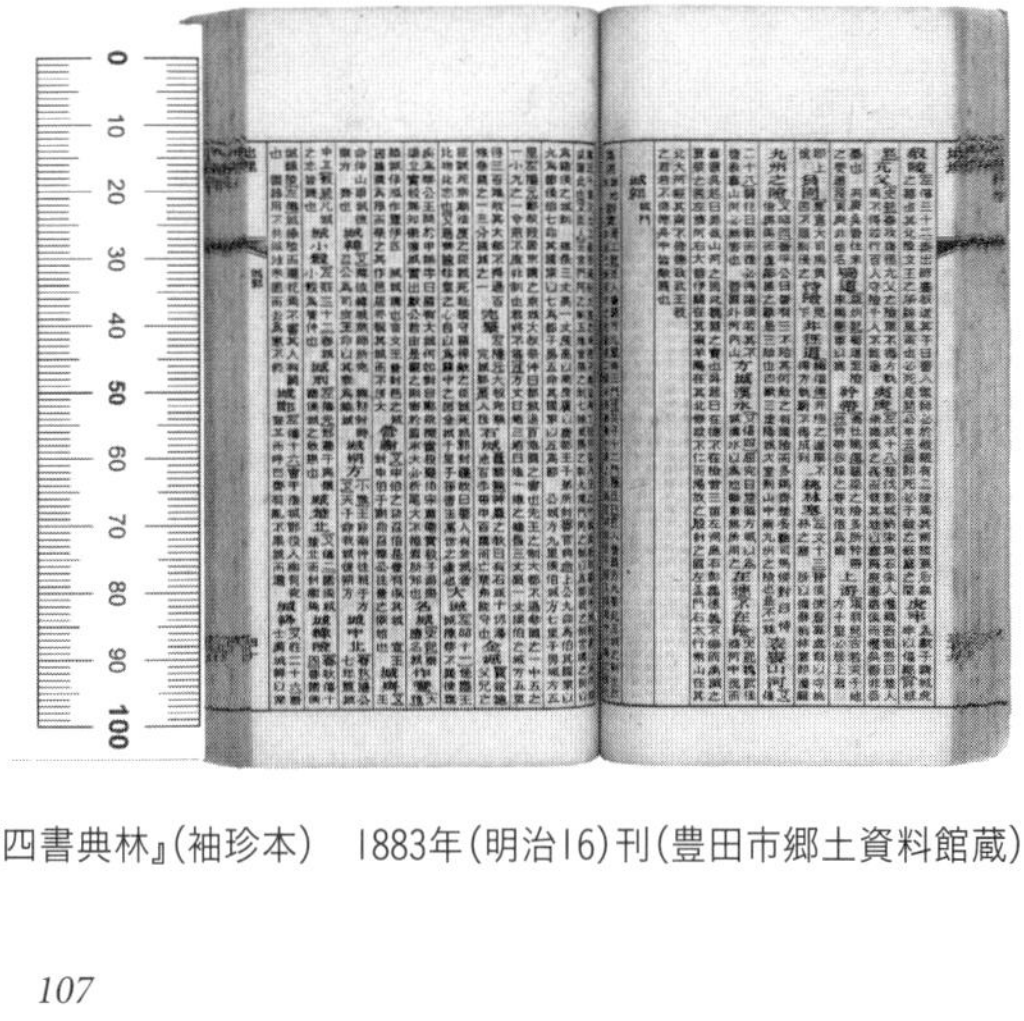

『四書典林』（袖珍本）　1883年（明治16）刊（豊田市郷土資料館蔵）

岸田劉生《麗子洋装之図（青果持テル）》
大正10年（豊田市美術館蔵）

岸田劉生《劉生自画像》大正2年
（豊田市美術館蔵）

わしい。「傑人」という言葉は、新たな価値を見出してそれを形にする、実現する人物に与えられる称号だと思います。現代で言えば、例えばアップル社をつくったスティーブ・ジョブズなどが、それに値するでしょう。

では、その吟香を突き動かしていたものは何だったのでしょうか。吟香の日記には、繰り返し「ままよ」という言葉が出てまいります。「議論よりも行動」「時機を見た決断とけた外れの行動力」「やると決めたら常に先頭を走る」、それが吟香の生き方であります。その根底にあったのは、明治の人のエネルギー、そして理想を持った「ままよ」の心意気だったのではないでしょうか。今につながる新たな価値を次々と生み出した傑人岸田吟香。その生涯は、まことにあっぱれなものであったと思います。

駆け足になりましたが、ご清聴どうもあり

がとうございました。

訓盲院（筑波大学学校教育局蔵）

『呉淞日記』第五之冊（部分）（個人蔵）

◆講演

早稲田大学政治経済学術院教授　土屋礼子

アジアの中の岸田吟香　―混沌の時代を走り抜けたメディア人

土屋礼子（つちや・れいこ）
長野県生まれ。専門はメディア史、歴史社会学。20世紀メディア研究所長も務める。主な著・訳書には『大阪の錦絵新聞』、『近代日本メディア人物誌 創始者・経営者編』、『大衆紙の源流』、『対日宣伝ビラに見る太平洋戦争』、スウィーニー『米国のメディアと戦時検閲』など。

こんにちは。ただいまご紹介にあずかりました早稲田大学政治経済学術院の土屋礼子と申します。お暑い中、お集まりいただきまして、まことにありがとうございます。私の専門はジャーナリズムの歴史、メディアの歴史です。私の最初の研究は幕末期から明治初めの新聞ということで、まさに岸田吟香の生きた時代の新聞史を研究しました。現在は占領期のメディア等、もう少し下がった時代の研究をしていますが、今日は久しぶりに明治の話、私の本領のところをお話しするということで参加させていただきます。

今日のお題は「アジアの中の岸田吟香――混沌の時代を走り抜けたメディア人」ということで、先ほど森先生が岸田吟香の生涯を詳しく話してくださいましたので、私はジャーナリズムの歴史という観点から、少し違った角度で岸田吟香を話してみたいと思います。一部、重なっているかと思いますけれども、そこは皆さん、復習だと思って聞いていただければと思います。

メディアの創始者たち

最初にご紹介しておきたいのは、私がここで岸田吟香の話をするきっかけになったであろうと思われるこの本です。この表紙の『近代日本メディア人物誌　創始者・経営者編』というのが映っておりますけれども、これは私が編集して書いた本です。２０１０年に出版になりました。ここには10名以上の、明治から大正にかけての日本のジャーナリストあるいはメディアの創始者たちの略伝をまとめて編みました。そのトップが岸田吟香で、それを私が書きましたので、そういうご縁でここに呼ばれたのだろうと思います。

この本の例に漏れず、日本のジャーナリズム史で最初のジャーナリスト、一番はじめの新聞記者は誰かといえば、これは大体決まって岸田吟香の名が挙がります。いつからそのように言われるようになったかというと、はっきり分かっているのは、『十大先覚記者伝』という本が最初です。これは１９２６年に大阪毎日新聞社の記念事業で発行されまして、これのトップが岸田吟香です。この『十大先覚記者伝』の中には他に、柳河春三、福地源一郎（福地桜痴）、成島柳北、末広鉄腸という、岸田

吟香と同時代を生きたジャーナリストたちが名前を連ねています。このときが、岸田吟香が歴史的な人物として初めて振り返られた時だと言っていいと思います。これは大正の末で、もちろん吟香は亡くなっていますけれども、その後、戦後の1950年前後から、もう一度岸田吟香の再評価というものがございまして、いろいろな本が出されております。

では、この岸田吟香がなぜジャーナリストとしてトップを切ったのか、その活動にはどういう意味があったのかということの背景として、まずは岸田吟香が登場した19世紀アジアにおけるメディアの状況について、少しお話をしたいと思います。

新聞は欧米で誕生したということは皆さんもご存じかと思いますが、新聞発行の歴史は非常に長く、イギリス、フランス、ドイツでは15世紀、16世紀の活版印刷技術の広まりとともにこのメディアは発達してきたものでした。これが中国や日本、東南アジアを含めてアジアに来たのは、19世紀の半ば、つまり1830年代からです。そういうメディアを欧米人たちが持ってきたのですが、その媒介者になったのはキリスト教の宣教師です。彼らは聖書を持ってきて宣教すると同時に、その聖書を現地の言葉に翻訳します。そのために現地の言葉を学んで、その辞書を作ります。宣教師たちはそれら全部必要に応じてやったわけです。そして、現地の人々に布教をするかたわら、ニュースを伝える新聞や雑誌を発行するということをしました。アジアで最初に新聞が発行されたのは中国でしたが、それもこういったキリスト教の宣教師たちが作ったもので、その中で中国語の新聞も発行されるようになります。つまり最初は英語やフランス語、オランダ語、つまり植民する人たちのための新聞として出されるのですけれども、次には宣教する相手、現地の人たちの言葉で発行されたということです。

その中で、中国ではいろいろな所で新聞が発行され始めます。「News」という言葉、日本語で翻訳すると「新しく聞き知ったこと」という意味になりますが、この「News」に対して「新聞」という翻訳を作ったのも、おそらく中国で新聞を発行するときだったと思われます。その初期の新聞のひとつがこの『遐邇貫珍』というもので、香港で出されました。ちゃんと右側に年号が書いてあるのでいつ発行されたか分かると思いますけれども、１８５３年に出された中国語の新聞です。今日は岸田吟香の略年表がお手元のパンフレットの最後のページにあると思いますので、そちらを参照しながら、こういった歴史的な事象と岸田吟香がどのように関わっていたかご覧いただけると分かりやすいかと思います。

一千八百五十三年八月朔旦　第壹號
遐邇貫珍
香港中環英華書院印送
毎號收回紙墨錢十五文

1853年に香港で発行された新聞『遐邇貫珍』第一号の表紙

この新聞が出された1853年というのは、岸田吟香が20歳。学問修行のために江戸に向かった頃です。つまり、そのときにアジアではこのような新聞がようやく誕生して広まろうとしていました。まだ新聞・雑誌とは何かというのを知らない人のほうが普通で、新聞はニューメディアでした。まだ海のものとも山のものとも分からない、そういう時代だったわけです。ですから当然のことながら、日本でも新聞はまだ発行されておりませんでした。それは、江戸幕府の下で時事問題あるいはニュースといわれるようなものについての報道が規制されていたからです。

簡単に言うと、江戸幕府は高札のように庶民に対して禁止を命じるお触れを出したりすることはしましたが、どういうことが起こっているのかについて事実情報を与えるということは基本的にしませんでした。例えば、安政の大地震がありましたけれども、今のように地震が起きたらすぐに情報が流されるということはありませんでした。いろいろな噂などは飛び交うのですが、幕府は正式な情報を何も出しません。その代わりにお救い小屋などを作り、そちらに行けば握り飯がもらえるというような指示のみを与えたのでした。この情報政策の基本は「知らしむべからず由《よ》らしむべし」と簡略にま

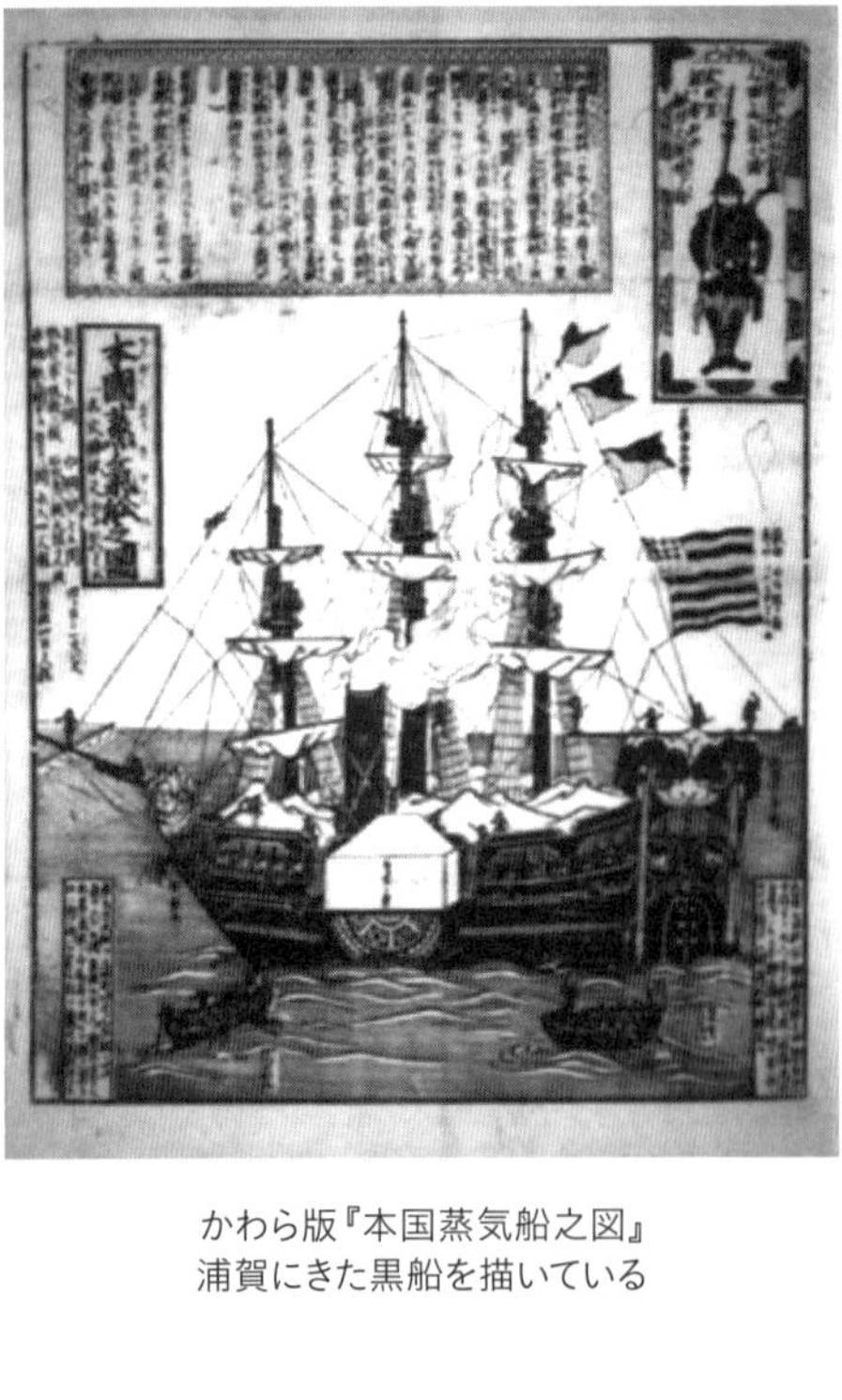

かわら版『本国蒸気船之図』
浦賀にきた黒船を描いている

とめられています。つまり、情報は知らせなくてよいということです。それはなぜかというと、エリートの教育を受けた武士は別として、下々の者、一般庶民は、現在のような義務教育というものは一切受けていませんので、文字の読み書きができない人のほうが圧倒的に多かったからです。そういった教育を受けていない人々に情報を流しても混乱するだけだから、そういうものは知らせなくていい、その代わり幕府から指示があったらそれに従うようにさせればいい、という情報政策だったわけです。だから一般的な教育もしないかわりに情報も与えない。その代わり指示してそれに従わせる。そういう身分制社会だったわけです。

「かわら版」の流通

ところが、幕末の1840年以降、隣の中国の清王朝がアヘン戦争で負け、上海や香港にイギリスの植民地ができます。こういう情勢を幕府は非常に憂います。つまり、アジアの中のパワーバランスが崩れ、西洋の列強たちがアジアに進出してくるという危機感を持ったのです。そういうことに対応して、庶民の側でもいろいろな情報を欲しがる機運が生まれてきます。その一つの現れが「かわら版」の流通です。

かわら版自体は江戸時代の初期から存在していたと考えられるのですけれども、幕末になって非常に流通量が多くなり、残存している量も多くなります。かわら版というのは実は、いつ、どこで出されたかというのがはっきり分からないもののほうが圧倒的に多く、この研究というのはなかなか難しいところがあります。しかしながら、例えば地震のニュースを伝えるもの、それからペリーがやって来た黒船来航を伝えるものなど、幕末になるとこういう形で庶民に情報が伝えられるメディアが生まれます。しかしこれは現在の新聞の前身とは考えられているものの、記者がいて公に発行して収入を得ているというような安定した商売とは考えられていません。というのは、公式に認められた刊行物ではないからです。どちらかというとかなり怪しい、非公認で作っている刷り物というのが圧倒的に多い。なので、どこの出版社から出されたかといったことが書いてあるものも一部にはありますけれども、発行年月日の分からないものやどこから出版されたか分からないものが非常に多いのです。ということは、かわら版はだいたい非合法で出されていた。けれども求める庶民がいたので刷って売っていたということです。

逆に言うと、幕末の日本の庶民は、かわら版、噂、ないしはお触れのような公式情報といったもので情報を掴むしかないという状況だったわけです。今のようにインターネットや新聞やテレビがあって情報が溢れているという世界ではなく、情報を入手する手段が乏しい中で庶民はなんとかしていろいろなニュースを手に入れていたわけです。

この中で新しい「新聞」というメディアが輸入されますが、これはいろいろな形でステップを踏んで発展していきます。その最初の段階が「官板華字新聞」と呼ばれているものです。先に清国の上海や香港などのいわゆる租界で新聞発行がなされたという話をしましたが、そこで宣教師たちや地元の中国人が協力して中国語の新聞が出されました。つまり、中国語の新聞ですから漢文になります。日本の当時の知識人は漢文を返り点など全然なくても読めました。それがエリートの教養でした。ですから、これが輸入されると読めたわけです。

たとえばこの1857年に上海で発行された『六合叢談《りくごうそうだん》』。これは中国人のために発行された漢文のものです。雑誌というか新聞というか、幕末から明治初期の新聞と雑誌というのは形態がほぼ一緒で、今で言うとパンフレットのような感じのものです。しかも発行の間隔が1カ月とか1週間とかですので、今の日刊新聞を想像するとだいぶ違うものになりますが、当時の定期刊行物としてはこれが発行間隔が一番短いものでした。『六合叢談』というのは、東西南北で4方向、プラス天と地、合わせて全世界という意味で「六合」となります。つまり全世界のニュースを伝えるという意味で上海で発行されました。これが長崎などを通じて日本に輸入されます。これをそのまま、今で言うカットアンドペーストして作られたのが『官板六合叢談』と言われるものです。官板というのは、幕府の知識人が日本人向けに編集し直して出したものです。編集し直してと言っても元は漢文ですからそのままなのですけれども、ただし、その中でも、削除された項目がありました。キリスト教に関することです。キリスト教は禁じられていましたが、宣教師の出した雑誌ですからキリスト教関係のことが載っています。ですから、それは全部カットして日本人向けに出したのが『官板六合叢談』でした。これ

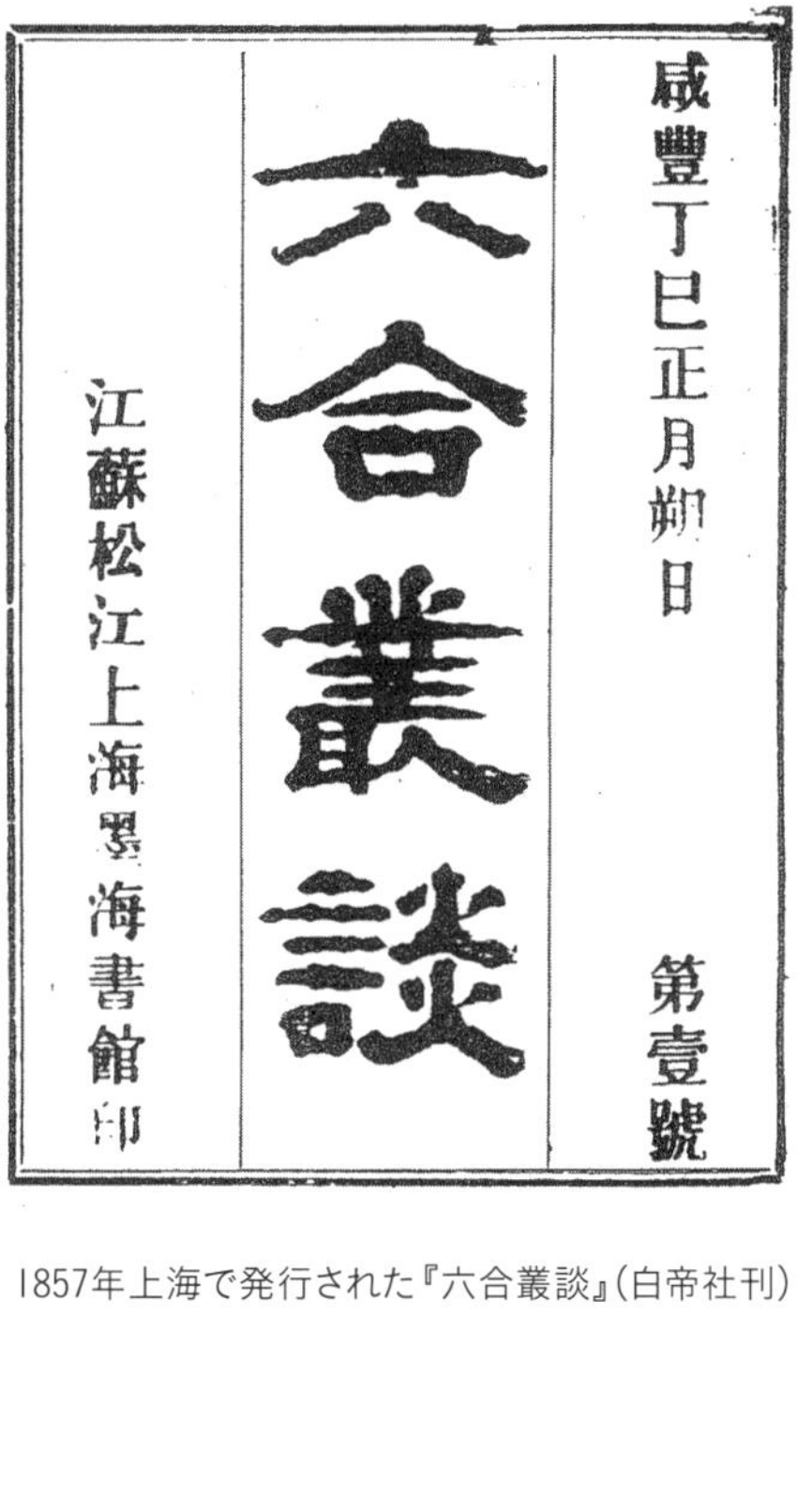

1857年上海で発行された『六合叢談』(白帝社刊)

を日本の知識人たちは読んだわけです。政府が出した公式輸入雑誌といった感じでしょうか。

もう一つタイプがありまして、「官板翻訳新聞」と言っています。幕府時代には長崎の出島のオランダ商館が一つの海外ニュースの情報源としてありましたが、ここではもともとオランダの商館長が『阿蘭陀風説書』というものを幕府に提出していました。これはオランダ商館の通詞がオランダの商人から話を聞いてそれを文章にしたもので、これによって新しいヨーロッパの情勢、世界の情勢を知るというNewsだったわけです。ところがある時から、そういう聞き書きもいいけれどもオランダ語の新聞を見たほうが早いということになりました。当時はバタビア（今のインドネシア・ジャワ島）がオランダの植民地で、『ヤバッシェ・クーラント』というオランダ語の新聞が発行されていました。日本にはもちろん蘭学者がおりましてオランダ語を翻訳できます。ですので、幕府の洋書調所（元の蕃所調所、後の洋学所）で蘭学者たちが日本語に翻訳をしました。翻訳したものを冊子にまとめた形で、１８６２年『官板バタビア（バタヒヤ）新聞』というものが江戸で出されるようになります。これは1号、2号、3号という形で順々に出され、やはりキリスト教関係の記事を削除して出版されました。

先ほどの『官板六合叢談』は漢文そのままでしたが、『官版

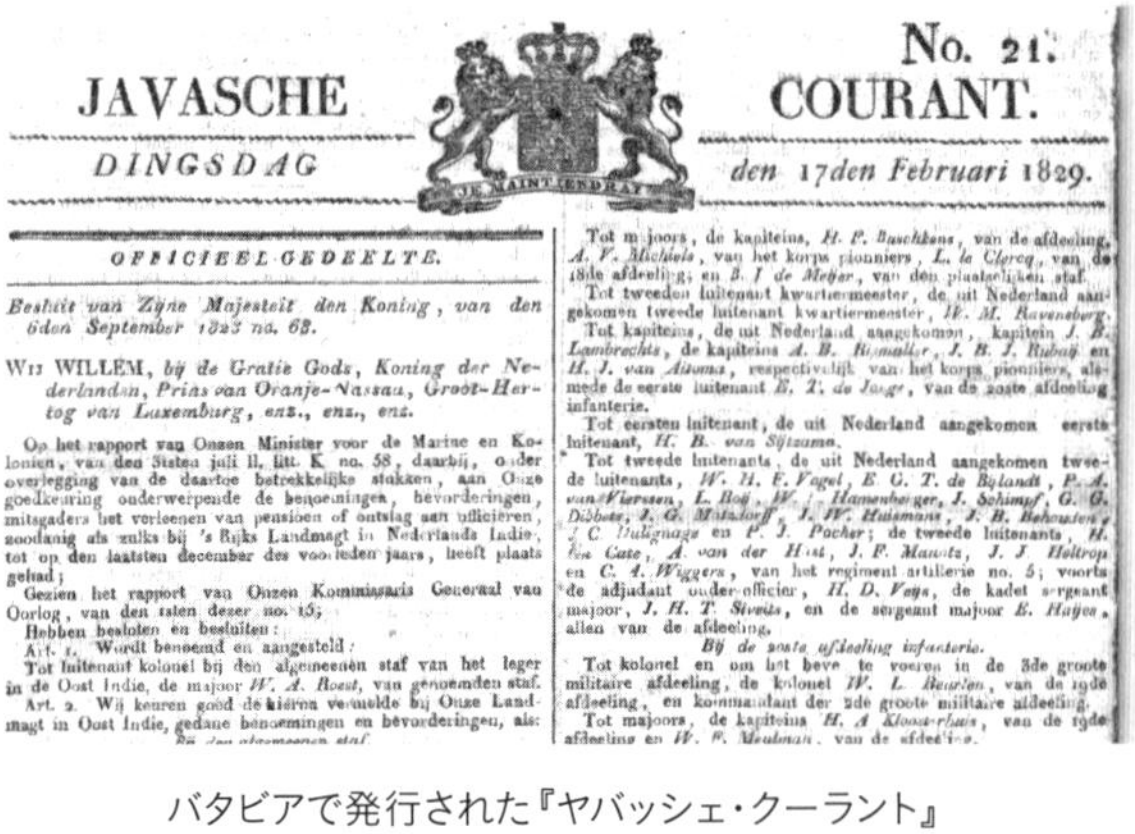

JAVASCHE COURANT. No. 21.

DINGSDAG den 17den Februari 1829.

OFFICIEEL GEDEELTE.

Besluit van Zyne Majesteit den Koning, van den 6den September 1828 no. 68.

WIJ WILLEM, *bij de Gratie Gods, Koning der Nederlanden, Prins van Oranje-Nassau, Groot-Hertog van Luxemburg, enz., enz., enz.*

Op het rapport van Onzen Minister voor de Marine en Kolonien, van den 31sten julij ll. litt. K no. 58, daarbij, onder overlegging van de daartoe betrekkelijke stukken, aan Onze goedkeuring onderwerpende de benoemingen, bevorderingen, mitsgaders het verleenen van pensioen of ontslag aan officieren, zoodanig als zulks bij 's Rijks Landmagt in Nederlands Indie, tot op den laatsten december des voorleden jaars, heeft plaats gehad;

Gezien het rapport van Onzen Kommissaris Generaal van Oorlog, van den 1sten dezer no. 15;

Hebben besloten en besluiten:

Art. 1. Wordt benoemd en aangesteld:

Tot luitenant kolonel bij den algemeenen staf van het leger in de Oost Indie, de majoor *W. A. Roest*, van genoemden staf.

Art. 2. Wij keuren goed de hierna vermelde bij Onze Landmagt in Oost Indie, gedane benoemingen en bevorderingen, als:

Tot majoors, de kapiteins, *H. P. Buschkens*, van de afdeeling, *A. V. Michiels*, van het korps pionniers, *L. le Clercq*, van de 18de afdeeling; en *B. J. de Meijer*, van den plaatselijken staf.

Tot tweeden luitenant kwartiermeester, de uit Nederland aangekomen tweede luitenant kwartiermeester, *W. M. Ravensberg*.

Tot kapiteins, de uit Nederland aangekomen, kapitein *J. B. Lambrechts*, de kapiteins *A. B. Ri...*, *J. B. J. Rubaij* en *H. J. van Aitema*, respectivelijk van het korps pionniers, alsmede de eerste luitenant *E. T. de Jonge*, van de 20ste afdeeling infanterie.

Tot eersten luitenant, de uit Nederland aangekomen eerste luitenant, *H. B. van Sijtzama*.

Tot tweede luitenants, de uit Nederland aangekomen tweede luitenants, *W. H. F. Vogel*, *E. G. T. de Bylandt*, *P. A. van Vierssen*, *L. Bos*, *W. J. Hamenberger*, *J. Schimpf*, *G. G. Dibbets*, *J. G. Matzdorff*, *J. W. Huisman*, *J. B. Behouten*, *J. C. Dulignage* en *P. J. Pocher*; de tweede luitenants, *H. ten Cate*, *A. van der Host*, *J. F. Maurits*, *J. J. Holtrop* en *C. A. Wiggers*, van het regiment artillerie no. 5; voorts de adjudant onder-officier, *H. D. Veys*, de kadet sergeant majoor, *J. H. T. Stevens*, en de sergeant majoor *E. Hayen*, allen van de afdeeling.

Bij de 20ste afdeeling infanterie.

Tot kolonel en om het bevel te voeren in de 3de groote militaire afdeeling, de kolonel *W. L. Beurlen*, van de 19de afdeeling, en kommandant der 2de groote militaire afdeeling.

Tot majoors, de kapiteins *H. A Kloosterhuis*, van de 19de afdeeling en *W. F. Meulman*, van de afdeeling.

バタビアで発行された『ヤバッシェ・クーラント』
洋書調所で日本語に訳された

バタビア新聞』は漢字と仮名を使って今の日本人でも読める文章にしたものでした。これが日本語の新聞としては最初と言われています。しかし「官板」が付いているように、これは政府・幕府側が作った公式新聞というものでした。こういったものを知識人が読んでいたわけです。

それから3番目のルートがあります。それは「欧字新聞」です。ペリーの来航の後、1859年以降にさまざまな国と通商条約を結んだ日本は、長崎、横浜、神戸等の港を開港します。その開港地で外国人居留地ができます。ロシア人が来たりフランス人が来たりイギリス人が来たりするわけですが、その居留地の中で外国人が新聞を発行することが認められるようになり、そこで出される新聞ができました。英語やフランス語といった外国語の新聞です。その最初に出されたものがA・W・ハンサードという人が創刊した『The Nagasaki Shipping List and Advertiser』でした。これは貿易新聞なので、1ページ目に載っているのは広告と貿易船に関するニュースです。そういうものを元にした新聞でした。ただし、この新聞は1年ほどで横浜に引っ越して『The Japan Herald』と改題します。それまで幕府は長崎を通じて貿易や情報収集をしていましたが、他の港も開港したので、これからは江戸に近い横浜のほうが商売に有利だということで、横浜が次の新聞発行の中心地になっていくのです。

ジョセフ・ヒコと『海外新聞』

そして、ようやく民間の日本語新聞です。そこで登場したのが浜田彦蔵（ジョセフ・ヒコ）です。ご存じかと思いますけれども、彼は今の兵庫県須磨の出身の農民でしたが、14歳ぐらいのときに船に乗って江戸見物に行った帰りに船がしけに遭って漂流してしまいます。そこをアメリカの船に助けられて、他の少年はみんな日本に帰りたいということで江戸に帰してもらうのですけれど、ジョセフ・ヒコだけはアメリカに行くと言ってアメリカに連れていってもらいます。宣教師に育ててもらい、学校も出してもらって、そしてペリーの来航の時に日本語の通訳として一緒についてくるのです。このジョセフ・ヒコが横浜に来て、岸田吟香、ヘボン、本間潜蔵に出会い、そして生まれたのが１８６４年の『海外新聞』です。

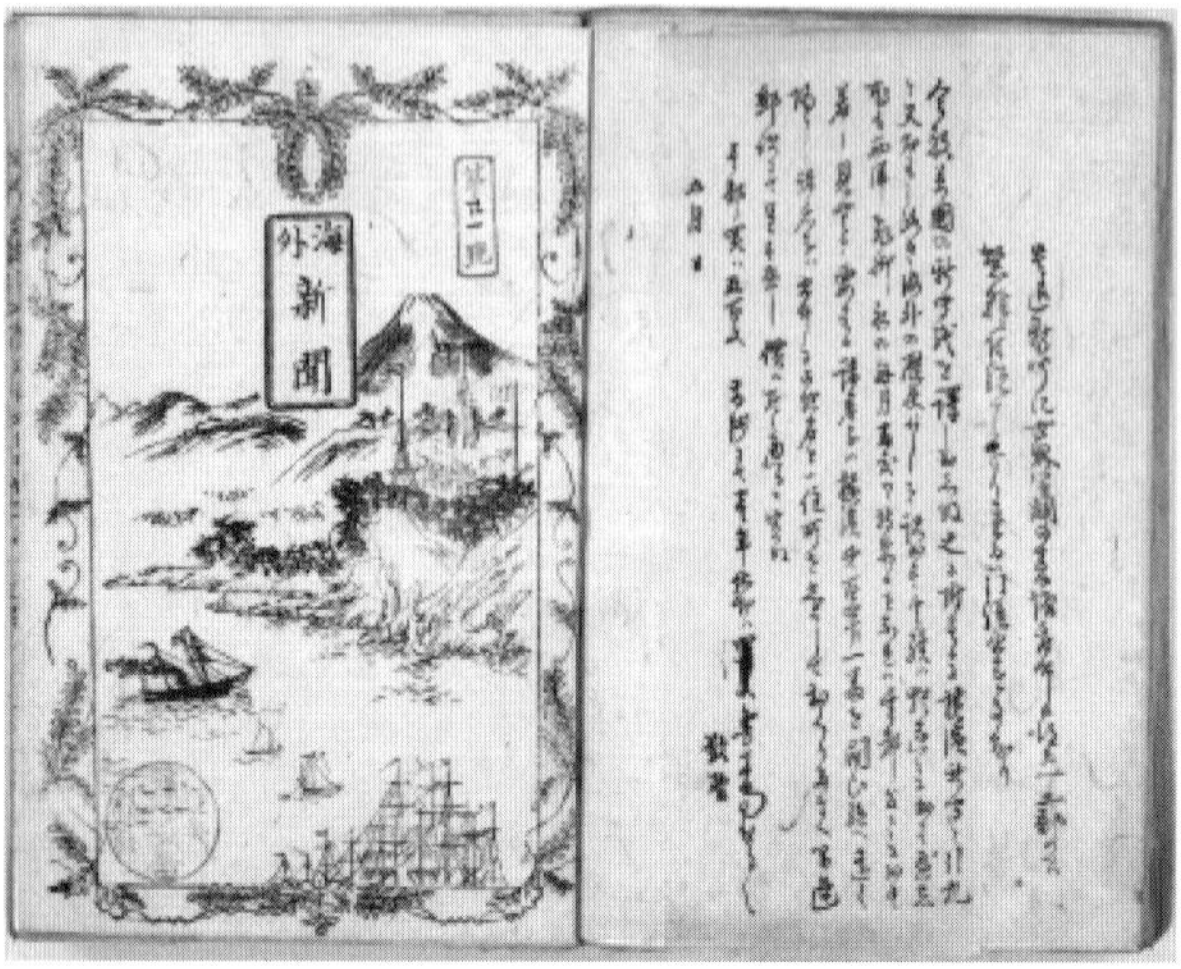

ジョセフ・ヒコが発行した「海外新聞」(早稲田大学図書館蔵)

このジョセフ・ヒコはもともと日本人ですから、日本語を話すことはできました。ところが日本で教育を受けていないので、日本語が綴れません。なので、ジョセフ・ヒコが海外の英語の新聞を読んで記事の内容を話して聞かせ、それを吟香と本間潜蔵が文章にして日本語の新聞にしました。ただし、この『海外新聞』も1年ほどしか続きません。しかもほとんど売れませんでした。経営的には失敗でした。おそらく早すぎたのでしょう。この『海外新聞』にかかわることによって岸田吟香は、新聞というジャーナリズム発行に関与して興味を抱きます。その導き手になったのがヘボン博士でした。

ここから岸田吟香はいろいろな商売をするかた

わら、新聞雑誌に多数かかわります。今の『海外新聞』が最初ですが、その次に慶応4年の『横浜新報もしほ草』があります。幕末の戊辰戦争のときに東軍と西軍に分かれ、大坂から江戸へ攻め上って最後は五稜郭まで戦っていくときに、東軍・西軍双方に分かれて新聞がたくさん出ます。しかも西軍側は、後に置かれる太政官という役職の正式メディアとして『太政官日誌』というものを出します。これが江戸を東京に改称したときに新政府の公式メディアになります。こういったメディアが2つ3つ西軍側で出されますが、東軍の方がそれよりも多く新聞雑誌を発行しました。なぜ東軍側の方が多かったかと言いますと、もともと江戸は印刷の都だったからです。江戸では錦絵をはじめとして、印刷物がたくさん発行されていました。そのうえに、江戸市民は基本的に平和に暮らしていましたから、西軍に味方するよりは江戸幕府に味方します。そういうわけで多くの出版物が出されるのですが、西軍が攻め上って江戸を制圧するとこれらの新聞は全部発行禁止になりました。そして、『江湖新聞』で新政府を批判した福地桜痴は投獄されてしまうのです。

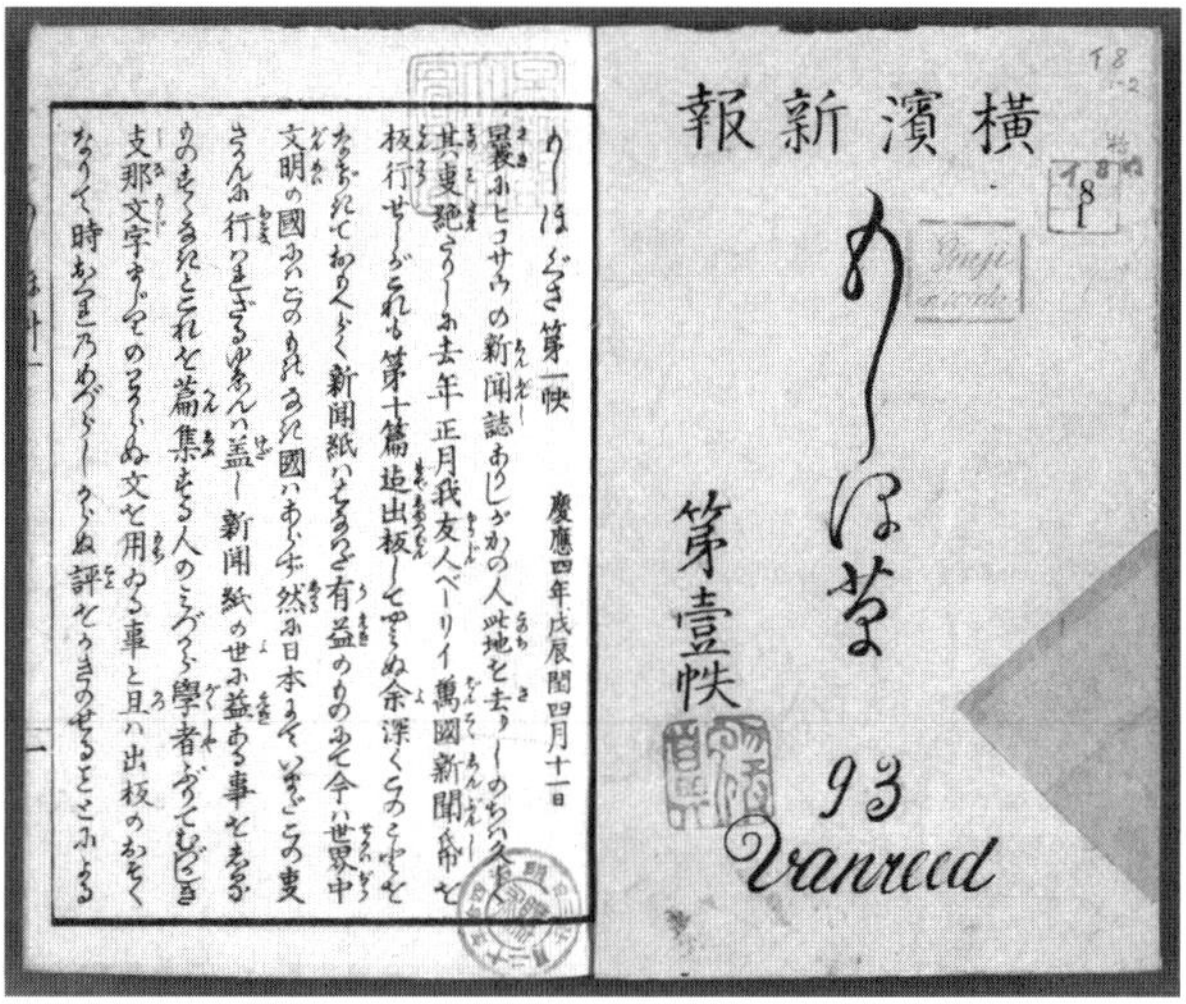

『横浜新報もしほ草』はヴァンリードの名で発行され、幕末から明治初年の重要な情報源となった（早稲田大学図書館蔵）

ところが『横浜新報もしほ草』だけは生き残りました。なぜかというと、横浜で外国人の名前で出していたので、治外法権によって日本人の法律は適用されなかったからです。そのためにこの新聞だけは戊辰戦争を越えてずっと発行され続け、日本の知識人にとっては非常に重要なニュース源になりました。岸田吟香自身がこれに関わった時期は非常に短いのですけれども、それでも非常に重要なメディアとして残ります。

それから『渡航新聞（渡航新聞のりあひばなし）』があり、1872年から1882年ぐらいまでの10年間は『東京日日新聞』にかかわります。ここが岸田吟香が一番ジャーナリストとして活躍した時期です。この中に従軍記者としての件もあります。その他、『郵便報知新聞』の助筆をしたり、『広告日表』という広告の新聞雑誌といったものも出したりしています。このうち、『渡航新聞』と『広告日表』だけが自分で創刊した雑誌です。確かに初物づくしの吟香ではあるのですけれども、自分で独力で新聞雑誌を創刊して経営したかというと、それは決して多くありませんし、経営的にもあまり長続きしていないということがあり、そこは割と面白いなと思うのです。つまり、メディア人としての岸田吟香というのは開拓者ではあるけれども、経営者としてはあまり成功していません。

分かりやすさをモットーに

岸田吟香の特徴としては、ジャーナリストの在野精神に徹しているということがあります。それはどういうことかと言いますと、一つは政治に近づかないということです。福地桜痴をはじめとしてジャーナリストは、自由民権運動で政党の役員になったりして、政党や政治家といったものに近づいて

台湾での吟香を描いた錦絵新聞『東京日々新聞』736号。絵は落合芳幾

いくのですが、吟香は一切そういうことはしません。これは非常に特徴的です。

それから、役人や官僚にはなりません。知識人が新聞人になることが多いので優秀な人は声をかけられたりして、例えば福地桜痴も西南戦争のときにいわゆる記録方として行き、その脇で記事を書いたりするという二足のわらじを履くことになるのですが、岸田吟香はそういうことはしていません。それから、吟香は庶民への啓蒙というのを第一に考えていました。だから分かりやすい平明さというのが彼のモットーで、これを山本武利先生は「水平的コミュニケーション」と言っています。言い換えれば、コミュニケーションのバリアフリーを彼は目指したのではないかと思います。それらが非常に大きな岸田吟香の特徴だったと思います。

それを表す一つが錦絵新聞です。この錦絵新聞は台湾出兵のときに発行されています。有名なものでは、台湾の現地の人に背負われて川を渡ろうと思ったら吟香があまりにも大男だったものだから現地人が音を上げた、というところを描いたものがあります。絵の情景になっているところは全て岸田吟香自身のスケッチを元にして描かれているもので、浮世絵版画という旧体制の庶民文化と、新時代のニュースを結びつける離れ業を実現させたのは、彼ならではなのではないかと推測します。なぜなら、漢文が読めるような知識人は大体、庶民の発行する錦絵などは馬鹿にしていましたので、そういう新旧の俗なものと知識的なものとを結びつけるということをやったのは、やはり彼の発想なのではないかと思っています。歴史的にこれを文献から裏づけるのは難しいのですけれども、そこには単なる西洋の模倣ではない、新しいニュースのかたちを見出そうという彼の開拓精神があったのではないかと思います。そしてこの西南戦争をきっかけに、この後、この種の錦絵新聞がたくさん発行されて流行します。これが現在に至る日本における視覚的な報道の始まりだと言えるでしょう。

　さて、もう一つ重要なのが、楽善堂という目薬を中心に商売をする店を吟香が始め、中国へ進出したことです。中国では先に新聞が発行されていましたが、日刊紙は日本と同じように明治5年（1872年）に上海で『申報《しんぽう》』という有名な新聞が発行されました。この『申報』は中国の近代史の中で最も長く続いた新聞と言ってもいいでしょう。つまり、これは1949年に中華人民共和国が大陸を統一したときに終刊するまでずっと出されていました。近代中国史においては非常に重要なメディアとなります。これに吟香はこのあと少し関わります。

上海を中心にネットワーク

上海楽善堂（上海河南路にあった楽善堂薬房の様子）（『支那大観—第1集』より）

　吟香は47歳のときに、清国の上海に居を構えます。そのきっかけになったのは、楽善堂の出していた精錡水という目薬の広告が、この『申報』に出たことでした。当然、吟香は清国では売っていないのですが、日本で名高い目薬が中国に持ち込まれて勝手に宣伝されていたのです。これを見て吟香は、これならいけると思ったのでしょう。

それで、自分で本物を持っていって売って儲けなければいけないということだったのだろうと思いますが、楽善堂の支店を上海に開くのです。そして『申報』に精錡水の広告を出して、明治23年までの約10年間に蘇州、福州、天津、北京、漢口、重慶、長沙、湖南に支店を出しました。すごいネットワークをあっという間に作っていきます。

この上海の楽善堂を中心としたネットワークで彼は何をしたのでしょうか。一つ目は薬局で薬を売りました。精錡水の他に二三種の丸薬がありました。それから二番目は「楽善堂書局」として本を売りました。中国の書籍を日本に持ってきて売る、それから中国の古書を日本人によって逆輸出する、あるいは売りやすいように少し再編集して売る。地図などいろいろなものがありました。それから、西洋の書物の漢訳版を作って、それを清国で出版する。こういうことをやりました。それは、やはり吟香が漢籍を非常によく知っていた知識人だったからだと思います。『呉淞日記』のように易しい文章を日本の庶民向けに書いた部分と、漢籍に通じていた漢学者としての側面との二面を彼は持っていて、特に後半の中国のネットワークではこの漢学の強みというものが非常に出てきます。それから三番目が広告の掲載です。

精錡水を中国へ売り広めに行く旨を伝える広告
(『東京日日新聞』明治13年)

この上海を中心とした中国ネットワークにおいては、アジアと漢学の復興ということが彼の強い主張となって出てきます。アジアの解放と独立を目的として１８８０年に創立された「興亜会」という会がありますが、彼は明治14年（１８８１）にはその議員になっています。また、「斯文学会」という漢学を復興させようという目的で創立された協会の幹事の一人にもなっています。それから、「遊清人懇親会」というものを１８８１年に自分で設立し、吟香を中心に上海の楽善堂のネットワークを使い、主に清国の文人との交流を進めていきます。そして１８８８年には「玉蘭吟社」という文人の社交クラブのようなものを上海に設立して、向こうの文人たちと詩や書画を交歓したりしています。

こういう中国との交流は、後に中国における情報収集活動への道を開いていくことになります。非常に有名なのは陸軍の荒尾精という若い軍人との協力です。明治19年（１８８６）に、荒尾精は漢口楽善堂を引き継いで経営していきますが、このときに吟香と非常に意気投合したと言われています。そして彼のもとに、大陸でいろいろな夢を持った20代の若者がやってきて、楽善堂のネットワークを担っていくようになります。その中に宗方小太郎や高橋謙がいますが、彼らは当時の中国人と同じように辮髪で清国人の服装をして、庶民の中に入っていろいろなものを調べたり聞いたり見たりしました。また、明治23年には、上海に日清貿易研究所というものを設立しました。これは3年ぐらいしかもたず、日清戦争が起こったために閉鎖になりますが、荒尾はその経験を元に、その知見をまとめた上申書を軍に提出しています。後の日中交流の人材を輩出した東亜同文書院という学校が上海で設立されていますが、この日清貿易研究所というのはその前身と言われています。

この日清貿易研究所からは重要な本が出されました。それは『清國通商綜覧』という明治25年に出された本で、「日本における最初の中国に関するエンサイクロペディア」と評価されています。中国の地理、都市、教育、宗教、歳出入、鉱山、貨幣制度、運輸、交通、金融、工芸品、農業、漁業、お茶の作り方、あるいは訪問するときにはどういうエチケットを守らなければいけないか、宴会をするときには何に注意をしなければいけないかなど、とにかくありとあらゆることをまとめて書いてあり、その後出される『支那経済全書』などとともに、古い中国ではなくてその当時の現代の中国に関する知識をまとめた組織的な中国研究の最初になります。というのは、幕末あるいは明治の初めまでは、日本の知識人は中国の古典は読んでいましたが、現在の中国はいったい何を考え、どういうふうに動いているのか、今の人々は何をやっているのかということは全然分からず、資料もありませんでした。そこを実際に日本の若者たちが探っていって、研究してまとめたものなのです。つまり、それは現代中国の研究の最初と言ってもいいと思います。そしてこれは後々の日中関係の基本的な知識、参照するべき書物ということになります。

そういうわけで、岸田吟香はこういったネットワークを開いた先駆者として、東亜同文会が編集した『対支回顧録』という分厚い本の中で「日清交流開拓の先覚者」というふうに評価されています。今はちょっと忘れられているかもしれませんけれども、そういう意味で、日中交流史の中でも岸田吟香は決して忘れてはならないパイオニアだったということです。

以上、ご清聴どうもありがとうございました。

◆講演

描き、描かれた岸田吟香

岡山県立美術館顧問　鍵岡正謹

鍵岡正謹（かぎおか・まさのり）
奈良県生まれ。高知県立美術館館長、岡山県立美術館館長を歴任。2013年岡山県立美術館にて「岸田吟香・劉生・麗子展」を開催した。著書に『山脇信徳―日本のモネと呼ばれた男』『絵金と幕末土佐歴史散歩』、詩集『鉛島』『ランボードー』など。

鍵岡です。先ほどのお二人がしっかりお話ししてくださいましたので、数年前に私が岡山県立美術館で「岸田吟香・劉生・麗子」という展覧会を開いたときに、岸田吟香が明治初期に、絵画、版画、書や商業美術など、日本の近代美術に大きくかかわり、吟香自身も今でいうアートディレクターだったのではないかと思います。そうしたところを図像を見ていただきながら話していきたいと思っています。

岸田吟香といえば、なによりも「岸田劉生の父」として皆さんにはよく知られていると思います。

劉生が描いた父・吟香

劉生が描いた父吟香の《吟香案詩之像》です。「詩」はもちろん漢詩で、それを思案している父の姿を描いています。劉生は友人やいろいろな肖像画をたくさん描いていますが、これは自分でも「とてもよく描けている」と言っているもので、机上の文房四宝（筆、硯、紙、墨）は吟香が愛用していたものをしっかり描いていると言っています。

この絵の元になったのは、若山甲蔵さんが初めてジャーナリストとしての吟香のことを書いた『岸田吟香翁』のためで、その単行本を出されたのは大正14年、吟香が亡くなってから40年以上経ったと

岸田劉生《吟香案詩之像》（個人蔵）

下岡蓮杖《吟香像》1876年（明治9）頃（岸田家蔵）

きでした。それ以降、吟香についての単行本が10冊近く出ていると思いますが、これが最初です。先ほどの像とは別に、劉生が鉛筆でデッサンで描いて送ったものが表紙になっております。

下岡蓮杖は、横浜の「全楽堂」で初めて商業写真館をされた方で、明治初期写真家として有名な人です。《岸田吟香肖像写真》は下岡蓮杖が撮影したものですが、《吟香像》のような石膏像も作っておられまして、起業家でもあり吟香ともよく似たところのある方だなと思っています。縦10センチ横6センチの肖像写真は、明治初期に名刺代わりに使っていた手札のカードとして流布したものですが、蓮杖の《岸田吟香肖像写真》は幕末・明治の肖像写真によく出てくる写真の一つで、明治7年頃のものだろうと思われます。というのは、肖像写真のズボンは、台湾に従軍記者をしたときの服装で、写真裏には「横浜　蓮杖」のスタンプが押されています。

またひとつの《吟香肖像写真》は中島待乳が吟香を撮ったもので、蓮杖の孫弟子に当たる、浅草で成功した営業写真家ですが、この写真の裏側をみると岸田吟香が森有礼にあげたことが分かります。有札は初代の文部大臣ですが、彼は英米に留学して、カードを集めるマニアで、4000点くらいある中で、この2点が所蔵されているということです。

そして、先ほどから何度も紹介されている『呉淞日記』ですが、吟香は、「東洋先生」と号で書いてありますが、第六之冊には「からつと」と書いて中国土産の意味、別号の「ままよ」も書いています。この日記は日本初と思える言文一致で、とてもおもしろく読み始めたら止められないものですが、

(上)岸田吟香《竹図》(安藤眞二氏蔵)
(下)岸田吟香《月日風清》扁額(岸田吟香記念館蔵)

同時に、その中で挿絵がとてもいい。生まれ故郷を南画風に描いてしまえるような画才があった。12歳で学僕として住み込んだ安藤家の「是作州　壷井驛安藤氏　天繪書屋」から見た図だと書いてありますように、そこから見た風景を思い出しながら、さらさらと描ける人でした（81ページ参照）。

文化的雰囲気のあった作州

《安藤善一肖像》は吟香が画賛しているもので、安藤善一が明治14年に東京の楽善堂に出て来たときに野村重喜《しげのぶ》に描かせたもので、この描き方は典型的な「五姓田《ごせだ》派」です。「五姓田派」というのは、明治初期に吟香もよく知る五姓田芳柳が始めた日本画の肖像画に少し西洋風に陰影を付けて描いた画派で、野村はその孫弟子です。同じ年に吟香の肖像画を野村重喜は描いたら

高橋由一『上海日誌』より、(上)《同行八名》(左下《吟香小照》1867年(慶応3)(東京藝術大学蔵)

しい記録はあるのですが、残念ながら作品は残っておりません。善一はもって帰って、今も安藤家にあるこの絵や、吟香が一番得意としていた『竹画』と、「月日風清」の書。この字体は「漢隷体」というもので、篆書、隷書、楷書、行書、草書とあります中の隷書で、さらに漢代の隷書を吟香は書けたということで、近代日本の書道史で吟香の「書」は再評価されています。吟香の作州でつきあいのあった友人たちは文人で、飯塚竹斎は津山藩士、塘《つつみ》雲田は町人、他に神官の小原千座・竹香親子ら、幅広いつき合いをしていた。作州には文化的雰囲気があったことを知っていただきたいと思います。

洋服姿の吟香の肖像写真を見ていると、どこかにちょんまげ姿の吟香がいないかと探しましたが、元治2年1月30日、「吟香独酌」という扁額に書いたものしか出てこないのです。「乙丑日記」に、この前日には写真を撮ると書かれており、浅草で写真を撮っている。彼が付き合った人の中に、蕃書調所絵図方で、洋画をどのように移入するかということを研究していた川上冬崖の下で写真も勉強していた島霞谷がいて、その人に撮ってもらったのではないかと思う。絵図方の一人に高橋由一がいて、彼は吟香がいた上海に遣清貿易使節団に加わり行ったときに書いた『上海日誌』の中に、描いた「同行八人」の絵ではちょんまげ姿ですから、もしかしたらと思っていましたら、吟香の小さな肖像を描いている「吟香小照」には、すでに吟香は上海ではちょんまげを切っていたということが分かります。

吟香「呉淞日記」での自画像「東洋先生横行之図」では、背景はイギリスの租界らしいのですが、その前を歩く洋装の姿を描いているということで、すでにこういう格好をしていたのか、メリヤスを着た妙な格好をしたものや、自分が書いた掛軸を前にして植字をしている作業着の姿をよどみなく描かれています。「呉淞日記」は全く字の訂正がない、とても不思議ではありますが、まず下書きがあってそ

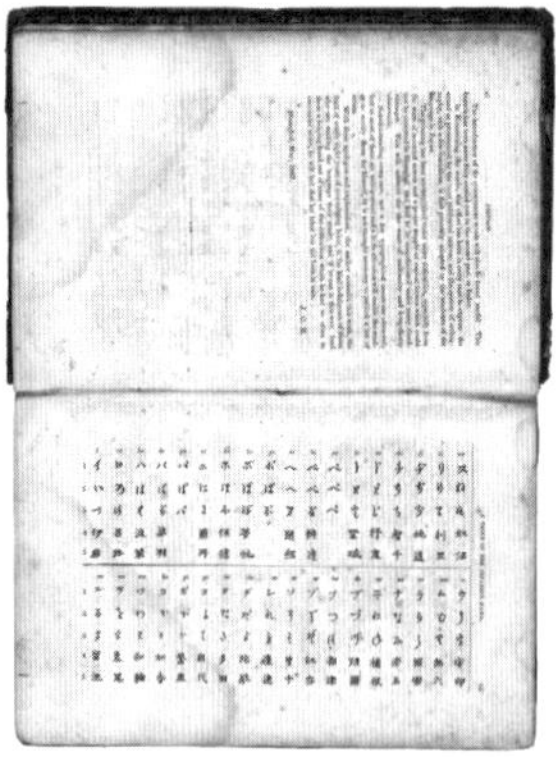
『和英語林集成』吟香が版下を書いた仮名（豊田市郷土資料館蔵）

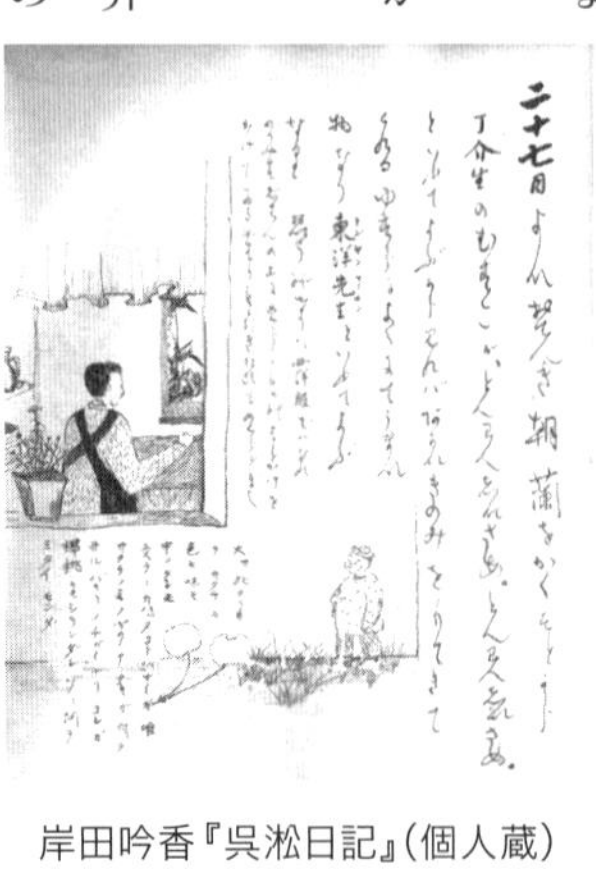
岸田吟香『呉淞日記』（個人蔵）

岸田吟香『呉淞日記』「東洋先生横行之図」（個人蔵）

の上で清書をして日記を書いたらしい。上海に由一が来たと全く同じ時に、パリ万博に徳川幕府が出学し、昭武らが派遣されるときに上海に寄港する。吟香は幕府外国奉行・田辺太一に日記を見せたりしている。日記を書くことはジャーナルということですので、まさにジャーナリストの始まりとして日記を書いていて、それを見せていたということが言えるのではないかと思います。

　こちらは先ほども話題になっていた『和英語林集成』で、吟香は漢字・ヒラカナ・カタカナ、ローマ字の版下（字母）を作るわけです。『和英語林集成』表紙の文字は中抜きで、雙鈎《そうこう》という書法を使う。雙鈎は近代の書でとても大切な技法ということを後から申したいと思います。

　吟香は、ヘボン夫妻と上海に行った。ヘボンは明治学

ヘボン夫妻金婚式の写真
（横浜開港資料館蔵）

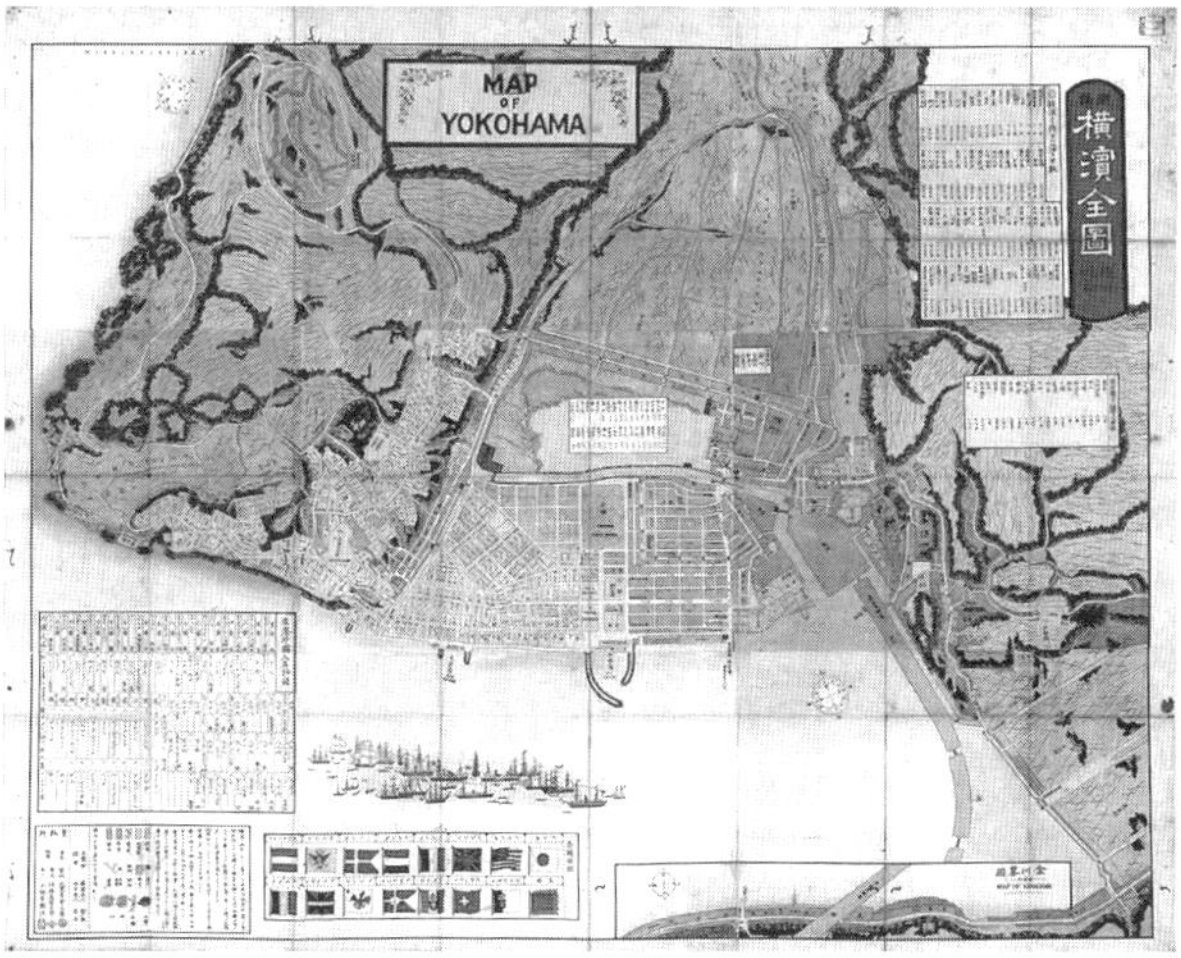

『横浜全図』（早稲田大学図書館蔵）

三代広重《東京第一名所銀座通煉瓦石之図》（豊田市郷土資料館蔵）

小林清親《東京銀座街日報社》1876年（明治9）（町田市立国際版画美術館蔵）

院大学の祖といわれ、奥さんのほうも横浜フェリス学院の祖といわれる。そのヘボンがいた横浜居留地ですが、F・ベアトが幕末に来て日本の幕末風景を撮っていたパノラマ写真には、堀川にかかる「谷戸橋《やとばし》」を渡ったすぐ左手の大きな白壁の家が、宣教医のヘボンが住んでいた所で、吟香はここに居たわけです。

吟香は地図に対する関心というものは早くからありまして、最初に吟香が作ったとされる『横浜全図』です。居留地のヘボンが住んでいたという住所を「三九番　美　ヘッボーン　医師」などと、一つ一つ詳しく書いている色刷りの地図です。

ところで、先ほどから言われている『もしほ草』で面白いのは、戊辰の役を伝える記事に並んで、ヘボンさんが澤村田之助という女形の歌舞伎役者が脱疽に掛かって足を切断した記事が載る。これはヘボンが有名になった事件の一つです。

美術家たちとの関わり

吟香が主筆となる銀座の東京日日新聞社を華やかに描いた三代広重というのは広重の最後の弟子で、最初の弟子重宣が二代目広重、最後の弟子重政が三代目広重を名乗っているのですが、これは『東京名所図会』の一つです。東京日日新聞の創立者である三人（条野有人、落合芳幾、西田伝助）と、随分おしゃれな格好をしている吟香と福地桜痴（吾曹）らも描かれている。この有人《ありんど》（条野採菊の別号）というのは戯作者で、鏑木清方という有名な美人画の父上ということになります。華やかな「開化浮世絵」です。

吟香と最も親しくしていたと思われる小林清親という人は、「最後の浮世絵師」と言われています。幕臣として明治に生き残り、明治の文明開化を写した「光線画」で知られますが、これは東京名所図の一点《東京銀座日報社》です。「東京日日新聞」を刊行する日報社の前を走る人力車に、影を描いて洋風にした版画を明治になってやり始めた人です。こういう幕末から明治にかけて活躍した美術家とも吟香はかかわっていく。

　東京日日新聞でジャーナリスト・吟香が有名になるのは、明治7年の台湾出兵に日本初の従軍記者として同行し、多くの記事を送り続けたことでした。まず一報で地図を描くのです。台湾の地図を手に入れて、それを基に自分で分かりやすく状況を描いています。次の新聞では、軍艦や陣営を描く。ふたつの新聞の地図と軍艦の図を合わせて、《台湾信報》として浮世絵として売っていたというのです。

これを「時事版画」とか「時事浮世絵」といったりしますけれど、こういう新聞挿画が浮世絵に売られていたということは驚きですし、吟香とは関係ないような様子で販売されていたのも不思議です。

下岡蓮杖《台湾戦争図》左側中ほどに吟香　1876年(明治9)(靖国神社遊就館蔵)

こちらの絵はすでに紹介されていますが、落合芳幾《よしいく》というのは幕末から明治に活躍した人で、ここには「一蕙斎芳幾画」と書かれているように、東京日日新聞とは別に、落合は条野採菊ら戯作者たちと絵入り『東京日日新聞』を出した、いわゆる「錦絵新聞」の中の一枚で、とても有名になった台湾に行った時のエピソードを版画にしたものです。また、先ほど紹介した下岡蓮杖が、なんと縦2メートル、横6メートル近い大きなものをパノラマ画で描いた《台湾戦争図》で、明治でも最も大きい油絵だと思います。「石門の戦い」の新聞記事などから描いているのですが、ここに描かれている左画面中ほどの人物が吟香で、何を見上げているかはよく分かりませんが、すぐに吟香だと分かるぐらい特徴があります。ただ、この石門には吟香は行っていないのですが、《台湾戦争図》のようなパノラマ画や高橋由一の油画らを見世物のようにして、浅草で「油画茶屋」を蓮杖は開いた、展覧会の始まりというようなことになります。

続いて翌（明治10）年、亀井至一の《岸田吟香像》（口絵参照）は、44歳の吟香が描かれていて、一番吟香が充実した時代の顔はこうだったんだろうなと思われます。小さなスケッチですが、とてもよく吟香をとらえています。亀井至一という人は、銀座から近い呉服町にあった「玄々堂」という美術印刷所にいた人で、吟香は玄々堂の顧問をしていた。

吟香の東京日々新聞での長期にわたる連載記事は、先に述べた台湾出兵の従軍記事、つぎに明治9年と11年の明治天皇巡幸に記者として初めて随行し「御巡幸の記」を長期に連載した。また初の展覧会評でもある「博覧会の記」を長期に連載しています。美術にとって大切な「内国勧業博覧会」が明治10年に第1回が開かれ、西南戦争の最中に強引に開かれる。明治の殖産興業を表す、第一回内国勧業博覧会を小林清親が描いている。その「博覧会の記」を、吟香は40回くらいにわたって連載しております。清親は博覧会場である上野を一望できる俯瞰図にしています。殖産興業ですので、全国から集まった品物を全部紹介しながら、美術館の出品作を紹介して展評しています。「開化浮世絵」では、三代広重は第一回内国勧業博覧会の展覧会内部を描いていますが、ずいぶん高いところに絵が掛けてあって、「精錡水を点《つ》けないとよく見えない」というようなことを吟香は展評で書いています。次は、高橋由一の出品作品《甲冑図》です。吟香が評価したのは、油絵というのは光を描き、非常に存在感のある絵が描け、文明開化に相応しいと、吟香は言います。由一は《花魁》も描いています。写真も残っているので、これは小稲という花魁であることが分かっています。このことは東京日日新聞に書かれていますが、花魁とはどういうものかを描き残してくれと言われて、油絵で迫真ある生々しい絵を描いています。この重要な油画制作には吟香が関わっています。第一回内国勧業博覧会に出品した小林清親は《猫と提灯》という木版画で、賞をいただいています。これは浮世絵から脱して明治の油絵に近いような版画を作ろうと考え、陰影から何もかもがものすごい多色刷りで、35回もの摺り重ねをしています。これによって小林清親は浮世絵師から近代の版画家としてデビューしたといえる作品です。吟香は展評で高く評価しています。

第二回内国勧業博覧会は4年後明治14年に開かれましたが、小林清親の版画は、今の上野の東京国立博物館の前に建てられていた美術館で噴水が有名でした。今度も吟香は「博覧会の記」を東京日日新聞に連載しています。第一回内国勧業博覧会は40万人、第二回は80万人という非常に多い入場者数を入れて、明治がこうして文明開化していくという姿をよくとらえたものだと思います。

高橋由一《花魁》重要文化財
（東京藝術大学蔵）

高橋由一《甲冑図（武具配列図）》1877年（明治10）（靖国神社遊就館蔵）

小林清親《猫と提灯》(静岡県立美術館蔵)

小林清親《第二回内国勧業博覧会美術館噴水》1881年(明治14)
(町田市立国際版画美術館蔵)

吟香の長い連載はもう一つ。明治天皇は日本国内を6回にわたって巡幸するのですが、第二回目が東北・北海道への巡幸です。三代広重がまた出てきましたが、三代広重は「開化浮世絵」の代表者です。「巡幸図会」は、実はこれは吟香が連載した記事を読みながら描いたものを《奥羽御巡幸図会》として版行して、大当たりしました。

その仙台巡幸の時に仙台博覧会をやっていて、吟香「御巡幸の記」の記事の中に、「支倉六衛門の肖像ローマ製」という新聞挿画がありますが、吟香が実際に見てぱっと自分で描いたと思われます。実作は、仙台市博物館にある《支倉常長像》の油絵です。今、岡山県立美術館でやっている「伊達政宗と仙台藩」にこの絵も来ておりますが、吟香が支倉像を紹介し、日本にこんなものがあったのかと知られたということです。次の明治11年に北陸・東海に巡幸されるときは、吟香が浮世絵のようなものでは駄目だということで、しっかりとした記録画として油絵で長く残すことが必要だと提言して、五姓田義松が「巡幸記録画」を描いております。

三代広重《奥羽御巡幸図会(埼玉県田植天覧之図)》1876年(明治9)(埼玉県立歴史と民俗の博物館蔵)

岸田劉生《街道（銀座風景）》1911年（明治44）（ブリヂストン美術館蔵）

岸田劉生《生家の図（楽善堂）》1927年（昭和2）（茨城県近代美術館蔵）

木村荘八『東京繫昌記』挿絵「お目出たう五座ります　岸田吟香で五座ります」（個人蔵）

木村荘八『東京繁昌記』挿絵　「銀座二丁目岸田劉生の家 楽善堂」（演劇出版社刊）

義松は、最近では明治初期の天才洋画家として有名ですが、37枚献納したそうで、今は御物となっています。

銀座の吟香

次は銀座の吟香に移り、「銀座の人物史の中で第一にいわれるべきは吟香である」というくらい有名で、「楽善堂の吟香」か「精錡水の吟香」かといわれています。銀座二丁目一番地にあった楽善堂を、息子の岸田劉生が「私の生家之図　三十年前なれバうろおぼえ也」と

川村清雄《箕作秋坪肖像画》（津山洋学資料館蔵）

言いながら、見事に描いています。右側が薬房で、左側が書房、二階がベランダになっていて、吟香の書斎や応接室、家族の居間などになっていた。劉生の《生家の図（楽善堂）》は「東京日日新聞」に「新古細句銀座通」と書き「しんこざいくれんがのみちすじ」と読ませる、銀座の風物を思い出まじりに書いた随筆にある挿図です。油絵を描きはじめた20歳の劉生は練瓦造りの銀座を描いています。吟香のところにしょっちゅう出入りしていた劉生の友人・木村荘八が、この家のことをよく覚えて描いている「銀座二丁目岸田劉生の家」は、荘八の挿画です。荘八は『東京繁盛記』に「お目出たう五座ります　岸田吟香で五座ります」と明治十四年の年賀状を模して描き「この快活オシャレた趣きはそのまゝ劉生彷彿」というふうに、父親の吟香を知っている人たちは、劉生がとても吟香に似ていたと言っていたらしい。

　このシンポジウム「岡山蘭学の群像」の第4回、箕作家に関係あることですが、吟香が目を悪くしたときに、箕作秋坪がヘボンさんを紹介した。秋坪は津山藩医・箕作阮甫の女婿です。貴重な油絵に川村清雄の《箕作秋平肖像画》があります。川村は明治初期の画家で、勝海舟の申し子のような人です。この絵は津山の洋学資料館にあります。

　そして精錡水の瓶と外箱です。これも岡山にあるということは分かっています。「精錡」というの

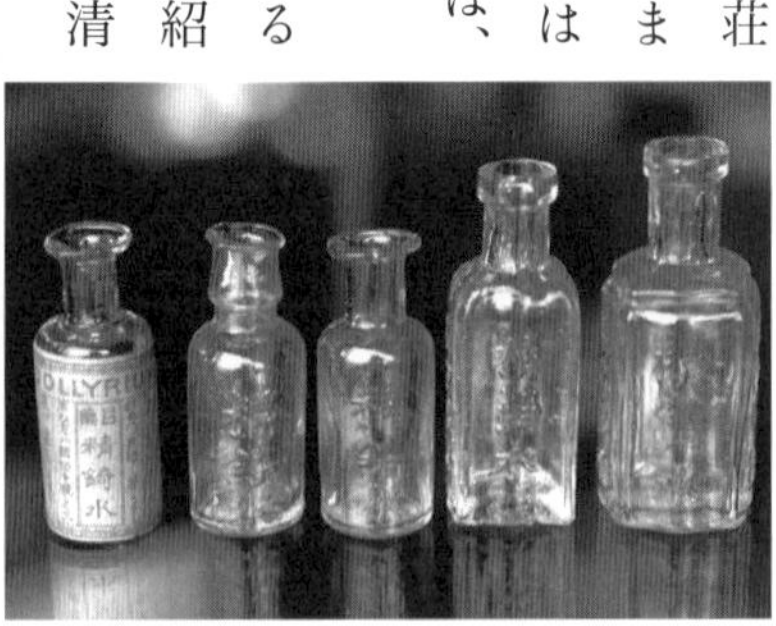

（左）「精錡水」の看板（岸田吟香記念館蔵）
（右）「精錡水」の薬瓶（ボトルシヰアター蔵）

小林永濯「楽善堂三薬」引札
（ボトルシヰアター蔵）

小林清親「聖薬・蘇液・聖治膏」引札
（早稲田大学図書館蔵）

はどこから生まれた名前なのでしょうか。吟香のオリジナルの商品名で、ビンのコルクや箱のデザインなども吟香が考案したようで、吟香は現在のアートディレクターのような仕事もしていました。木製看板「精錡水」の書字は吟香だと思っていましたが、吟香が評価していた書家・西川春洞（寧の父上）らしい。

先ほども紹介されていました『東京日日新聞』の広告です。これら広告に使われている挿絵は、吟香が自身を戯画化して描いていたのかと私は思っていますが、どうやら小林清親が描いているのではないかと思われます。清親はポンチ画（明治の漫画、風刺画）が得意でもありました。

次に何枚か楽善堂の引札（広告ビラ）を見ながら少しお話ししたいと思います。小

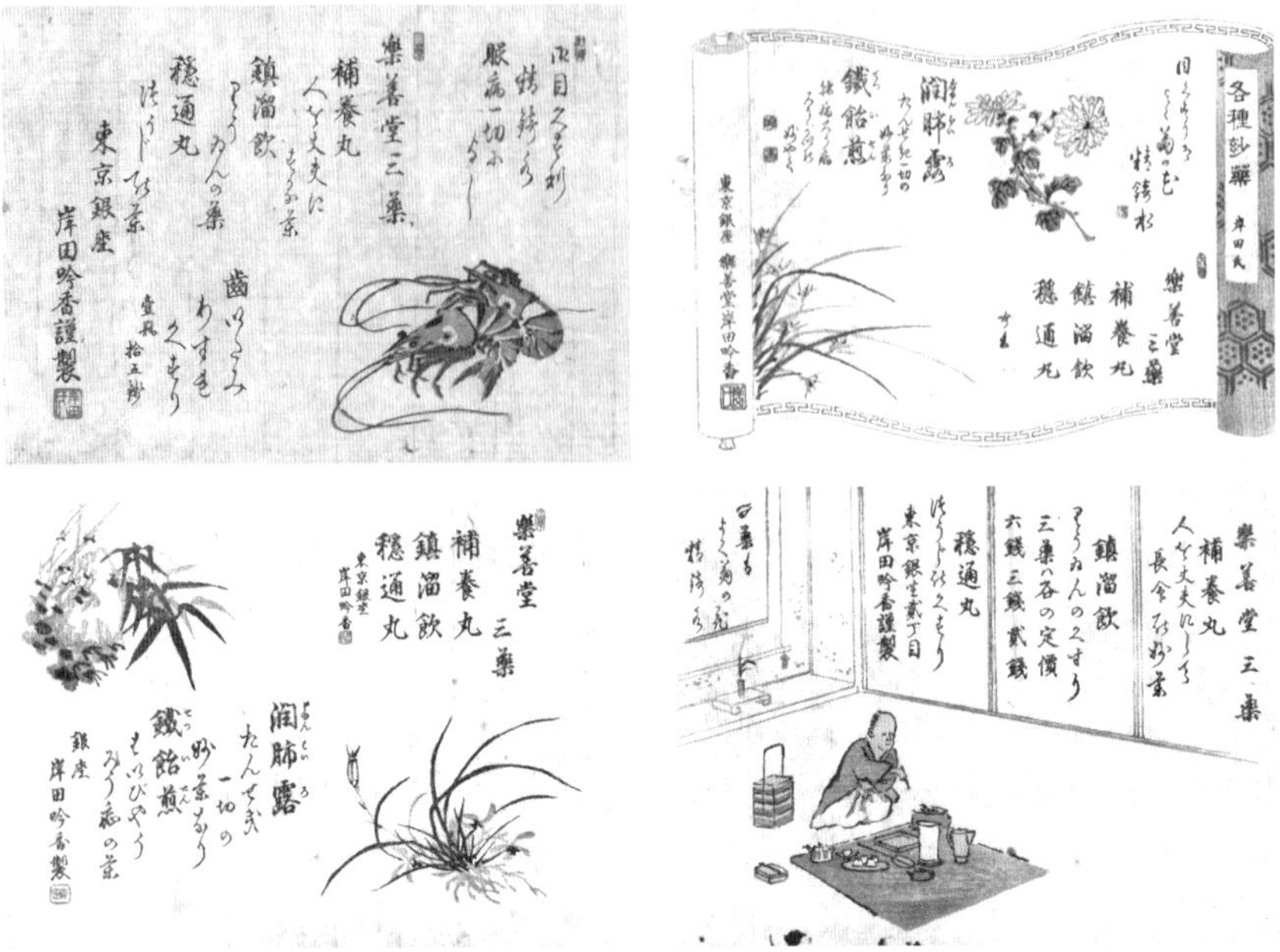

「楽善堂」引札四種
（上段左）「精錡水 楽善堂三薬 補養丸・鎮溜飲・穏通丸」引札（上段右）「楽善堂各種妙薬」引札
（下段左）「楽善堂三薬 補養丸・鎮溜飲・穏通丸 潤肺露 鐵飴煎」引札
（下段右）「楽善堂三薬 補養丸・鎮溜飲・穏通丸」引札（4作ともアド・ミュージアム東京蔵）

林永濯は有名な幕末明治初期の美人画家で、彼の引札です。このように作られています。ほとんど木版画の浮世絵のように作られています。小林永濯はボストン美術館にすばらしい作品があるということで、明治初期の画家として再評価されています。楽善堂のために作られた引札ですが、薬の紹介文がなかったら、そのまま永濯と清親の木版画として評価したいものです。清親の引札作品は伝統的な浮世絵や洋風石版、ポンチ画のような引札をやっています。二世豊国の花魁を借りて、「一休禅師と地獄太夫」をパロディ仕立てにしていますが、一休がトルコ帽をかぶる吟香になっていて、右手の棒先には骸骨の代わりにガラスビン、手のこんだ引札になっています。トルコ帽をかぶる吟香の肖像画を山本芳翠が描いた記録はありますが、今はない。吟香は他の薬品業者の広告にも出て来ていますように、図像に相応しいキャラクターだった。吟香が描いていたと思われる文人趣味的な引札もあります。

小林清親の『東京名所図会』の代表作《海運橋　第一銀行雪中》（104ページ参照）は銀行と吟香、海運と開運を引っ掛けて、雪中に緑と赤を配色し、番傘には「銀座」「岸田」と吟香がマークしたAが見え、清親と吟香が楽しんでいるようにも見え、ふたりはアーチストとアートディレクターを超えた仲間のようです。

平木政次は岡山出身の五姓田流の洋画家で、明治初期の洋画壇のことを書いた中に、山本芳翠の写真と吟香の写真があります。吟香が山本芳翠を明治11年にパリ万博の事務局員の名目で留学を支援したとき、芳翠はすぐサロン画家マシャール「セレネ」を模写してパリから吟香に送ってきたのが《天女》です。三菱重工の長崎造船所に秘蔵されていますが、劉生は『新古細句銀座通』で、裸婦を楽善堂の書房に掛けておいたら、警官に引っ込めろと言われてそのまま物置に放っておいたものを、額ぶち店が油絵の常設展に出ていたのを覚えていて〈昔の銀座、常設油絵展覧会〉に描いています。

近代日本と中国で、吟香が先駆者（パイオニア）として果たした役割はとても大きくて、近年は中国側からも研究者が出ています。楽善堂が上海に支店を開くのは明治13年で、以来、蘇州・漢口に支店、重慶・長沙・北京に出張所を出した。薬房の役割と同時に、書房としては800冊を超える出版物を中国で版行しています。知られた冊子に『清国地誌』があり、中国古典の名画を袖珍本（縮冊にした文庫本のような本）にした『唫香閣叢画』、それに楽善堂の薬の効用を誌した『楽善堂薬単』などがあります。

山本芳翠《天女》1878年（明治11）
（三菱重工業蔵＝非公開）

岸田劉生『新古細句銀座通』挿絵　<昔の銀座 常設油絵展覧会> 1927年（昭和2）

中国の儒者・兪曲園撰『東瀛詩選《とうえん》』全44巻という江戸期の漢詩人のアンソロジーの版行は、吟香が支えたものです。上海文人との交友は玉蘭吟社というところで、菊の季節に遊んでいる挿絵でも見られます。吟香が真ん中にいて、中国や日本人の方もいらっしゃるのでしょうか。吟香の道服姿が見えますが、被っているこの帽子は「東坡巾《とうばきん》」というもので、蘇東坡という最も有名な文人が被っていたと言われている帽子を被り、顔写真を撮っています。また劉生も覚えていたようですが、「達磨に扮する吟香」の写真が、『日本及日本人』に出ていて、「是我本来面目　吟香」と自書しています。達磨に東坡、吟香は誠に面白い文人です。

「徐園の採菊図」『点石斎画報 第二集 辰』1888年（明治21）
（大阪府立中之島図書館蔵）

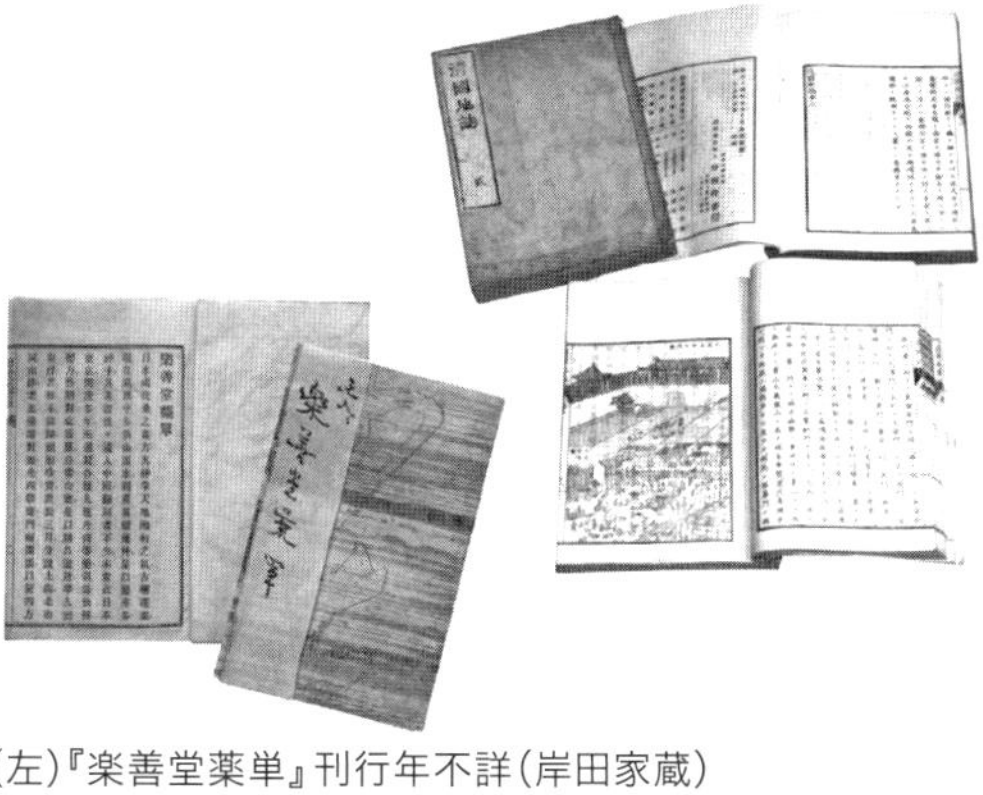

（左）『楽善堂薬単』刊行年不詳（岸田家蔵）
（右）『清国地誌』1882年（明治15）（早稲田大学図書館蔵）

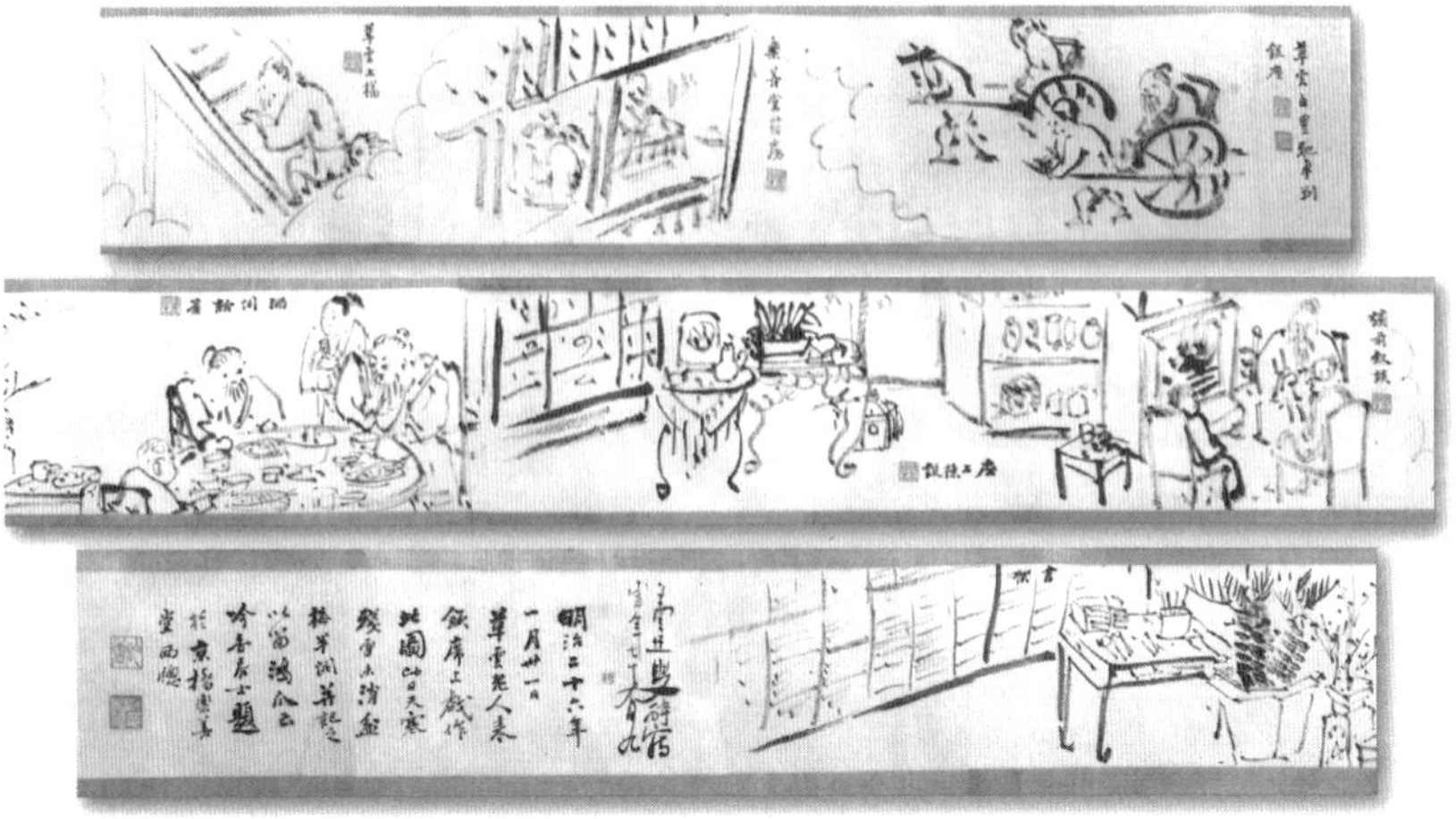

田崎草雲・画、岸田吟香・書《草雲訪楽善堂戯画》1893年（明治26）（岸田家蔵）

岸田吟香の画
（左）《蘭の鉢植と火鉢図》1893年（明治26）（津山洋学資料館蔵）
（中）《瓶菊図》（早稲田大学図書館蔵）
（右）《竹にきのこ図》（岸田吟香記念館蔵）

《草雲訪楽善堂戯画》（書は吟香）は、田崎草雲という幕末明治の文人画家が描いたものです。79歳の草雲は足利から出て来て、銀座の楽善堂の2階に登り、旧交をあたためる。暖炉がたかれて、1月31日とありますから、寒い時、雪が残っているという時の様子を描いている。勤皇画家の父草雲と幕府方に就いた息子の格太郎は、浅草や横浜時代からの吟香の古い大切な友人です。

吟香の描いた絵を3点見ていただいています。精錡水の宣伝のようなもので、なかば遊びで描いたのでしょう。《竹にきのこ図》には「君子危うきに近寄らず」というようなことを書いていますが、このような文人画風の水墨画を得意としていたとともに、吟香は漢体の隷書がよく書けた人です。

近代書への影響

日本の近代の書、現代に続く日本の書の始まりは、来日した揚守敬や日下部鳴鶴などが先導したとされますが、もう一方で、上海の吟香のところに来た秋山白巌が、鄧石如学び取って書いた白巌や西川春洞らの系譜があります。「雙鉤」というのは字をなぞって、いわゆる「臨書」とは別に、薄い紙をその上に置いて、字画の中をぬき輪郭だけを写し書く方法で、『和英語林集成』は雙鉤体です。こういう勉強を上海の吟香の書斎で白巌はして、日本の近代書を作ったということが分かります。上海で徐三庚を紹介したのは岸田吟香で、吟香が近代書に大いに影響を与えたということが分かります。

最後は劉生画の紹介です。《椿君に送る自画像》、そして妹照子さんの肖像画《支那服着たる妹照子之像》、これは中国服を着ているというのがみそです。それから弟辰弥さんの《岸田辰弥之像》、これを描いた年に劉生は38歳で亡くなってしまいます。《田村直臣七十歳記念之像》ですが、この方は銀

岸田劉生《椿君に送る自画像》
1914年(大正3)(東京都現代美術館蔵)

岸田劉生《支那服着たる妹照子之像》
1921年(大正10)(ひろしま美術館蔵)

岸田劉生《岸田辰弥之像》
1929年(昭和4)(町立久万美術館蔵)

座数寄屋橋教会の牧師さんで、劉生が日曜学校の先生になりたいと言ったときに「絵描きになれ」とおっしゃった方です。しかも、吟香が72歳で亡くなったときの司祭を務めた方です。明治の初め頃はまだキリスト教を公に言えない時代でしたが、ヘボンの影響からでしょうか、吟香はキリスト者でありました。

隅田川神社に大きな「吟香岸田翁碑」があります。碑文の上の部分「篆額」を楊守敬《ようしゅけい》が書いて、下の撰文のほうは岡山出身の旧友の中洲三島毅が作り、それを書いたのが鳴鶴日下部東作という、日本の近代書を代表する人で、日本の近代の書の成り立ちにも、吟香は重要な役割を果たしていたということが分かってきました。

時間がないにもかかわらず、バタバタとしながらたくさんの図像を紹介してしまい、大変失礼しました。前に講演されたお二人の先生とは違う視点でと思い、話した次第です。どうもご清聴ありがとうございました。

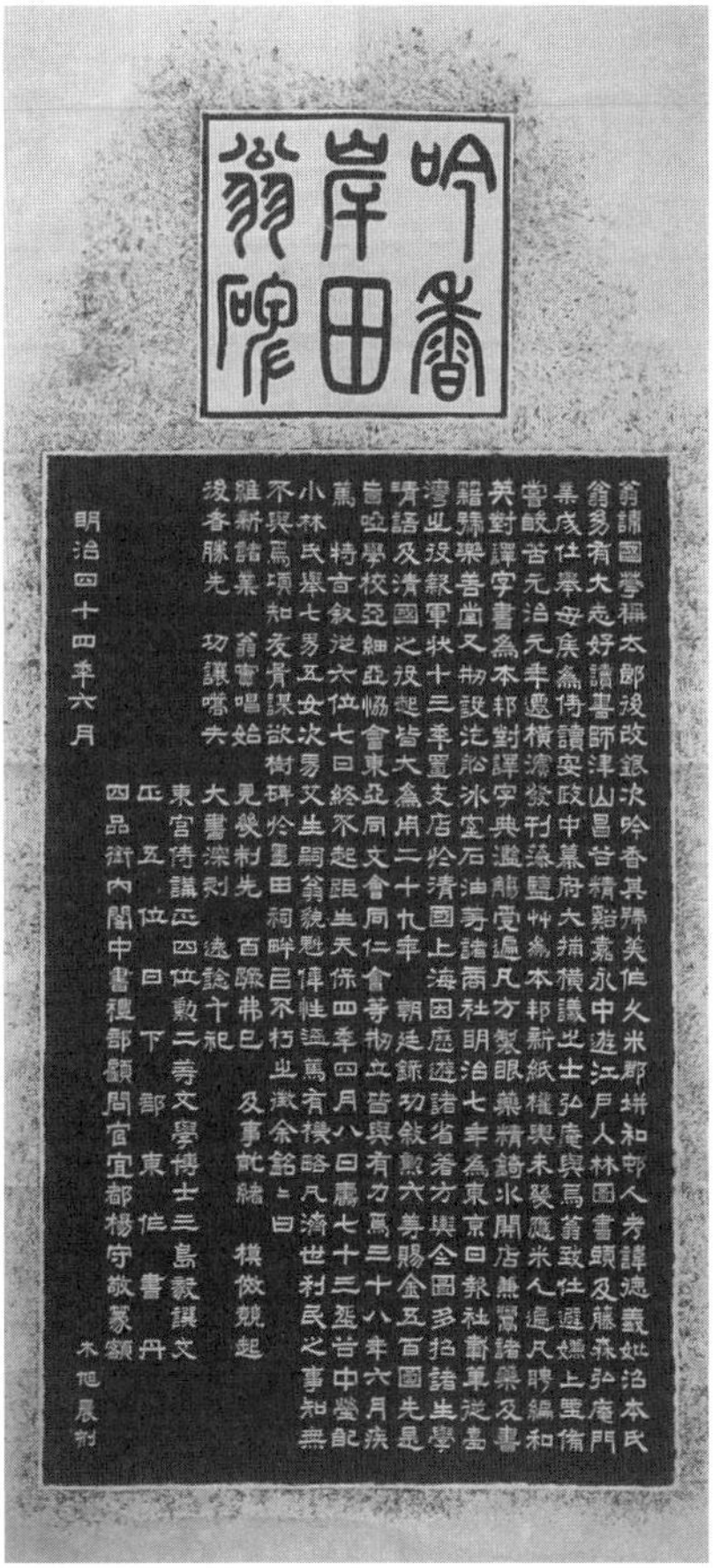

「吟香岸田翁碑」碑文拓本
（髙倉香氏・辻紀子氏蔵）

◆対談

吟香を読み解く　――質問に答えて

森　泰通（豊田市郷土資料館館長）
土屋礼子（早稲田大学教授）
鍵岡正謹（岡山県立美術館顧問）

森　質問を大変たくさんいただきました。そして3人とも、予定時間以上にしゃべってしまいました。恐縮ですけれども全てにお答えすることが難しいので、手短に幾つか回答させていただければと思います。

まず私のほうからお答えできることを。ヘボンの辞書の話です。

質問　吟香の役割がもう少し評価されてもよいと思うが、いかがか。

森　これについては、『和英語林集成』の序文にヘボン自身がこう書いております。自分がこの辞書を作るにあたり、参考にすることができたのは、メドハースト博士の語彙集と『日葡辞書』ぐらいしかなかった。そのため、もっぱら生きた教師（the living teacher）を頼りにしたと。この the living teacher はまさに吟香のことだと思います。そうした評価はできると思います。

質問　吟香の英語力はどれくらいのものだったのか。

森　これは私には分かりませんけれども、吟香のことなので、ヘボンのところではおそらく、かなりの吸収力だったのではないかと思います。

質問　吟香の原動力は何だったのでしょうか。

森　私の話の中でも、明治の人のエネルギーと「ままよ」の精神ではないかとお話ししました。吟香は常に議論よりも行動なのです。吟香は自分の力で、自分のやり方で、何かを変えられると信じて、常に前に向かっていたのだと思います。ともすれば閉塞感が漂い、諦めムードが漂う我々の現代社会から見ると、吟香はなお一層輝いて見える気がいたします。

質問　『呉淞日記』は活字化されたということだが、他の記録や書状などはどうなっているのか。どこに資料があるのか教えてほしい。

森　『呉淞日記』は本来6冊あったと思われますが、そのうちの3冊をご子孫の方が持っておられて、現在は美咲町の岸田吟香記念館に保管されています。吟香の日記は『呉淞日記』以外にもかつてはたくさん残っていて、昭和6年から昭和10年の間に『社会及国家』という雑誌の中で活字化されていました。ここには今は失われている『呉淞日記』がもう一冊収録されていて、これを合わせて平成22年に山口豊さんが、『呉淞日記』を本にまとめられています。その他にも『横浜異聞』『乙丑日記』などいろいろな日記があって、とてもとても面白い。ところが、『社会及国家』はなかなか手に入りません。国立国会図書館や限られた大学の図書館にのみ収蔵されています。私もコピーを手に入れるのにかなり苦労しましたけれども、そういったところにまだまだ吟香を知る手がかりや魅力がたくさん眠っているのです。例えば美咲町さんなどでこれらをまとめて活字化していただければ、みんなが吟香の幕末の面白い文章を、気軽に手にとって読むことができるようになるのでいいなと、いつも思っております。また、新しいところでは、国立国会図書館に収蔵されている明治24年の日記も本になっています。

それから手紙等は、少し紹介したものもありますけれども、このあたりは土屋先生いかがですか。

土屋　案外、岸田吟香の私的な手紙で残っているものはとても少ないのです。相手の側で、例えば大隈重信などに行った文章の中で残っているものは結構あるのですけれども、まとまったものは少ないというのが現状だと思います。

鍵岡　先ほど言った田崎草雲の足利市立記念館には19通ほど残っているのですが、作品の中国での販売や制作依頼のなかに亡き格太郎の十三回忌のことなどあり、公私にわたる親しさが分かる、よい内容ですね。まとまったものはそれぐらいだと思います。

森　あとは伊藤博文や大隈重信に宛てた手紙なども活字化されたものがございますが、なかなかプライベートな部分が見えてこないというところも吟香の一つの特徴かもしれません。

それでは、土屋先生へのご質問をお願いします。

質問　「news paper」を「新聞紙」と訳したのは誰でしょうか。

土屋　newsを「新聞」と訳したのは多分、中国で翻訳していた宣教師たちだと思いますけれども、「新聞紙」と訳したのは誰かというのはよく分かりません。ジョセフ・ヒコの『新聞誌』を訳したのは岸田吟香だったのではないかと思いますが、このときの「し」は雑誌の「誌」ですので、現代のような新聞紙という「紙」のほうの訳語ができたのがいつかというのは、はっきり言ってよく分かりません。

明治の初期には新聞はnews、新聞紙はnews paperの訳語と分けられていたのですけれども、現在の日本語では「新聞＝新聞紙」になってしまい、newsはニュースとなっています。中国語では現在でもnewsは新聞（シンウェン）と言います。だからテレビを見ていても新聞というのが出てきて、どうしてテレビで新聞なのかと不思議に思う人がいるかもしれませんが、中国語の中にはそれで浸透しているということだと思います。

森　それでは絵に関する質問が来ていますので。

質問　吟香とホルバインと高橋由一との関係を知りたい。

鍵岡　ホルバインとの関係は知りません。むしろ関係があったのでしたら、教えていただきたいと思います。

高橋由一（133・140ページ参照）のことは先ほど何度か申しました。幕府の蕃書調所にできた絵図方にいた川上冬崖や高橋由一などと、吟香は随分親しくしていました。由一たちは苦労して洋画を描くわけですが、横浜に来たときには吟香はワーグマンという画家を紹介しています。高橋由一は吟香が高く評価し『東京日日新聞』でよく紹介した、生涯付き合った一番大切な洋画家であったと思います。

質問　開智学校に応用された東京日日新聞のエンジェルも吟香画でしょうか。

土屋　『東京日日新聞』の錦絵の上のところに羽の付いた天使（123ページ参照）が飛んでいるので、しばしば質問されるのですけれども、多分、落合芳幾という当時の浮世絵画家が描いたものです。西洋画をもとにしていて、なぜエンジェルなのかについてはいろいろな説がありますが、当時のフランスの絵画ではエンジェルが「啓蒙」のような意味を持っていたという記述がありまして、それを取り入れたのではないかと思います。この流行は明治7年から明治10年代の半ばぐらいまで続き、新聞や雑誌、それからこの小学校のファサードのようなところに見られます。いろいろな画家が描いています。

森　ありがとうございます。

これだけ面白い人物ですので、本当はご質問がまだまだたくさんあるのですが、時間の都合もございますので、恐縮ですがこのあたりで終わらせていただきたいと思います。ありがとうございました。

岡山蘭学の群像Ⅵ

オランダ技術で海を割った男　杉山岩三郎

日時　２０１６年11月25日（木）
場所　山陽新聞社　さん太ホール

杉山岩三郎
（個人蔵）

杉山岩三郎（すぎやま・いわさぶろう＝１８４１〜１９１３）

岡山藩監軍として戊辰戦争にも参戦した杉山岩三郎、廃藩置県後は下野し、産業革命後の欧米を隈なく視察する。士族授産事業を積極的に進め、金融、紡績、地下資源開発など幅広く事業を手掛ける。中でも杉山開墾（２番開墾）は、近代児島湾干拓の先駆けの一つとなった。膨大な予算を伴う干拓はその後、国の直轄となるが、今度は調停役となって国委嘱の工師ムルデルを迎え、オランダ技術を取り入れた干拓工事を推進する。その一方で、現在の児島湾締切堤防付近を通過して都市部岡山と天然の良港宇野を直結する鉄道計画を描いている。まさに、海を割るこの開発計画は県南地域の一体的な開発を見据えたものであった。

◆基調講演

九州大学百年史編集室助教　市原猛志

オランダ技術の国内・岡山への影響

市原猛志（いちはら・たけし）
１９７９年北九州市八幡生まれ。博士（工学）。専門は近代建築を中心とした産業遺産の保存と活用、産業考古学・産業技術史。現在、九州伝承遺産ネットワーク理事、北九州市門司麦酒煉瓦館館長などを務める。著書に、『産業遺産を歩こう』、『北九州技術革新史（全体編）』、『日本炭鉱都市』など。

皆さま、初めましての方もそうではない方も、今回、「オランダ技術の国内・岡山への影響」ということで、講師を務めさせていただきます市原と申します。

講演に先立ちまして、こういったタイトルで土木技術について解説をお願いしたいと言われたときに、実はちょっと悩んだことがありました。皆さん、杉山岩三郎という名前を聞かれたことがありますか。正直なところ、杉山岩三郎についてしゃべってくださいと言われて、私は「無理です」と答え

たのです。「それって技術者ですかね。何ですかね」と、思わず聞き返してしまいました。実は、その方がどういったことをされたかを調べるところからのスタートだったのです。あわせまして、俗に「お雇い外国人」と言われることがありますが、岡山に外国人の技術者がいらっしゃって、こういった方々が技術をもたらしたという話。大変失礼な話になりますけれど、そんなに岡山ってすごいところだったっけと、まず基本的な認識から始めなければならないという状態でした。その中で、内務省といった国のお役人が、力を入れて調査を行い、そして干拓事業を成し遂げるといった、ダイナミズムを産み出す岡山というのは、かなり面白いところではないかということで、その観点から杉山岩三郎という方を見ていきたいと思います。

今回、自分なりに二つタスクを課しました。まず、杉山岩三郎は何をしたのか。オランダ技術で海を割ったというからには、きっと海を割ったのでしょう。何をどのような技術をもって割ったのかというところも交えて、自分自身が一応研究の系統の人間ですから、調査を踏まえながら、どのようなかたちで杉山岩三郎を調べたかという内容についても、今回はお話ししようと思っております。

内容につきましては、まず、外国技術導入以前の治水事業を少しだけ紹介しようと思っております。それから、お雇い外国人と呼ばれている外国人技術者と、そしてその外国人技術者が日本でどのような功績を残してきたか。さらに、今回「児島湾干拓」というのが一つキーワードになっておりますが、この児島湾干拓を中心とした岡山におけるオランダ技術といわれるもの。さらに、杉山岩三郎は後に「備前西郷」と言われる方でもあるわけなのですけれども、干拓事業を成した備前西郷と呼ばれる杉山岩三郎というのは、結局どういう方だったのかという、四段構成でまとめたいと思っております。

外国技術の導入以前

初めに、外国技術導入以前のことです。水を取り扱ってものを作る、あるいはものを動かすという技術、特に今回はかんがいの技術を中心にしてお話をするわけなのですけれども、それ以外にも、オランダの技術を導入する以前の江戸時代でも、各種の水を取り扱うもの、水道を作ったり、洪水を防いだり、あるいは耕地を増やしたりとい

江戸時代の錦絵に描かれた上水道
（東京都立中央図書館蔵）

うことは、日本独自で行っておりました。

皆さまの中で比較的有名なもので、岡山以外においては、例えば玉川上水です。ここで例として挙げている写真は江戸時代の錦絵に描かれる上水道なのですが、こういったものはオランダ技術の導入以前からありました。松平信綱、俗に「知恵伊豆」と呼ばれている方ですが、この方の命を受けた庄右衛門、清右衛門兄弟らによって、１６５３年に開発された事業です。江戸の都市人口増加に対応する水道設備で、私たちがそれと気付かないところで、江戸時代の技術というのは、実は今でも現役のかたちで用いられていることがございます。

なぜこういったところを最初に紹介するかと申しますと、岡山でもこのような技術は今も使われています。岡山の方だったら「大丈夫。教科書で習った」とご承知のことかと思いますが、倉安川吉井水門です。まさに庄右衛門、清右衛門兄弟とほとんど変わらない時期に完成した吉井川、旭川間への水路バイパスで、ここに水を引くことによって水田を増やす、さらに川の洪水も防止するという多目的な事業として行われました。

行かれたことがある方はどれくらいいらっしゃいますか。ありがとうございます。まだ半分くらい行っていないですね。江戸時代から続く、今でもちゃんと機能を果たしている水路としては、日本が誇るべき技術の一つだと思いますので、行かれた

倉安川吉井水門

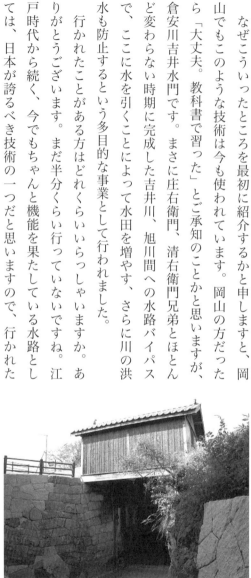

ことがない方はぜひこれを機会に訪れてみてはいかがでしょうか。

ここの水門は、保存されているものと現役で動いているものの2パターンがありまして、こちらは保存されている水門です。ちゃんと降りて下から見ることができます。小屋の中に何があるかというと、仕切り板です。水が入り過ぎて洪水が起こるのを防ぐために、ここに仕切り板を用意して、洪水になりそうだったらこの仕切り板が入っている小屋からどんどん板を落として、洪水になるのを防ぐということを行っております。この川と隔てる水門からさらに外側に、調整用の水門と池があります。ここから水田方向に水を通すということを行っているわけです。水車は後から作ったと思いますが、水道技術が今でもこういったかたちで、現役の田んぼを潤しているというものになっています。

なぜこれをまず紹介したかと言いますと、私の生まれ育ったのは北九州市八幡西区という地域なのですが、実はこれとほぼ同じものがあります。どうしてあるかと言いますと、福岡藩は黒田氏が治めていたところです。福岡藩の黒田家というのはもともと岡山出身で、黒田官兵衛のお父さんの墓が今でも備前の福岡地区にあるという関係があります。黒田家は九州に移りましたが、地縁の関係から、水道の技術を北九州エリアで導入するときに、岡山から知恵を借りたということになるのでしょうか。福岡藩の命を受けた一田久作という方が、単身岡山に渡りまして、倉安川吉井水門の技術を習得し、1762年ですから倉安川の水門ができたおよそ100年後に、九州に遠賀堀川という運河を造りました。堀川という名前でご承知の通り、これも遠賀川という非常に大きな暴れ川と称すべき川を、洪水を防ぎ、なおかつ石高を増やすために、まさに倉安川吉井水門と同じようなかたちで造りました。

左ページの写真で紹介すると「なんだ、このどぶ川みたいなのは」と言われそうですが、これは後年になって石炭の輸送でこの水路を使った際に深く掘り込んだのと、周辺が市街地化したので雰囲気が変わってしまいました。こちらでも使われているような田舟に近い川舟、平田船と呼ばれているものを現役で使っていて、古くは米俵を積んで輸送し、明治期に入りますと、官営八幡製鉄所などで使用する石炭を運ぶ川舟として利用されていたという経緯もございます。

この遠賀堀川の運河の川との結節点にあるところに、寿命《じめ》という地名があるのですが、ここに寿命水門という水門がございます。これが一田久作という方が、津田永忠が造りました倉安川吉井水門の技術をそのままコピーして、遠賀川と堀川運河をつないで、洪水のオーバーフローを防ぐために造った水門なのです。ご覧いただくと、さっきの水門と何か似ているなというのがお分かりいただけるかと思います。

遠賀堀川折尾駅前

この倉安川吉井水門を作りました津田永忠は、児島湾干拓においても功績をあげております。岡山市からいうと南側になりますが、児島湾北側の干拓事業を指揮し、２０００ヘクタールの敷地を耕地とした干拓に成功します。江戸時代ではかなり特異な事例かと思います。ここか九州の有明海くらいしか、こういった干拓事業はなかなか成し遂げられませんでした。非常に面白いです。江戸時代の技術というのは、ここ岡山、瀬戸内、さらに九州といったところで古くから根付いていたものが、明治期になってオランダ技術を習得することによってさらに花開いたのではないかと、今回の児島湾干拓を見たときに、何となくそうではないかなと思っているところであります。

寿命水門

外国からの技術者たち

さて、時代は明治期に移ります。幕末期以降に、日本が今まで持っていた干拓技術を中心とした土木技術と、西洋からもたらされた社会システム、各種の技術というものが流入して、非常にたくさんの技術が一度にもたらされてはきたのだけれど、それを日本人だけで一生懸命学ぼうといっても、なかなかうまくいかないわけです。一人で努力するよりもいい先生についたほうがいいよねということで、明治政府が中心になって、外国から技術者を呼んで教えを請います。

今だったら、プロ野球でよく「助っ人外国人」といわれることがあります。「日本人よりも高い給料を払って、役に立つんかいな」と思う方もいらっしゃるかもしれません。それだけの高い給料を払って実績を上げていくというのが、助っ人外国人なのですが、それの技術者バージョンとして導入されたのが、「お雇い外国人」です。外国人から技術を学ぶ、日本人を育ててもらう、育った日本人が、外国の方と肩を並べて世界各国の技術力を上げていくという、発展途上国が先進国に格上げしていく過程を、お雇い外国人の技術者を招くということで、追いつけ追い越せの時代になっていくわけです。

といっても、お雇い外国人と言ってパッと顔が思い浮かぶ方はそうそう多くないかと思います。一番有名な方は、「少年よ　大志を抱け」の方です。クラークさんはお雇い外国人でした。この方は何を教えに来たかというと、農業技術です。現在の北海道大学につながります札幌農学校の初代教頭として招かれまして、学校の設立と、学生を育てるための基礎作業ということを行っております。この方ともう一人技術者を招いたのですが、技術者集団の提唱によって、今でも北海道大学に残っているものがあります。それがモデルバーンといわれている試験農場です。理想的な農場を造って、ここで初期の技術者を養成して、ここで学んだ人たちの中から、政治家になったり技術者になったりあるいは教育者になったりして、社会全般に活躍していきました。内村鑑三や新渡戸稲造などが有名な方になるでしょうか。そういった方々を養成するのが、このお雇い外国人と呼ばれている外国人技術者の役割だったわけです。本当に雰囲気ががっちり残っていて、これが牛を育てる小屋ということで、よくよく見てみると牛のマークが付いていたりするわけです。写真のようにサイロなども保存されており、古き良きアメリカの農場建築をうまく残しています。今は重要文化財に指定されています。

北海道大学乳牛舎

岡山と外国人技術者

　さて、このようにクラークさんなどを筆頭としたお雇い外国人は非常にたくさんいらっしゃいます。富岡製糸場を設計したオーギュスト・バスチャンとか、官営八幡製鐵所の初期の技術を導入したグスタフ・トッペといった方で、このように並べてみると、今回世界遺産登録された富岡なり八幡製鐵所なりといったところにも、外国人技術者がしっかり教えて、それをもとにして今の日本が成長していったという過程を見ることができるかと思います。

ウイリアム・S・クラーク

ヨハネス・デ・レーケ

　こういった外国人技術者の中で、この岡山に関係する方が何名かいらっしゃいます。まず、ヨハネス・デ・レーケです。デ・レーケさんというのは、基本的には土木技術者になります。31歳のときに訪れて、約30年間、日本の各地域の土木をつかさどりました。港を作ったり、あるいは川の洪水を緩やかにしたり、こういった工夫をこらしていって、実は在任期間中3回表彰を受けるわけです。日本各地を見て回って、日本の河川の中でデ・レーケさんが見ていないところのほうが少ないのではないかというくらい、各地で指導をしています。

有名なところとしては、例えば福井県にあります三国港です。「日本三大築港」と言われている、三国港、熊本県の三角港、宮城県の野蒜港という三つの港があるわけですが、この三つの港の設計のうち、三国港に関してはデ・レーケさんの指導によってできたものです。ここになぜ港ができたかというと、基本的には、日本海を介した交易のとき活躍した港なのですが、日本海というと波が荒い地域になります。港を造ろうとして石などを組んだとしても、波が荒くてすぐしけて石が流されてしまう。そういったことを防ぐために、オランダの技術で何をやったかというと、木の枝などで組んだかごの中に石を入れて、ちょっとした波でも石がすぐに流されないような工夫をし、今でいうテトラポット代わりにしてどんどん落としていきました。その上に構造物を造るというかたちで港のえん堤を造って、船が横付けしても波が荒くなって船がひっくり返るのを防ぐということを、オランダの技術を使って成し遂げたということになります。

粗朶沈床

あともう一つ、向かい側の四国にあります徳島県脇町というところに、ゆるい階段状の構造物があります。これだけ見ていると何が何か分からないのですが、脇町の通称オデオン座と呼ばれている脇町劇場の前に、大きな川があるのです。この川の流れが非常に激しくて、すぐに洪水が起こってしまう。この水の勢いを抑えるために、階段状のエリアを造って川の勢いを抑え、さらに少しカーブを描くことによって水があちこちに行くのを防ぐのです。真ん中に水の流れを変えていくことによって洪水を防ぐ仕組みを、オランダ人のデ・レーケさんが脇町のエリアの大谷川に導入しました。

あと、大きなところで言いますと、立山の砂防ダムの基本計画にもデ・レーケさんはかかわっていらっしゃいます。この立山というところも非常に厳しいところでして、岩の材質の関係上、どんな砂防ダムを造ってもすぐに崩れてしまうのです。崩れるということを前提として、富山市周辺に洪水が来るのを防ぐために、まず第一段階の川の近くのところに、土砂を受け止めるための砂防えん堤というものを造ります。この砂防えん堤の仕組みは、現在でも使用されており、何段階かに滝のように川が流れております。この滝の部分の下のところが砂防ダムです。受け止めるための仕組みが造られております。

ただ、先ほど手を挙げていただいたことでお分かりのごとく、こういった土木関係の業績の場合、どうしても計画とか基本設計というところでかかわられている方が多いので、名前だけ言っても「そんなやつ、いたっけ」という話になってしまうのです。これは建築と全然違うところで、建築の設計者は、丹下健三とか磯崎新と言うと、好きな人は全員知っているというレベルになりますね。ただ、デ・レーケを知っているか、後で紹介するムルデルを知っているかというと、「うーん？」という話になるわけです。どうしてかというと、計画立案者というのは、その後に一応大きくかかわってはいるのですが、実際誰が作るかというとやはり請負業者です。さらに、土木の場合はチームになって設計をするということをやりますので、誰か一人が極端に有名になるということはなかなかなりにくい分野です。これは琵琶湖の疏水計画で、田辺朔郎という非常に有名な方がいらっしゃいます。これも一応デ・レーケさんがかかわられているのですが、なかなか業績で有名になりにくいです。

ムルデルの功績

その有名になりにくい人の一人に、ムルデルさんという方がいらっしゃいます。この方は１８７９年に来日し、約10年間日本の港湾河川の土木設計に貢献しております。

この人がかかわったもので、児島湾以外で有名なものとしては、熊本県の三角西港があります。ムルデルさんが基本計画を設計して、都市まで当初計画の中に入れたということで、国の重要文化財になりまして、昨年ユネスコの世界文化遺産に登録されたものでもあります。三角に実際に行きますと、旧三角郡役所などもいい建物だねとなりますが、実際に世界遺産に登録されているのは、この土木構造物になります。石組みで組まれた港の岸壁部分が、今でもプレジャーボートなどが横付けできるかたちで残っています。

ムルデル
（明誠学院高校蔵）

漁船までは船の出入りができる、現役の港として使われているというところが高く評価されまして、ユネスコの世界文化遺産に登録されています。

この世界遺産に登録された三

三角西港護岸

角西港が、ムルデルの基本設計に基づいたものになります。

何がすごいかと言うと、明治期に作られました水路で川が３本流れています。それから船の横付けができる岸壁です。明治中期の明治10年代、児島湾の干拓が本格的に始まった時期の構造物が、今でも港として使われているというところが、高く評価されております。

こういうふうに見てみると、昔はどうだったのかがよく分からないという方もいらっしゃるかもしれませんが、昔は、道路の整備と家の整備が一度に行われるくらい、もともとそれほどたくさん人が住むようなところではなかったところに、それこそオランダの技術を用いて作った人工的な都市計画が、今でも生き続いています。ですから、水路、道路幅といったムルデルさんが計画したもの全部が、今でもほぼ同じ幅で使われており、橋も当初のものが３つかかっていて、道路で通る人にはもともとの橋かどうか分からなくても、横から見ると、実はオランダの技術で造られた橋がそのまま使われているというわけです。

三角西港の橋

私たちはどうしても、日本人技術者がオランダの技術者に学んで、それからどんどん成長していってという話も気になるのですけれど、明治の産業遺産を設計していった日本人技術者ができるまでの間の中で、オランダ人の技術者が本当に献身的な努力を行って、日本人の技術者を現場で育てていきました。そういったことの繰り返しによって、いろいろなところに土木構造物が今でも残っているということになります。

ムルデルさんやデ・レーケさんなどいろんな方々が、こういった計画がいいんじゃないかと計画図を出しています。東京湾の港の計画というのが成し遂げられるわけですけれども、これも実際には繰り返し計画図が作られて、その結果できるものですので、なかなか計画の部分まで有名になることがないというのは残念なところでもあるわけです。

土木系の方として、ムルデルとデ・レーケの二人を紹介しましたが、どうして二人を紹介したかというと、とりわけ有名なだからです。ほかにも一応、ファン・ドールン、ウエストル、ウィールといった、オランダ人の土木技術者がいらっしゃったのですが、多分、ほとんど知られていません。

では、なぜムルデルとデ・レーケだけ特別扱いされるかというと、理由は簡単でして、表彰されているからです。下の画像は、ムルデルらの履歴書です。「内務省土木局雇」と書いてあります。これは実は、勲四等瑞宝章をもらうときの履歴書なのです。このムルデルとデ・レーケさんの二人に関しては、日本各地への治水事業にかかる指導を評価されまして、長期にわたる指導期間

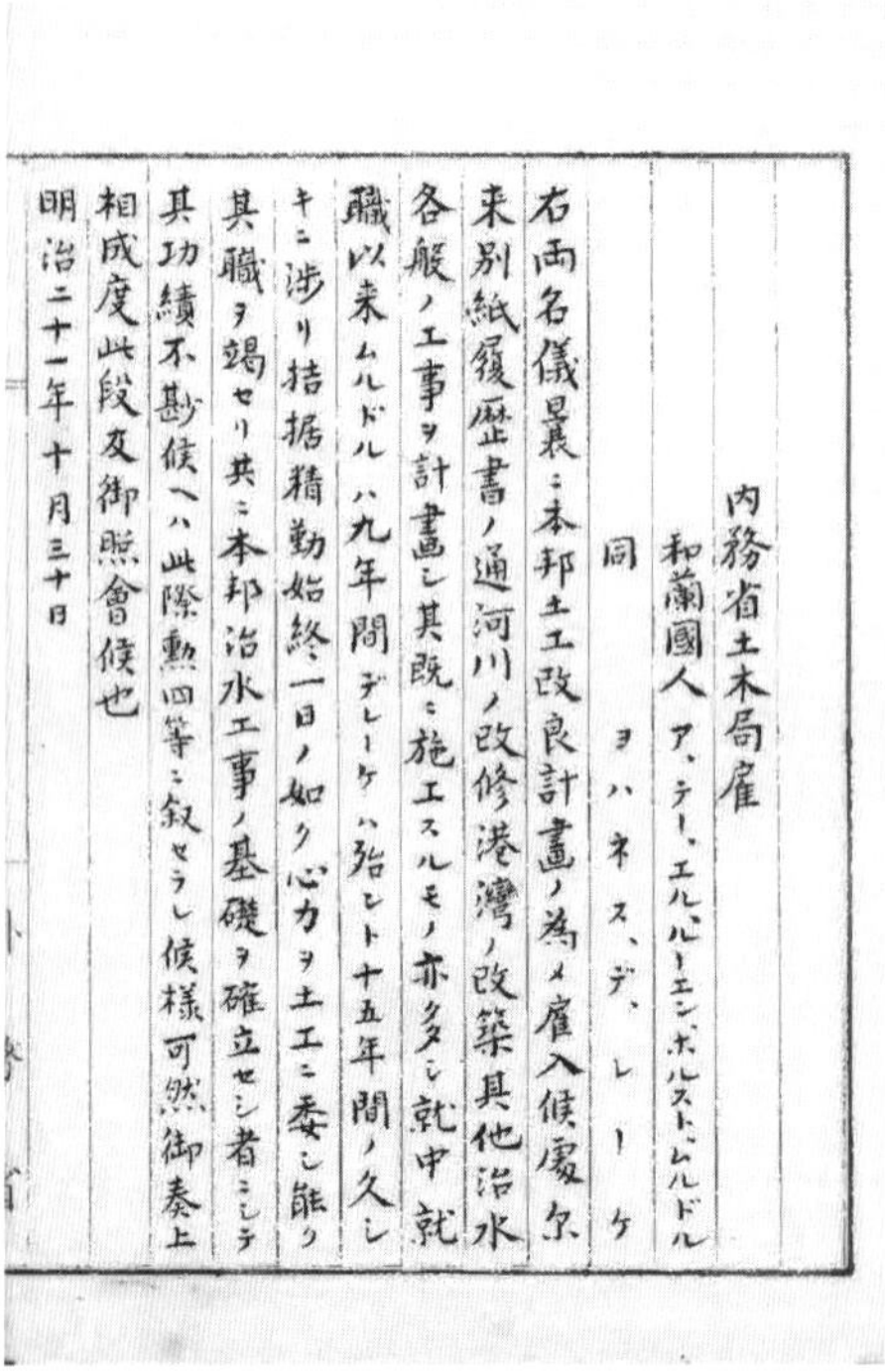

内務省土木局雇
和蘭國人　アー、テー、エル、ルーエン、ホルスト、ムルドル
同　ヨハネス、デ、レーケ
右両名儀曩ニ本邦土工改良計畫ノ為メ雇入候處尓来別紙履歴書ノ通河川ノ改修港灣ノ改築其他治水各般ノ工事ヲ計畫シ其既ニ施工スルモノ亦多シ就中就職以来ムルドルハ九年間デレーケハ殆ント十五年間ノ久シキニ渉リ拮据精勤始終一日ノ如ク心力ヲ土工ニ委シ能ク其職ヲ竭セリ共ニ本邦治水工事ノ基礎ヲ確立セシ者ニシテ其功績不尠候ヘハ此際勲四等ニ叙セラレ候様可然御奏上相成度此段及御照會候也
明治二十一年十月三十日

叙勲の際のムルデルらの履歴書

の中で叙勲を受けているわけです。二人に関しては、国内の各種土木技術で大きな功績を果たしたということで、１８８８年（明治21）10月30日の日付で、「勲四等瑞宝章を授ける　オランダ人ムルデル、デ・レーケ」と書いてあります。それくらいのことをやった方ということで、土木技術者の中ではとりわけ優れた業績ということで、今でも名前が伝えられております。

「岡山商法会議所」の初代会頭

さて、こういったところまで話をいたしましたが、杉山岩三郎はどこで出てくるんだと思われる方がいらっしゃるかと思います。今までは一応、岡山の児島湾干拓に活躍された方の経歴ということで、ムルデルの紹介をいたしました。では、杉山岩三郎は何をした人かというところなのですが、先ほど冒頭で紹介がありました通り、岡山藩の若手の有望株ということで、禁門の変で活躍し、戊辰戦争で活躍し、新政府の岡山県の官僚になるわけですけれど、鳥取県に行きなさいと言われて、その年のうちに辞職します。１８８３年にドイツ、イギリスなどに留学を行ったのち、第二十二国立銀行取締役、あるいは１８９５年には今のＪＲ西日本の前身会社になります「旧中国鉄道」の社長、あるいは、現在の商工会議所につながります「岡山商法会議所」の初代会頭になった方です。私が最初に、技術者では聞いたことがないなと思っていたのですが、そもそも技術者ではなかったということになるわけです。

ではなぜ、この杉山岩三郎が干拓事業のところに名前を連ねるようになったかというところなのですが、これが大変なのです。なかなか書いてあるものがないのです。どこかに書いてあるものがない

杉山岩三郎 略年表

1841年	天保 12	**岩三郎誕生**　(中川横太郎の弟、五歳年下)
59	安政 6	杉山家に
63	文久 3	江戸詰め
65	慶応 元	備中松山藩鎮撫
68	慶応 4	蝦夷地へ(明治2年　品川へ帰る)
69	明治 2	東京で田口江村の玉琴精舎に学ぶ
70	明治 3	鹿児島へ　西郷隆盛に会う
71	明治 4	岡山県七等出仕
72	明治 5	**島根県権参事となるも辞任**
74	明治 7	台湾征討の義勇軍を組織
75	明治 8	自宅に私塾南方精舎設置(森田月瀬招聘)
76	明治 9	杉山開墾を開始(『児島湖発達史』より)
77	明治 10	船着町に米商会所を設置　第二十二国立銀行設置
78	明治 11	有恒社創立、**大蔵省の臨時用達を命じられる**
79	明治 12	篤行社　恵忠会　岡山県商法会議所(初代会頭)
80	明治 13	岡山紡績所・微力社(後、有終社)を設置
82	明治 15	「岡山新報」発刊
83	明治 16	向陽社組織　岡山汽衛会社設立
84	明治 17	沙美に浴潮所開所
86	明治 19	杉山開墾を開始(『士裁 杉山岩三郎』より)
87	明治 20	**ドイツ旅行出発**(明治23年3月アメリカ経由で帰国)
91	明治 24	第二十二国立銀行取締役　稲垣耐火煉瓦杉山工場
92	明治 25	岡山電灯会社創立発起
93	明治 26	岡山県商法会議所を改組、岡山商業会議所とする
		私立日本衛生会岡山支会再編
94	明治 27	山陰山陽連絡鉄道を中国鉄道と改め、上京協議
95	明治 28	中国銀行発起
96	明治 29	中国鉄道設立、社長に(明治31年岡山－津山開通)
		岡山鉄道(岡山一宇野)計画
97	明治 30	岡山銀行発起、頭取に　岡山農工銀行創立発起人
98	明治 31	山陽商業銀行創立発起人
99	明治 32	吉備鉄道を中鉄に(明治37年岡山－湛井開通)　[兄・中川横太郎の生き葬式]
1903	明治 36	邑久郡長浜干拓を申請
05	明治 38	日本製銅硫酸肥料創立、社長に　第10代会議所会頭
07	明治 40	岡山製紙取締役
08	明治 41	花筵会社創立　競馬会社創立
10	明治 43	岡山瓦斯会社創立、相談役に
11	明治 44	長浜干拓起工(大正6年安田保善社へ)　稲荷軽便線開通
13	大正 2	7月18日　死去(73歳＝数え年)　(『士裁　杉山岩三郎』他により作成)

※編集者注:杉山開墾の開始時期と工期は諸説ある。

かなと思ったら、杉山岩三郎の胸像というのがすぐ近くの下石井公園にありまして、この胸像の横に3つ金属製のプレートが付いております。よく見てみるとここの中の真ん中の少し下のほうに、「また開墾児島湾……」と書いてあるのです。

児島湾の開拓事業、干拓で田んぼを増やすという事業に、どうやら杉山さんはかかわっているらしいのです。実際どれくらいの面積にかかわっているかというと、岡山の児島湾干拓のところに、字で杉山という地名があります。これはまさに杉山岩三郎が干拓した事業になるわけです。約65ヘクタールというから結構な面積なのですけれど、この干拓による新田開発は、『児島湖発達史』によりますと1876年から始めて1898年には完成いたします。三角西港の完成時期とほぼ同じような時期です。この時期岡山藩の武士の方々がちょうど困窮していたのです。藩がなくなって、藩主から賃金が出てこなくなりました。おれは一体何をすればいいのか分からないという困った武士の方に、杉山岩三郎は、田んぼを作ってみんなで耕して、農家で取りあえずお米の収入を得ようとしました。言うならば、士族への授産事業を成し遂げるために行ったのが杉山開墾ということになるわけです。

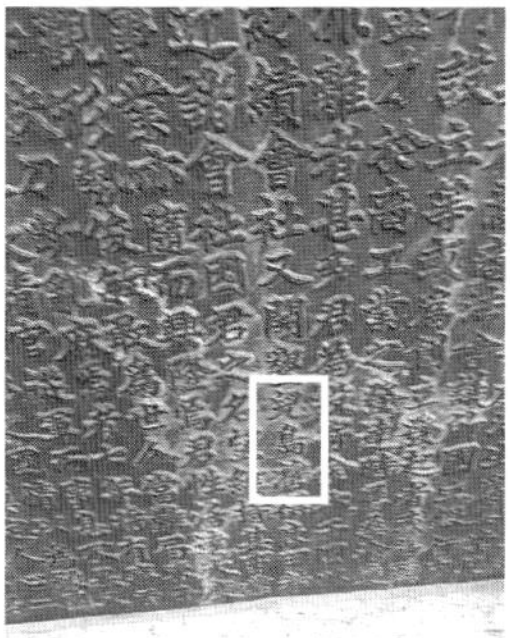

杉山岩三郎業績プレート（岡山市北区）

実際に、杉山岩三郎のほかに三菱財閥が行った三菱開墾や、杉山開墾といったところが、岡山の早島から妹尾近辺を中心に行われております。J

R宇野線沿線というのはちょっとカーブしているのですが、この部分までのエリアが明治中期までに開墾したエリアになるわけです。

実際、杉山による水田の開発事業、あるいは三菱による事業というのは、まず最初に、明治1桁台で食うに困った武士を何とかして養おうとやった事業です。杉山はこのほかにも、紡績会社や精錬会社といったものを立ち上げるのですけれど、新規開拓事業を行う一方で、もっと大規模に干拓事業をやって、より多くのお米の収入源をあげて、町を豊かにしよう、国を豊かにしようということで、1879年から1880年にかけて、上級士族、下級士族の中から、3000町歩、4000町歩という、それこそ数百ヘクタールクラスの干拓をやろうというふうに考えるわけです。

考えるのはいいのですけれど、大体2グループぐらいで願い出ると、どっちが主導権を握るかともめるわけなのです。もめて、どっちも頓挫してしまうと非常に大変なことになります。ここで出てくるのが当時の県令です。高崎県令が、一括した児島湾干拓をするために、第三者として意見を聞きたいということで、土木技術者の意見を聞くわけです。このときに登場するのがムルデルです。なんと当時32~33歳で、今の私より年下です。このムルデルが内務省あてに、1881年に岡山県下児島湾開墾復命書を提出いたします。この復命書が国立公文書館に残っております。もともと内閣に提出するということで、内閣参議が何人も何人も名を連ねております。

石組みは土地の年輪

このムルデルの復命書に基づきまして、現在の児島湾は耕地の開発が行われ、そこかしこに写真にあるような石組みが残っております。この石組みは、今見てみると何が何かさっぱり分からないというものになるわけなのですが、もともとは開墾によってできた田畑と海とを、せき止めるために作られた石組みだったわけです。岡山県、それこそ児島湾一帯には、このような石組み構造、干拓を行った堤防の跡が各箇所に残っております。これは後で樋口先生に紹介してもらおうかと思っておりますが、このような堤防の跡というのは、明治期、大正、昭和初期にかけて行われ、岡山県民の方がどんどん土地を増やしていって、国を豊かにしていく、そういった涙ぐましい努力の結果生まれてきた、まさに土地の年輪のようなものなのです。

片崎樋門

ムルデルさんは実際にどれくらいの計画を立案し、岡山県の児島湾を埋めようと考えたのか、実際の計画図がこちらです。今、児島湾の締め切り堤防があって、周辺の淡水化が行われております。児島湾は干拓で淡水湖になっています。ほかの部分が、明治から昭和30年代くらいまで、東京オリンピックまでの間に全部埋め立てられました。東側の部分は、開発に失敗する

児島湾石組み

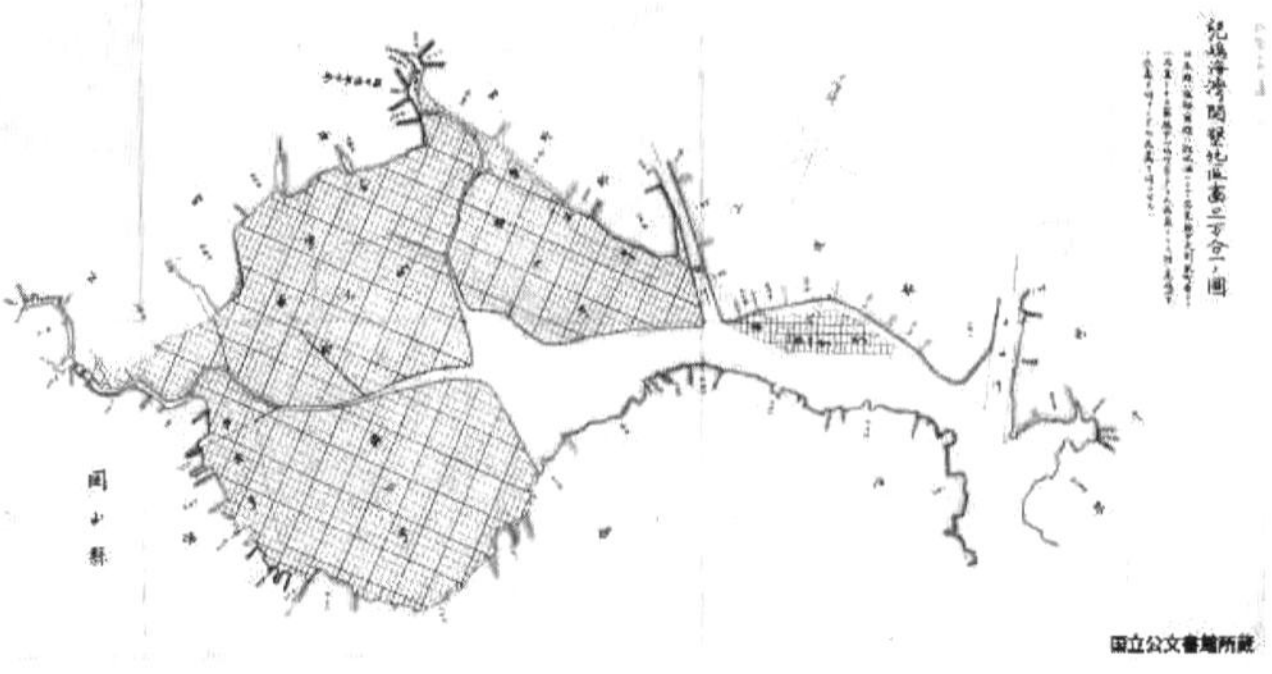

ムルデルの開墾計画図(国立公文書館蔵)

第四区および第八区というところなのですが、ほかの部分はほぼムルデルさんが計画した通りに現在の児島湾ができております。あとでお帰りの際に前のパネルをご覧いただいたら、ほぼ同じような図になっていることがお分かりになるかと思います。それくらいムルデルさんの計画は適切だったわけです。

明治期それから大正時代に入って、桜の馬場樋門というものが今文化財として残っておりますが、そういった樋門だったり、あるいは昭和期に入ったら鉄筋コンクリート造りの樋門ができていったりしています。

戦後すぐくらいの地図で見ていきましょう。これが、戦後初期に作られました児島湾開墾の平面図です。こちらのほうをご覧いただきますと、先ほどのムルデルの復命書ほぼそのままのかたちで、色づけされているところの開墾事

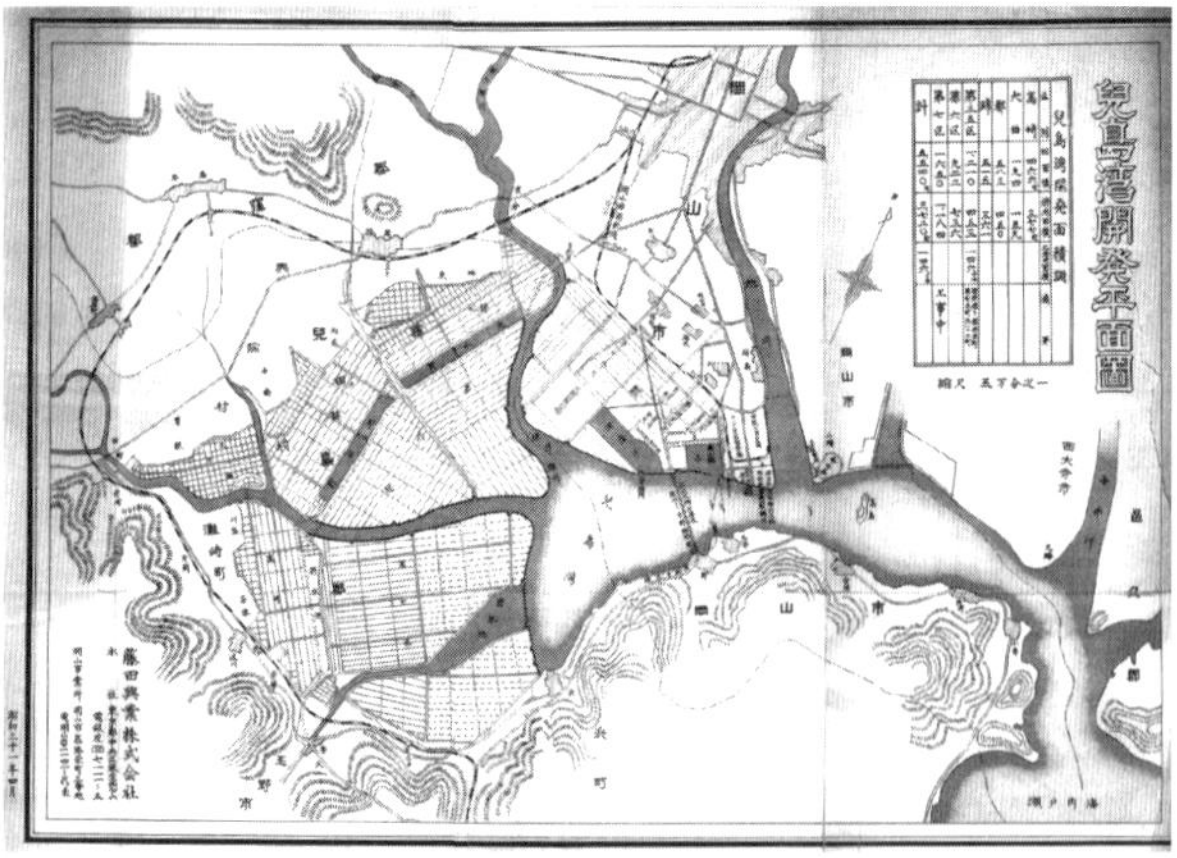

兒島湾開発平面圖(昭和31年4月)
『児島湾干拓沿革資料拾集録の参考資料遺稿集』より

業が今まさに行われようとしているというのがお分かりになるかと思います。

「備前西郷」の名にふさわしい事業家

実際の事業はどこによって行われたかというと、周辺の地名の由来となった藤田組、藤田伝三郎さんによって成し遂げられております。周辺の地名の藤田は、藤田中学校などを見ると、やはり造った人の地名は残るのだと結構感心してしまいました。最初は民間の事業者、戦後に入りまして国営事業というかたちに、児島湾の開墾事業は主体が変わっていったわけですが、ともに、土地を増やしてお米の収穫量を増やして餓死者が少なくなるようにしよう、あるいは武家の人たちが仕事がなくて困っていたところを変えていこうという、そういった純粋な殖産興業の考え方に基づいて、これらの開墾事業は成し遂げられていきました。

実際、杉山岩三郎は、武士が食うに困らないようにと始めた事業というのをたくさん残しております。篤行社、有恒社、それから協信社と、いろいろあります。興除というところの干拓事業で行われた会社が微力社です。銀行もたくさん作りますし、鉄道会社も作ります。これだけの実力者なのになぜ知られていないかというと、これはあくまで憶測なのですが、もともと有力者として中央方面では知られていたということが分かっております。西南戦争の際の岩倉具視に、白蓮さんのお父さんの柳原前光が、書簡としてあてているものです。「とにかく武士を募って有望な者に声かけをして、西郷隆盛が攻め上るのを防がねばならん。その有望の者で、岡山あるいは広島、さらに山陰方面には、越前の中江がいる、由利公正がいる。備前には杉山がいる」というようなことで、しっかり名指しされるぐらい中央には知れ渡っていた方だというのが、この手紙からも読みとれます。

さらに、これは、1879年に微力社ができた年の大隈重信あての手紙なのですが、ここには当たり障りのないことしか書いていないのですが、途中で結構ややこしいことが書いてあります。「(前略)伏翼野人熱心期望スル処之目的ヲシテ特別類外之御保護ヲ以テ貫達仕様日夜奉祷候。云々」、つまり、自分の願っていることがかなえられるよう願っております。手伝ってくださ い、と言っているのです。何を手伝ってくれと言っているのかというのが、結構怪しいところなのです。「児島湾の干拓に協力してください」なのでしょうか。あともう一つ、このころの杉山岩三郎というのは、閑谷学校の下げ渡し問題でも活躍しておりまして、「下げ渡してね」と頼んでいるのか、「児島湾の開墾をうまくやらせて」と頼んでいるのかというところが、また怪しく微妙なところなのです。これは資料がよりたくさんそろうと、おそらく分かるのではないかなと思っております。また、あくまで推論ですが、こういった士族の商売がうまくいくために、ムルデルによる調査というきっかけをうまく提携づけたのかなとも思っております。

現在の児島湾干拓というのは、藤田伝三郎率いる藤田組によってある程度成し遂げられていますが、この実質と計画図がほとんど変わらないというこ

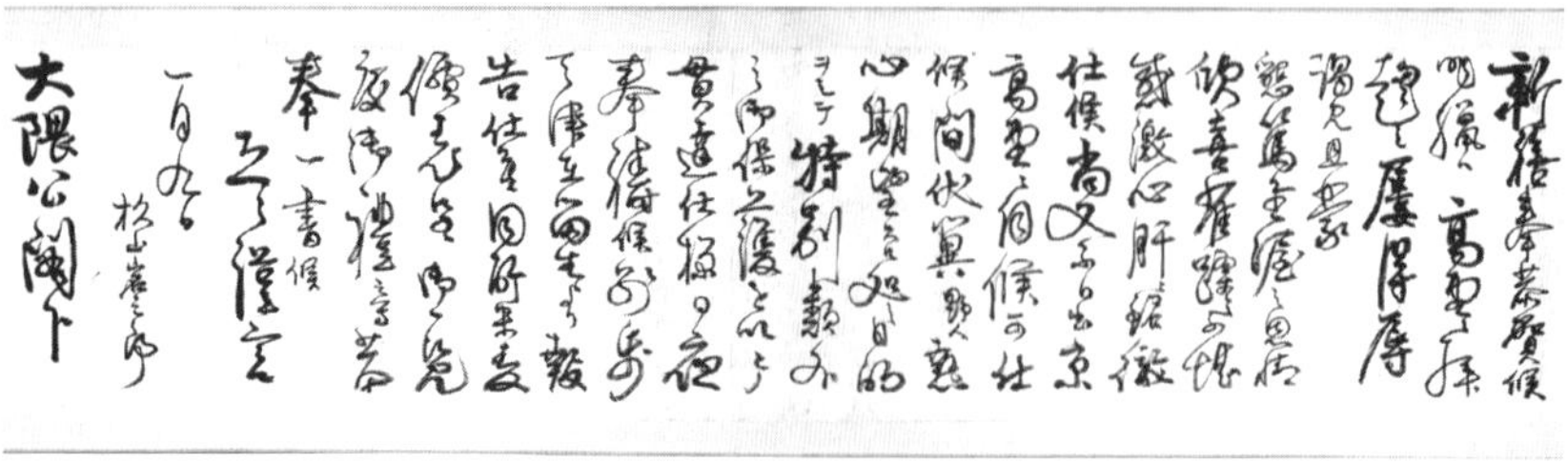

大隈重信宛て杉山書簡（早稲田大学図書館蔵）

とは、既にご承知の通りかと思います。実は北九州にもこういったことをやっている方がいて、似ているのではないかなと思っていますが、小林徳一郎という方です。鉄道事業の土木や神社への寄進事業をした方なのですが、今の西鉄北九州線につながる煉瓦橋梁の施工や、埋め立て事業としては、住友金属、今の新日鉄住金の高炉である浅野の製鋼所の埋め立て事業、さらには熊本にあります本妙寺というところの山門の寄進や、出雲大社の大鳥居の寄進も行っております。杉山岩三郎は、こういった方と似たようなことをやったのではないかなということで、これは最後にパネルディスカッションにつなげるための私論として紹介いたします。

杉山岩三郎は、従来の土木技術を引き継ぎ、在来土木技術を用いた干拓事業を行って、まず士族、武士を食わせていかねばならないということで、本格的な児島湾干拓に際しては、ヨーロッパで見聞したことをもとにオランダのすぐれた技術の導入の橋渡し役、政府、地方官僚として活躍した知見を最大限に生かしながら、ローエン・ホルスト・ムルデルを招き、そして地域の貢献事業を成し遂げました。言うならば、杉山が割ったものというのは、近世までの土木技術と完全にそれとは隔絶した近代のお雇い外国人率いる事業とを分けて、そして両方を同じ児島湾干拓へと繋げて一度に成し遂げたというところが杉山の大きな功績ではないかなと思っています。そして、それが西郷隆盛に似た「備前西郷」の名にふさわしい慈善的な事業家の側面があるのではないかというのが、私の私論ということで紹介して、パネルディスカッションにつなげたいと思います。ありがとうございました。

◆パネルディスカッション

オランダ技術で海を割った男　杉山岩三郎

パネリスト

市原猛志（九州大学百年史編集室助教）

樋口輝久（岡山大学大学院准教授）

在間宣久（岡山県立記録資料館前館長）

コーディネーター

伊東　孝（産業考古学会会長）

樋口輝久（ひぐち・てるひさ）

博士（学術）。専門は土木史。主に土木遺産の保存と活用、土木技術の発達史について研究。吉井水門・建部井堰など、地域資産の発掘とそれらを活かしたまちづくりを地域住民と協同で実施している。

著書に、『岡山県の近代化遺産』、『日本の土木遺産～近代化を支えた技術を見に行く～』など。

在間宣久（ありま・のぶひさ）

専門は近現代史。主に、岡山県の鉄道を中心とした交通・流通史を研究。中国鉄道（現JR津山線）の初代社長、杉山岩三郎の研究にも及んでいる。これまでに岡山県県史編纂室、岡山大学・川崎医療福祉大学の非常勤講師などを歴任。

著書に、『岡山県史』『岡山市百年史上・下』『新修倉敷市史』『久世町史』など。

伊東　皆さん、こんにちは。

それでは、まず市原さんの基調講演を受けて、先ほど市原さんからも疑問が提示されましたが、オランダ技術とは何だろうか、さらに杉山岩三郎はオランダ技術で本当に海を割った男なのか。そこで、市原さんから仮説ということで提示された点について、後で会場からも疑問や異論・反論なども受けたいと思っていますが、われわれはその仮説、あるいはテーマについてどこまで迫れるのかということが、このパネルディカッションの大きなテーマだと思っています。ですから、これを一つの仮説としてとらえて、これから進めていきたいと思います。

まず、最初に樋口さんからお話をしていただきます。実は各パネリストの方は話したいことが非常にたくさんあるということですが、時間も限られていますから、一人12～13分で先に発表していただきたいと思います。なお、時間になりましたら、やめて欲しいということをお知らせするという許可を得ております。それでは、よろしくお願い致します。

伊東　孝（いとう・たかし）
1945年東京都生まれ。工学博士。専門は都市計画・景観工学・土木史。主に、産業考古学を研究。現在、内閣府「稼働資産を含む産業遺産に関する有識者会議」委員、日本ICOMOS「技術遺産小委員会」主査などを務める。著書に、『日本の近代化遺産―新しい文化財と地域の活性化』『近代とは何か』『鉄道遺構再発見』など。

地形の変遷と干拓技術

樋口　岡山大学の樋口です。どうぞよろしくお願いします。

杉山の行った児島湾干拓の話が出てまいりましたので、私からは、そもそも児島湾の干拓がどう行われてきたのか地形の変遷と、干拓技術についてお話をしていきたいと思います。

岡山の平野は、実は約8割が人工的に造られた土地で、2万5000ヘクタールのうち、約2万ヘクタールが人間の手によって造られたものです。皆さんはほとんど意識することなく生活しておられますが、かつてはほとんどが海だったところです。縄文時代前期の地形を見ますと、非常に海が広がっております。私は今岡山大学におりますが、大学が

海面古図(『児島湾干拓沿革資料捨集禄』より)

あるのは津島というところです。津島の「津」は、昔の港という意味ですし、「島」はその通り「島」ですから、大学のある付近もかつては海でした。さらに京山のある付近は伊島と言います。いずれも今では海から10キロくらい内陸にありますが、昔は海だったということです。
　この島々で囲まれた中に瀬戸内海が入り込んでおり、それを「吉備の穴海」と呼んでおりました。南北が逆転しておりますが、その部分の古い絵図があります。今では「児島半島」になっていますが、その名の通りかつては「児島」です。その他「早島」、「連島」、「高島」など、地名に島が付くところは、かつては島であったところになります。
　平安、鎌倉時代になりますと、旧国道2号線のあたりや現在の岡山市中心部が陸地になっています。戦国時代になると、皆さんよくご存じの宇喜多秀家が、1589年に干拓堤防を作り、その後児島が陸続きになりました。江戸時代の初期は非常に干拓が盛んに行われた時代で、岡山では国道2号線のバイパスの南の当新田がある辺り一帯が干拓されました。倉敷の連島や玉島も大体江戸時代の初めくらいに陸続きになり

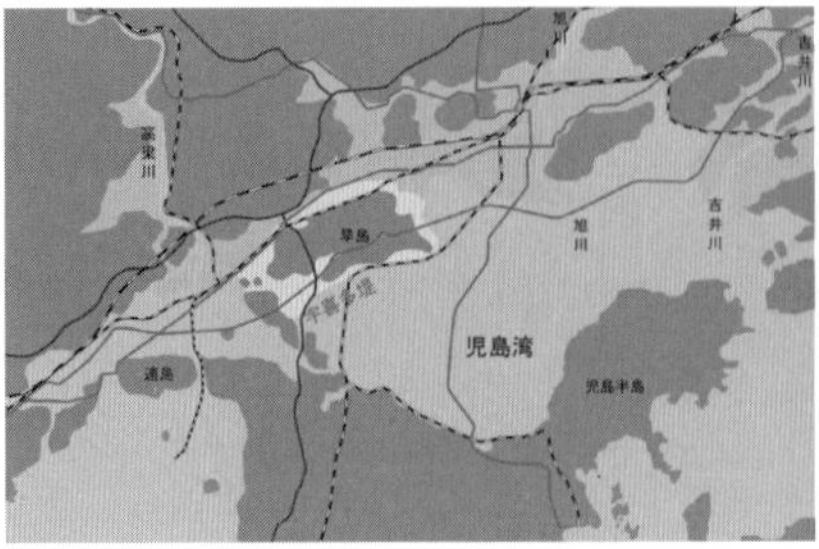

地形の変遷（戦国時代）

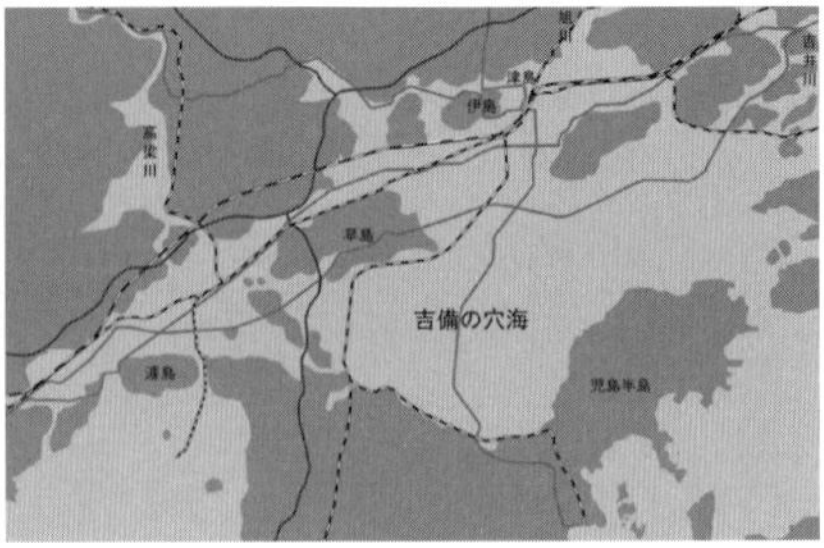

地形の変遷（縄文時代前期）

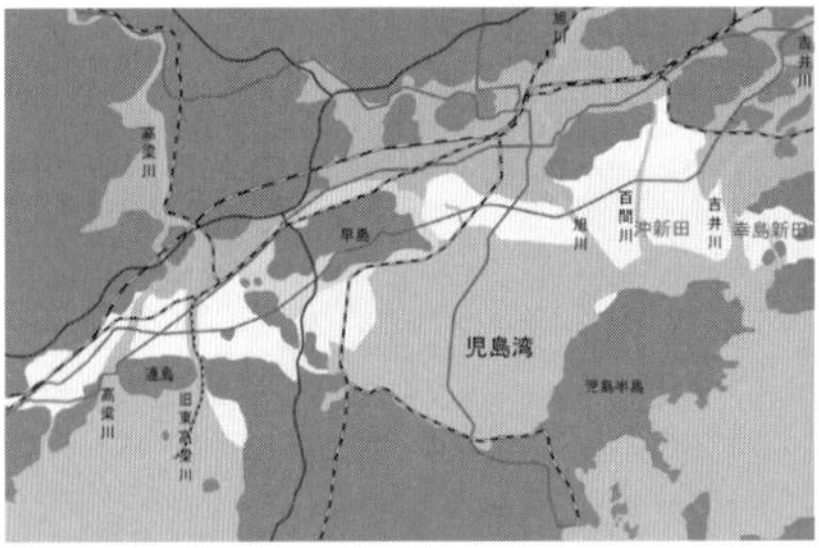

地形の変遷（江戸時代1680～1800）

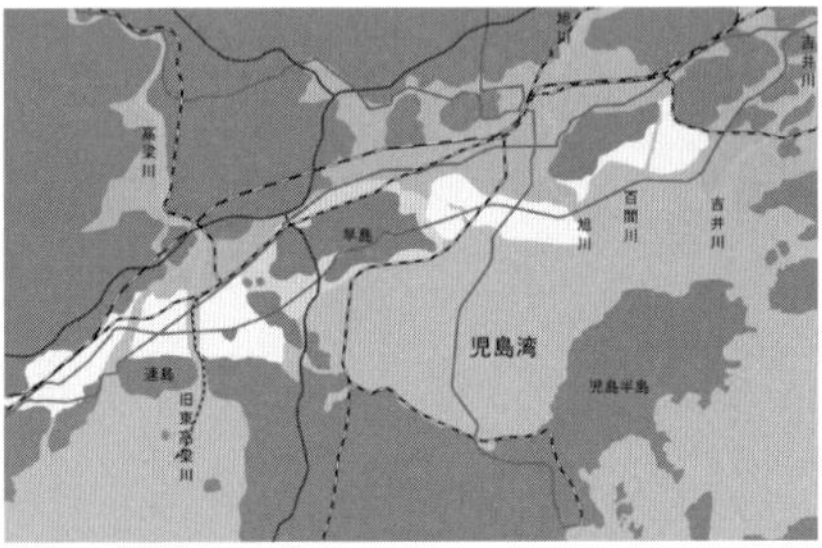

地形の変遷（江戸時代1600～1680）

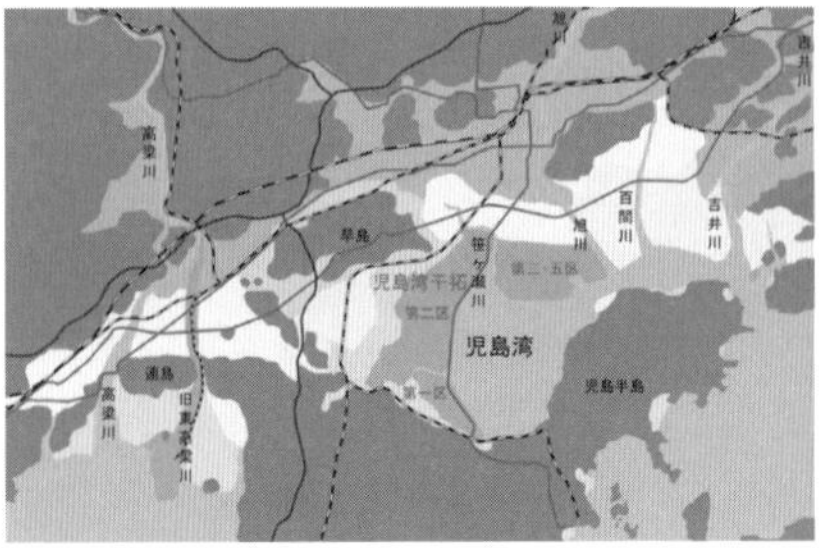

地形の変遷（昭和）

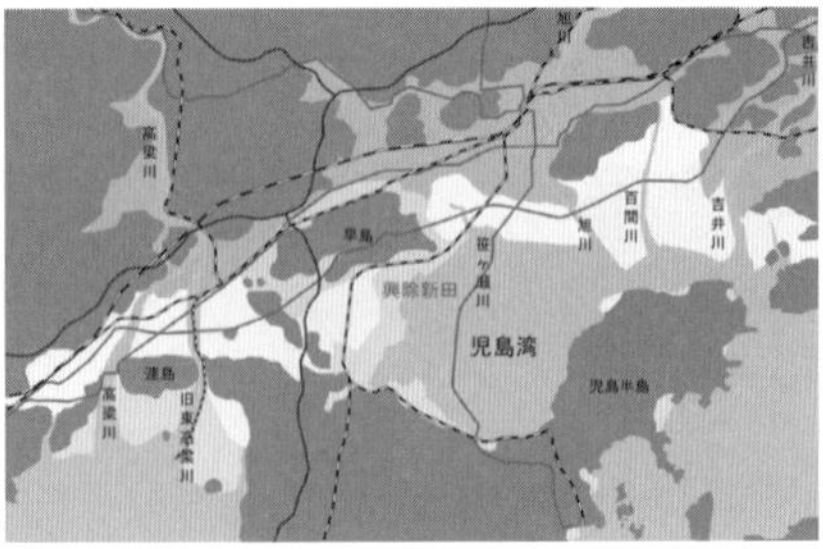

地形の変遷（江戸時代1800～1868）

ました。

石造樋門の築造技術の確立

そして1680年代以降には、先ほど市原先生の話に出てきました津田永忠が干拓を手掛けることによって、例えば沖新田や幸島新田など、非常に広大な面積の干拓が行われます。この図は岡山大学附属図書館所蔵池田家文庫にある沖新田の完成後の実測絵図です。なぜこのような非常に広大な、約2000ヘクタールもの干拓ができたかというと、河口部の遊水池と唐樋のような連続した樋門を組み合わせたからです。江戸時代ですから、もちろん樋門は石造です。

1700年以降は、漁業権など様々な問題があり、しばらく干拓は停滞します。江戸時代の終わりごろになり、興除新田の干拓が行われます。面積は先ほどの沖新田よりは小さくて、大体800ヘクタールぐらいです。

次に今日の話題であります明治以降の干拓です。非常に有名なのは、

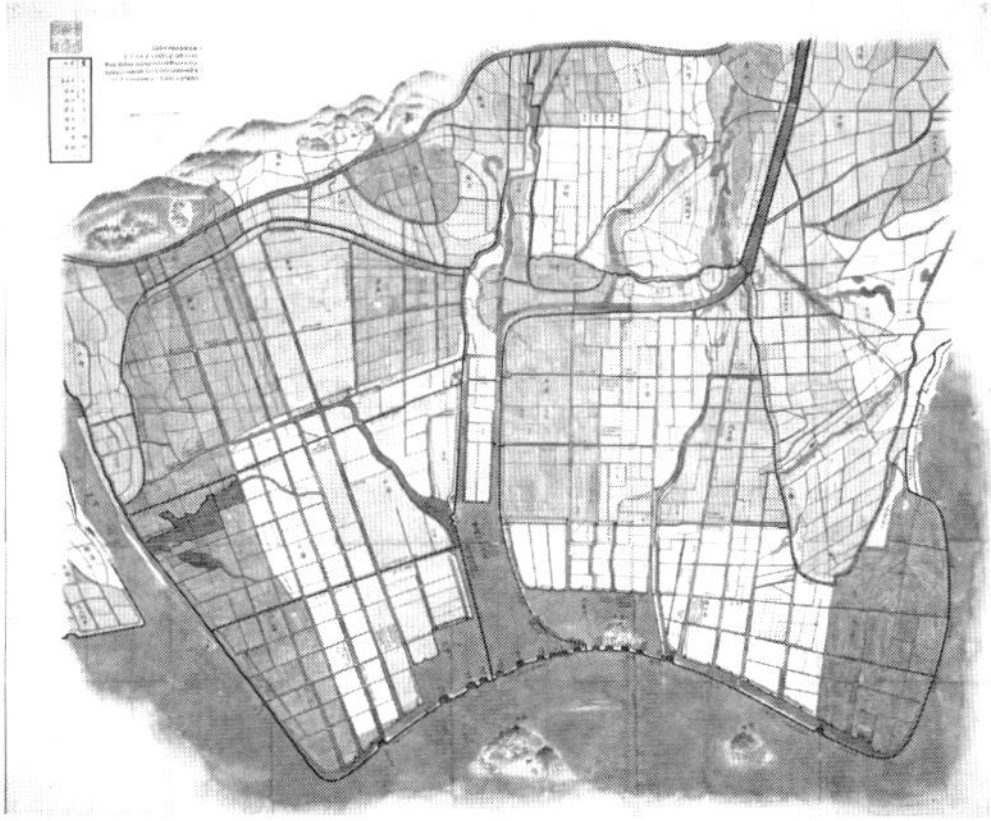

備前国上道郡沖新田図（岡山大学図書館蔵）

ありし日の唐橋（『沖新田開墾三百年記念史』より）

藤田組が手掛けた児島湾の干拓事業ですが、それまでの間に、士族授産による非常に細かな干拓がたくさんありました。場所は興除新田の沖合で、藤田干拓の手前です。『興除村史』のデータによりますと、年代は明治時代の初めを中心に、面積が非常に小さな干拓地ばかりです。細切れの干拓をたくさんしていったわけです。そのうちの一つが近代児島湾干拓の先がけの一つとなった「杉山干拓」になります。現地に行ってみますと、開墾の記念碑が建てられております。

杉山開墾の記念碑

その次が、いよいよ藤田組の干拓です。先ほども話がありましたように、いわゆるお雇い外国人・オランダのムルデルの計画に基づいて一、二、三、五、六、七区の干拓が行われました。これによって約5000ヘクタールくらいの干拓地が生みだされたわけです。一部、四区と八区は技術上の問題によって干拓ができませんでした。七区までの干拓が終わって、ほぼ現在のような地形になりました。注目していただきたいのは、児島湖です。それまでは児島湾でしたが、農業用水を供給するために、湾を締め切って淡水化し、児島湖に変わりました。

士族授産開墾

では、どうしてこのような干拓ができたかという技術的な話を、具体的にしていきたいと思います。

次ページの図は、近世以前の干拓年代と面積の関係を示したものです。岡山県の干拓地を赤で、岡山県以外のものを青で示しております。1650～1700年頃に岡山での干拓が多いことが分かります。注目していただきたいのは、先ほどの沖新田です。1700年には、既に2000ヘクタールの干拓ができております。江戸時代を通じて最大の干拓地になります。なぜこのような干拓ができたかというと、この時代に干拓技術が確立されたからといっていいでしょう。具体的に言うと、石造樋門の築造技術が確立されたからです。では、その石造樋門の話をしたいと思いま

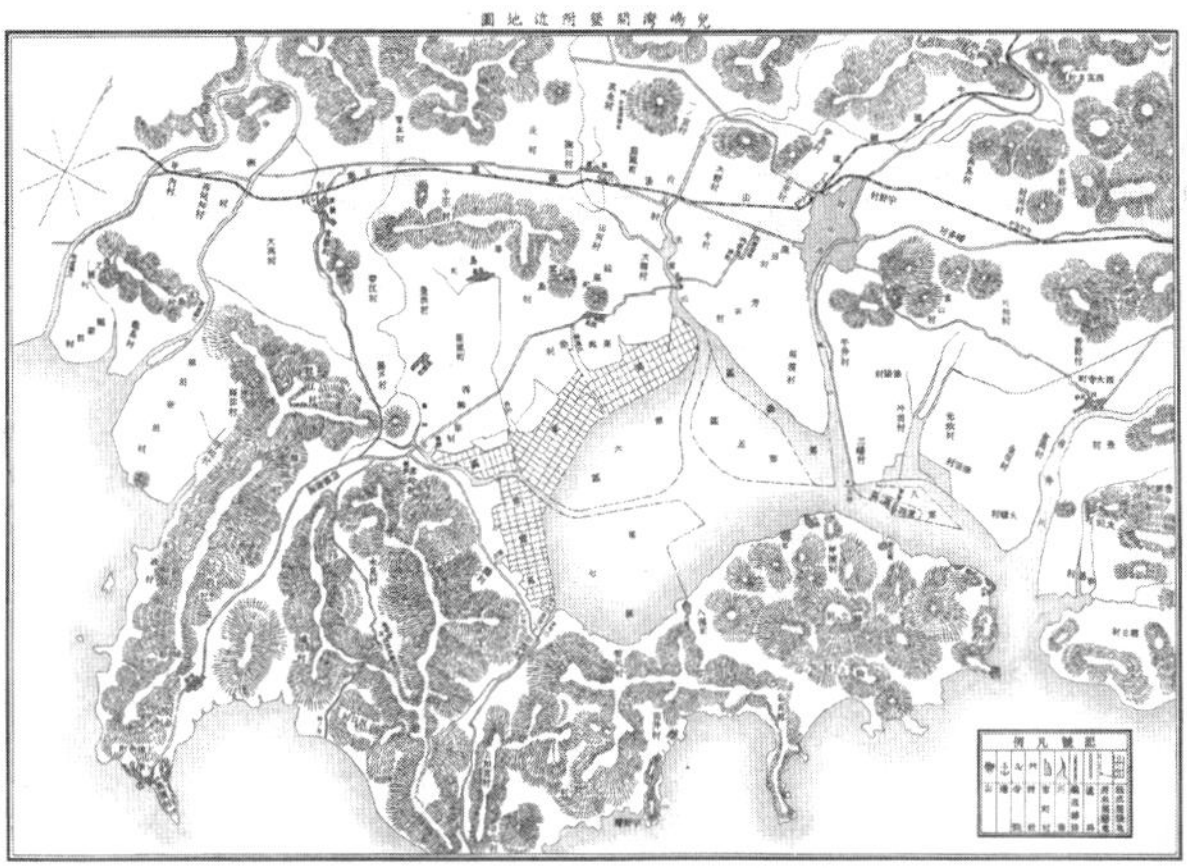

ムルデルによる干拓計画(『児島湾開墾史』より)

工区		工期	潮止工事	面積（ha）
第一区	加茂崎	明治32～38年	明治32年末	462
	高崎		明治33年末	
第二区	大曲	明治32～45年	明治35年 9月	1,281
	都		明治36年 9月	
	錦		明治37年 6月	
第三・五区		昭和 8～16年	昭和10年11月 3日	1,200
第四区		中止	－	－
第六区		昭和14～30年	昭和16年12月24日	914
第七区		昭和19～38年	昭和23年 4月23日	1,633
第八区		中止	－	－

児島湾干拓の概要

す。

干拓地の一番末端部分に、田畑を流れてきた水を海に排出する非常に重要な樋門があります。1日2回ずつ満潮と干潮があるので、それに応じて樋門を開閉する必要があります。つまり、干拓地内に海水が入ってくると稲作ができなくなりますので、満潮のときには樋門を閉めておき海水が入ってこないようにします。逆に干潮のときには、末端の遊水池に溜まっていた悪水を海に放出する必要があります。この樋門が脆弱だと、台風時などの高波や波浪により樋門が壊れて、一気に干拓地に海水が入ってきて、米ができなくなりますし、家屋も浸水します。干拓地の生命線である樋門をいかに頑丈に造るかというのがキーポイントでした。

石工・河内屋治兵衛

岡山藩では、藩のお抱え石工であった河内屋治兵衛が、1668年にこれまで木造だった樋門を石造

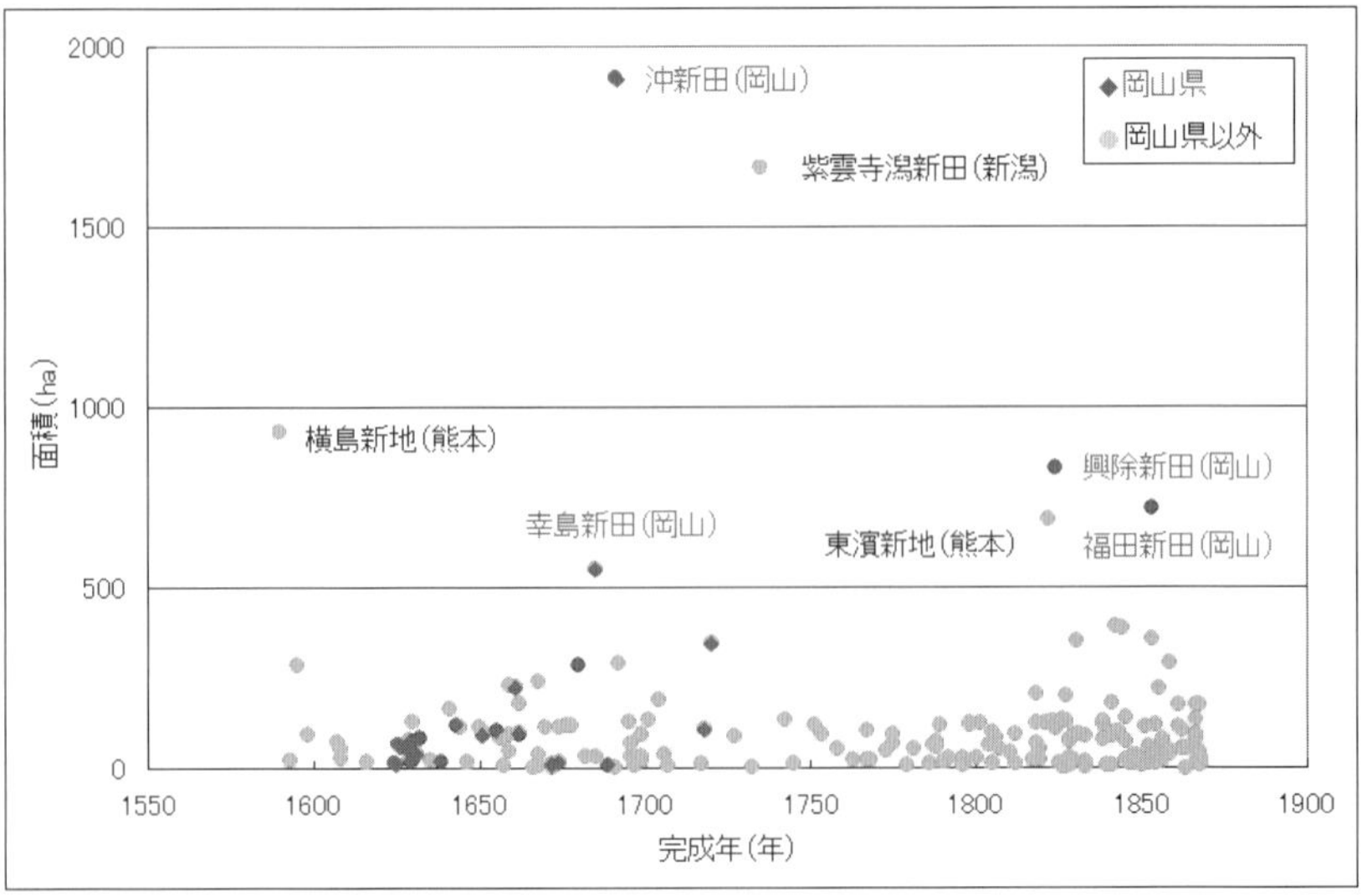

近世以前の干拓年代と面積の関係(『明治以前日本土木史』より作成)

に造り替えて、非常に耐久性がよいということで好評になり、あちこちの樋門を石造に造り替えました。そうした樋門を作る技術が確立されたわけです。しかも、これらの樋門に使われた石は花こう岩です。花こう岩は瀬戸内海沿岸に分布しておりますが、特に児島湾の周辺の児島半島などでたくさん採れます。したがって、児島半島の山から切り出した石を斜面に落として、海でいかだを組み、干拓地まで持って行きます。しかも、花こう岩の特徴として非常に硬くて強度があります。節理といって石に割れ目があり、それが一定方向に平行して入っています。したがって、石を割るときに、スパンと直線で割れるわけです。そこで、梁《はり》や柱のような非常に長い部材として切り出してきて、それを架けることができるのが、花こう岩の特徴です。具体的に言えば、この写真の樋門には、樋板（松材が使われていました）を下ろす溝が一本柱に彫ってあります。これが江戸時代に岡山で造られた典型的な石の樋門です。この形をよく覚えておいてください。

内尾大水門

　ではこのように非常に重い石を用いて、児島湾の軟弱地盤にどうやって樋門を造るかということです。まず最初に松の丸太で井げた状に基礎を組みます。杭の基礎が地盤の深いところまで入っているのではなく、平面状の基礎になっています。その上に木で枠を組み、その間に石灰などを混ぜた硬い

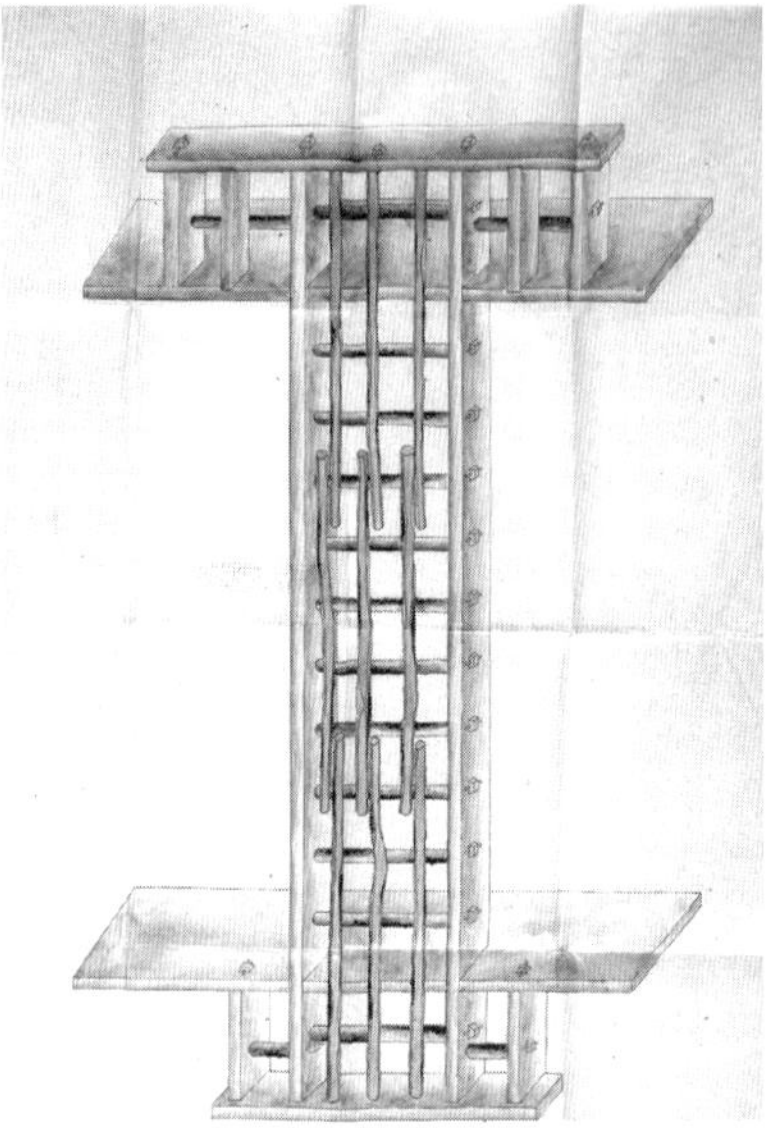
水門組立之図（岡山大学図書館蔵）

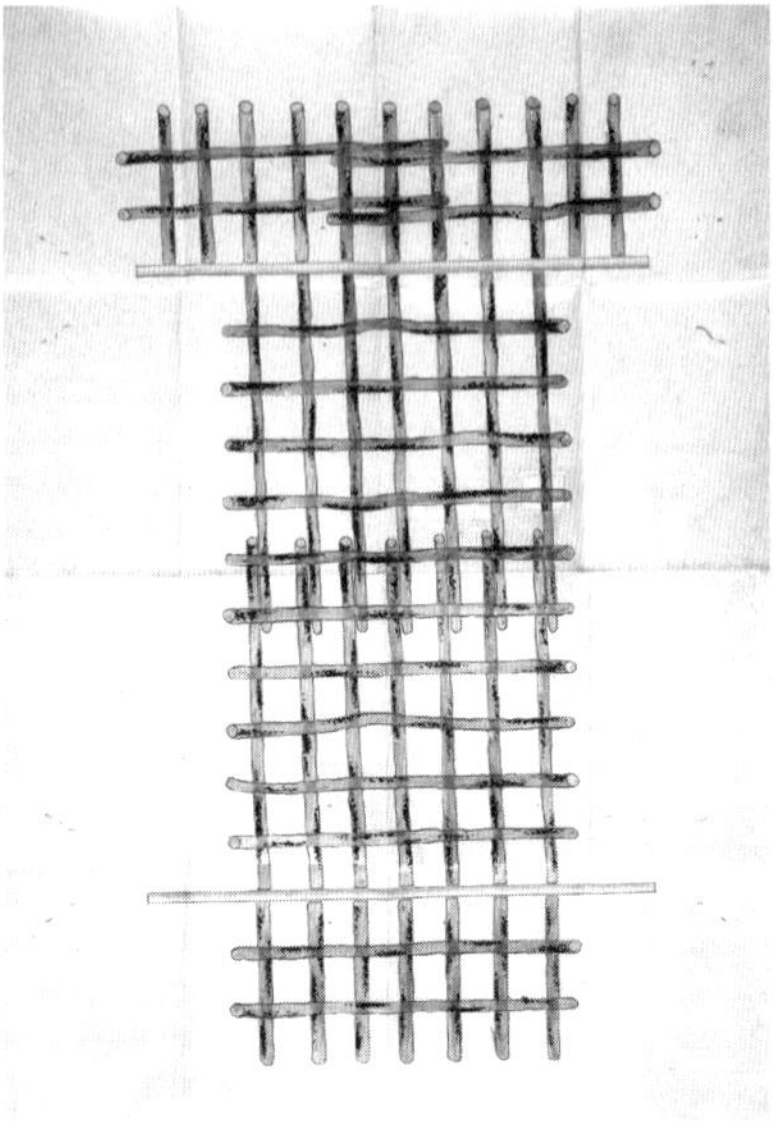
水門組立之図（岡山大学図書館蔵）

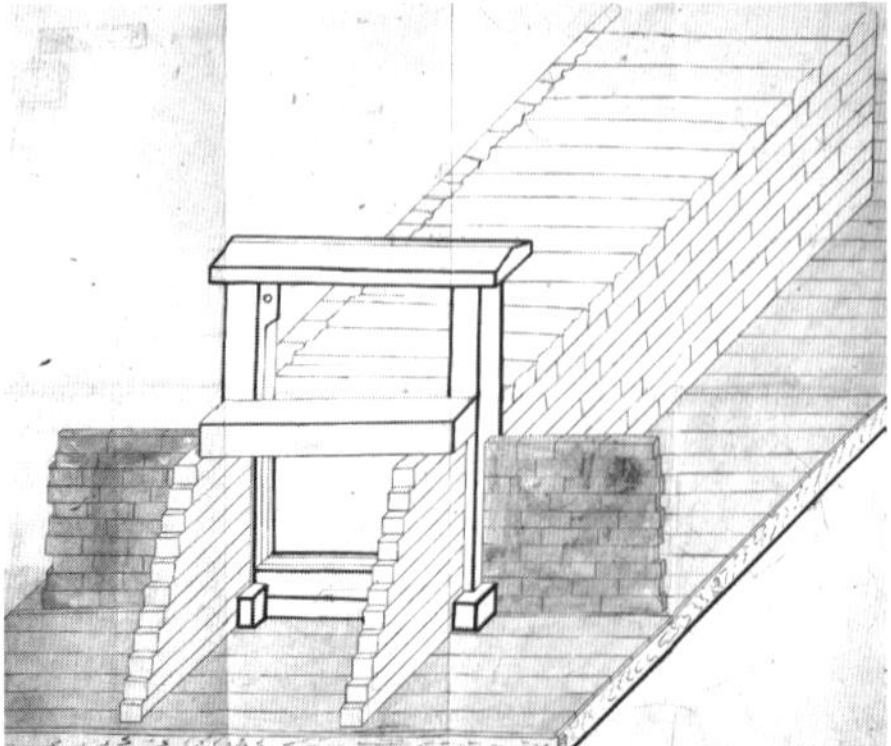
水門組立之図（岡山大学図書館蔵）

土を入れ込んでいきます。さらにその上に木の板を敷いて、石を組みあげていくのが、江戸時代の石造の樋門の作り方でした。

次に石の加工技術を見てみましょう。樋板の操作は、ろくろという木製の棒を回転させてシュロ縄に吊り下げた樋板を上下しておりました。この木製のろくろをはめるのに、非常に精巧に石を削って穴が彫ってあります。樋柱の一方の側は丸い穴が彫られていますから木の出っ張ったところ（ろくろの軸）をはめますが、木が腐ったらろくろを取り替える必要があります。新しいろくろをはめるときに、両方丸い穴では軸をはめることができませんから、反対側はろくろを出し入れできるように削ってあるわけです。非常に硬い花こう岩を、このように精巧に加工する技術が、岡山では発達していたということが分かります。

（左）・（右）ろくろの軸受け

藤田組の干拓

今度は、明治時代の藤田組の干拓の話に移ります。近代の西洋技術が導入されたことによりレンガを用いた樋門が登場します。その特徴としては、丙川三連水門のようにアーチになっていることです。一見するとたくさんの石が用いられていますが、それは表面だけで、アーチの中はすべてレンガになっています。

児島湾干拓で使われたレンガはひし形の中に「サヌキ」と刻印があるレンガで、現在の香川県観音寺市にあります讃岐煉瓦株式会社で作られたものです。前述した江戸時代の樋門は、児島湾の近辺の山から切り出した石を運んでいましたが、明治になると、なぜかわざわざ四国からレンガを運んできました。

明治期の児島湾干拓ではいろいろな形の樋門が登場します。前述の三連の樋門の他に、一連の樋門では、樋板を上げ下ろしする樋柱の上に、笠石が載った和風の灯ろうのようなデザインも登場しています。デザインは和風でもアーチが入っています。この写真の樋門では、上の笠石が落ち

笠石が欠落した大曲第一樋門

丙川三連樋門

ています。さらによく見るとゆがみも確認できます。前述の江戸時代の石造樋門のときに覚えておいてくださいと言った樋柱の部分をよく見ると、同じ花こう岩を使っていますが、花こう岩をわざわざサイコロ状に切って積んでいます。下の部分も同様です。軟弱な地盤に重たい樋門を作り、地震が来たり、老朽化すれば、ゆがむ可能性があります。別の樋門では樋柱の石が数個落ちているものもあります。

明治時代の干拓技術者は、江戸時代まで岡山で使われていた花こう岩の性質を理解せず、伝統的な加工技術をまったく生かすことなく、非合理的な使い方で樋門を造っていました。樋柱にゆがみが生じれば樋板を上下することができなくなります。江戸時代の石工のほうが、石の特性を理解して合理的な方法で樋門を造っていたのです。この明治期の工事を担当したのが、藤田組の顧問の笠井愛次郎です。彼は現在の東大を卒業して、関東地方でレンガの樋門をたくさん造った人物です。関東は石が豊富には採れないところのため、レンガをたくさん使って樋門を造っていたわけです。

樋門の築造には、カーブシュウと呼ばれる井げた状の基礎を造って、その上にレンガで樋門を築造してから沈める工法が用いられました。一方干拓堤防は、土堤で造ろうとしまし

高崎干拓堤防（第二号）

たが、6割か7割盛った段階で沈下して海の中に沈んでしまいました。そこで困った藤田伝三郎は、当時農林水産大臣をしていた品川弥二郎に相談して、服部長七という左官職人を紹介してもらいました。ところが、児島湾干拓の様々な関係資料には、服部長七の名前は一切載っていません。唯一、藤田から品川への礼状に、この服部長七の名前が出てきます。したがって岡山では、まったくこの服部長七という人物は知られておりません。彼がどのような堤防を造ったかというと、コンクリートの代わりに、自らが発明した服部人造石を用いて、児島湾の干拓堤防を造りました。

それでは、今度は昭和の樋門を紹介します。昭和になるとセメントがだいぶん普及して、コンクリートの樋門が造られるようになります。この時代の特徴としては、表現主義と言われる、頂部が丸くなった樋門が造られるようになったことです。樋門はケーソンにあたる井筒基礎を造って、その中に砂を入れて沈めるという工法で造られました。

児島湾干拓工事の計画を作成し

第六区第四号樋門

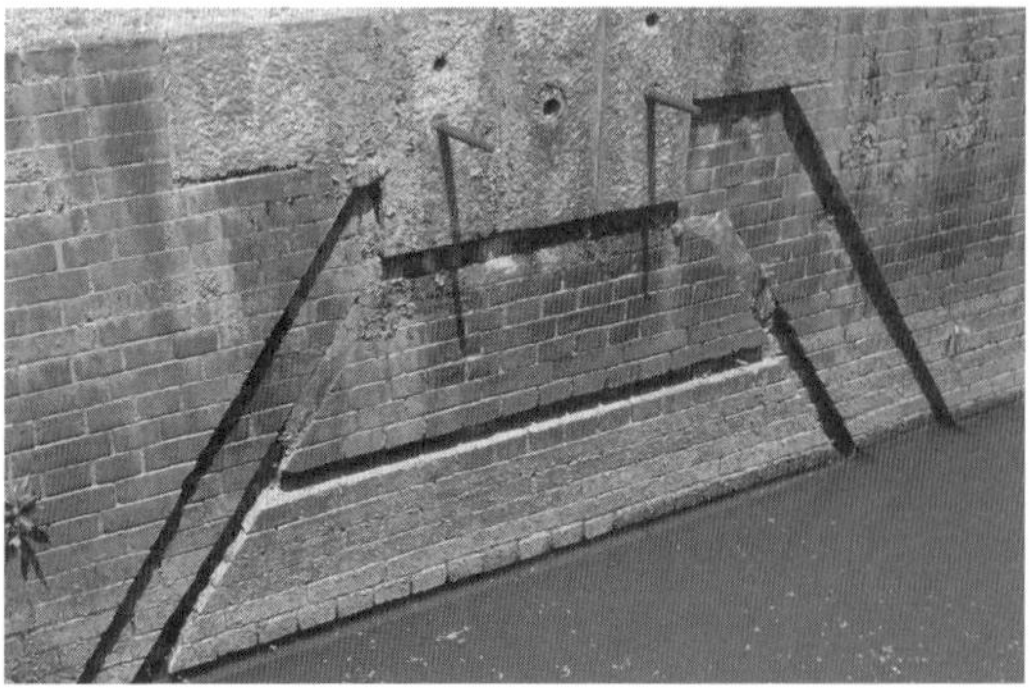

傾斜板を入れるくぼみがある福原水門

たムルデルの話に戻ります。ムルデルは児島湾干拓地では、畑作で計画をしていましたが、日本の干拓地の中心は稲作です。したがって、ムルデルの計画書には用水を確保する方法がはっきり書かれておらず、用水確保に非常に苦心したわけです。そこで日本の技術者は、比重が重い海水は下にいくため、樋板を斜めにすることによって、満潮時のわずか1～2時間の間に、表層の淡水の上澄みだけをとる樋門を考案しました。本当に涙ぐましい努力をして用水を確保したわけです。傾斜板を入れるためにレンガにくぼみがある樋門が、現在でも残っています。

児島湾沿岸農業水利事業計画平面図（加筆）
■■■■ 杉山が計画した鉄道ルート　▬▬ 実現したルート

最後になりますが、そうした水不足は樋門だけでは到底解決できません。したがって、抜本的な用水不足の解決方法は、長さ約1・5㎞ほどの干拓締め切り堤防を作り、児島湾を締め切って、児島湖の中を淡水化することでした。戦後の昭和26年に着工して29年に完成しました。その後、有料道路として供用され、今ここを車が走っています。

実は、児島湾が締め切られる随分前の明治時代に、児島湾に堤防を造って鉄道を通そうとしたのが杉山岩三郎だったのです。宇野までの鉄道、つまり早島や茶屋町を通る今の宇野線と、児島湾を割って鉄道を敷く二つのプランを考えたわけです。実際にできたのが現在の宇野線のルートでした。

杉山の話はここで終わります。あとは在間先生に引き継ぎたいと思います。

伊東　どうもありがとうございました。

オランダ技術は一体どこに生きていたのか、後ほど樋口さんにお願いしたいと思います。

では、在間さんよろしくお願いいたします。

在間　在間です。よろしくお願いいたします。

晩年の岩三郎については、皆さん結構目にされることがあったかと思います。スクリーンの右側の写真が、青年時代の杉山です。杉山という人物を考えるとき、一番拠り所となりますのが、『士裁杉山岩三郎』という、杉山を顕彰するために岡山商工会議所が出した本でございます。これにかなり詳しく載っておりますので、またご覧いただければと思います。今日は、配布資料等により、ご紹介し

たいと思います。
　人物を紹介するというのは、非常に難しいです。もちろん、皆さんも含め、杉山にお会いしたこともなければ、お話をしたこともない。そうなると何を拠り所にするのか。もちろん、さっきの『士裁杉山岩三郎』という本を手にすればいいのですが、まずは、人名事典などに杉山はどのように書かれているのかということになるでしょう。
　その人名事典での紹介は少し後に譲りまして、杉山という人は一体どういうことをした人で、どういう経歴を持った人なのでしょうか。お配りしているパンフレットに略年表（180ページ参照）がございます。時間の制限がありますので、これを大きく区切ってお話をさせていただこうと思います。
　一番大きく区切れるのが、上から9行目ぐらいのところに、ゴチックで「明治5年　島根県権参事となるも辞任」とあります。ここで、杉山の生き方がぐらっと変わります。そこから後は、民間人として杉山はいろいろな事業に手を出していくようになります。杉山は、1841年（天保12）に誕生いたします。そこに括弧書きで、「中川横太郎の弟、横太郎よりも五歳年下」と書いております。中川横太郎という実兄も、岡山の明治以降を物語る上で、決して外せない人物でもあります。つまり、本来この中川横太郎と杉山岩三郎というのはセットで考えていかなくてはならないだろうと思いますが、今日は弟の岩三郎についてです。

中川家に生まれ、19歳のときに杉山家に養子に入られ、杉山岩三郎と名乗ります。それからずっと、明治維新、そして廃藩置県まで、岡山藩の藩士として大活躍をします。特に、「慶応4年　蝦夷地へ」とあります。戊辰戦争です。岩三郎は、函館の五稜郭まで行っております。そこで、幕府軍と戦い、そして品川へ帰ってくるのが明治2年です。どうも、そのあたりでの岡山藩士としての活躍が、中央でも目に留まったということであろうと思います。そして、明治4年には七等出仕、つまり岡山県の県庁職員となるわけです。そして、翌年の5年には、島根県権参事という役職で転勤を命ぜられますが、行きません。この間の数カ月で、自分が官の道で生きることを辞め、民間で生きることにします。そして、その後は「南方精舎」という教育関係の塾をこしらえたり、明治10年以後は、先ほど市原先生のお話にもありました士族授産という授産事業に取り組みました。これには、相当お金がかかったはずです。どうしたかといいますと、戊辰戦争時に中央と結び付いた自分の顔がありますので、それを大いに利用して、どうやら国からお金を引き出していたようです。後々、それを元にして、「篤行社」で干拓事業や、紡績所に関係するようになります。

杉山岩三郎（『士栽杉山岩三郎』杉山翁遺徳顕彰会」より）

杉山岩三郎の主な事業

(一)授産事業と各種金融

イ　篤行社＝奉還金運用　　ロ　有恒社＝マッチ・製紙　　ハ　協信社＝金銭貸付

ニ　微力社＝興除開墾　　ホ　有終社＝紡績所　　ヘ　恵忠会＝家禄奉還士族結社

ト　銀行＝第二十二国立銀行・岡山貯蓄銀行・中国銀行・御野銀行・岡山農工銀行

(二)児島湾干拓

岡山藩士・微力社・伊木社・杉山開墾(明治11～21年、65町歩余)

(三)邑久郡長浜干拓

微力社事業(明治14)　　杉山申請(明治36年)　　安田保善社へ(大正６)

(大正9年101町歩完成)

(四)鉄道事業

イ　山陰山陽連絡鉄道(明治26年)　　ロ　中国鉄道(明治29年)

ハ　岡山鉄道(明治29年)　　ニ　市街鉄道(明治26年、43年→岡電)

(五)新聞事業(向陽社)

「岡山新報」(高崎知事肝いり)　　「吉備日々新聞」(明治16年)

(六)学事衛生

南方精舎(明治8年)　　沙美に浴潮所(明治17年)　　私立日本衛生会岡山支会

(七)窯・鉱業

イ　耐火煉瓦　稲垣耐火煉瓦杉山工場(明治24年、紺屋町)

ロ　日比製煉所　杉山商事合資会社　→　鈴木　→　三井

ハ　日本製銅硫酸肥料(銅と肥料　安田保善社と共同経営)

(八)其の他

イ　牧場　　ロ　電灯・製紙　岡山電灯会社創立発起、岡山製紙取締役

ハ　支援の数々

岡山医学校　　日本体育会　　早稲田大学　他　多数

(『士哉　杉山岩三郎』より)

47歳でドイツに

そして、1887年（明治20）になりましたら、これが今日のテーマにつながるのかどうかというところでありますが、47歳にしてドイツ旅行に参ります。「旅行」と書いてありますけれども、旅行と言っていいのかどうか分かりません。そのドイツでの活躍とかに関することが、現状では資料として分からない状況であります。ただし、1890年（明治23）までですから、3年も行っているわけです。杉山は、その後の活動に何か動機付けとなるものを得て帰ってきたに違いないと思います。

そこから後、50代に入った段階で、国立銀行、電灯会社、商法会議所、鉄道と、あらゆる事業で、彼は協力または主導する立場になってまいります。ずっと、そういうふうにやってまいりまして、最後は1913年（大正2）7月、数え年73歳で亡くなっています。年代で申しますと、30代前半ぐらいに明治維新を迎え、30代半ばから民間へ転身し、40代に士族授産をやり遂げ、そして自分はドイツへ行き、そこから後は地域の産業の発展に寄与したとまとめられるのではないかと思っております。

岩三郎の事業を、『士裁杉山岩三郎』という本はうまくまとめています。それによりますと、「（一）授産事業と各種金融」をはじめ、いろいろ関係していることを区分して列挙しております。（二）が、先ほど来話に出ています「児島湾干拓」、そして少し時代は遅れますが、「（三）邑久郡長浜干拓」をやります。それから、「（四）鉄道事業」。中国鉄道をはじめとする、岡山県の骨となる鉄道の建設に力を注ぎます。「（五）新聞事業」、そして「（六）学事衛生」ということで、「南方精舎」とか「衛生会」に手を尽くします。「（七）窯・鉱業」、耐火煉瓦や製錬所、肥料会社にも力を注ぎます。そして、

「(八) 其の他」は、牧場や電灯・製紙会社。それから、岡山医学校や日本体育会への支援もしています。これを見ていただきますと、杉山がいかに手広く、力を注いでいるかが分かっていただけるかと思います。何かの事業をするということは、普通我々も考えるのですが、これだけ手広く、しかもその中心人物ということになると、これはとんでもない人物だなと思います。

次に、皆さん、別紙で配布しています参考資料を出してみてください。そこに、先ほど申しました人物事典などから、代表的な①②③を示してみました。

①の『岡山県人物評』は、杉山がまだ存命しているその時期の、明治26年に刊行された人物事典です。それには次のように杉山のことを書いております。「君幼ニシテ一見戇愚ナルガ如クナリシモ長

---

③

君性活達大度、不関小節而能耐艱苦、達観形勢俊敏、敢為世人当難局、束手而苦措置者、優々決断恰如快刀断乱麻焉者、

（河上市蔵の碑文『士哉　杉山岩三郎』）

---

②

人と爲り膽勇あり、度量寛宏、事に當りて果斷、其の所信の貫徹を期し、毀譽褒貶の外に卓立す。當時人呼んで備前西郷と稱せり。

（『備前岡山人名彙海』昭和8）

---

①

君幼ニ〆一見戇愚ナルガ如クナリシモ長ズルニ及ンデ膽力人ニ超レ豪宕小事ニ拘泥セズ頗ル豪傑ノ風アリ

（『岡山県人物評』明治26）

ズルニ及ンデ膽力人ニ超レ豪宕小事ニ拘泥セズ」（一見ばか正直のように見えるけれども、肝っ玉が据わっていて、気が強く、小さなことにはこだわらない）。存命中に、「頗ル豪傑ノ風アリ」と、こういう評価をなされているということであります。

同じような人物評が、1933年（昭和8）刊行の『備前岡山人名彙海』にあります。その最後のところに、「當時人呼んで備前西郷と稱せり」と、ここで「備前西郷」という表現が出てまいります。

それから、③の資料の河上市蔵というのは、杉山と一緒に勉強した仲間であります。杉山の濃い友人ということですが、彼も「君性活達大度」と、心が広い人間だというふうなこと、そして「不関小節（小節に関せずして）」これも、先ほどの「小事ニ拘泥セズ」というふうなことでしょう。こうした人物評から、私は杉山の人並み以上の度量の広さのようなものを感じざるを得ません。

それから、「海を割った」ということの一つに、鉄道があります。先ほど樋口先生のお話の中で、宇野線の図が出ました。岩三郎は、今の児島湾淡水湖の堤防を渡る鉄道の計画をしたということだっ

④

●岡山縣告示第三百拾四號

鉄道布設計畫準備ノ爲メ土地收用法第七條ニ依リ左ノ村内ニ立入リ測量スルコトヲ該發起人惣代杉山岩三郎ヘ認可セリ

明治廿九年十二月廿四日　岡山縣知事　河野忠三

御野郡　石井村　鹿田村　古鹿田村　芳田村

児島郡　秀天村　田井村　玉野村

たわけです。その証拠になるのがこれかなと思うのが④「岡山縣告示第三百拾四號」でございます。「發起人惣代杉山岩三郎」とあり、1896年（明治29）12月に御野郡石井村、鹿田村、古鹿田村、芳田村を通って児島郡の秀天村、田井村、玉野村、これがその鉄道計画の県からの測量許可ではなかろうかと思っている次第です。

次に⑤をご覧下さい。これらは杉山たちのドイツ旅行の新聞記事でございます。このように、山陽新報（現、山陽新聞）の記事を見ますと、彼らの洋行の実際が、これらの記事によって

⑤

●田上省三氏　杉山岩三郎氏と共に洋行中《ようこうちゅう》なりし法學士田上省三氏は昨日午后二時頃歸縣したり

（明治23・4・8）

歸朝稟告　杉山岩三郎

右愚父岩三郎義歐洲ヨリ歸朝致シ本月二十五日岡山三番港ヘ歸着ノ都合ニ候間此段愚父辱愛ノ諸君ヘ御報道致候也

三月廿二日　岡山西田町　杉山新九郎

（明治23・3・23）

●杉山岩三郎氏　は來十九日横濱《よこはま》へ着港《ちゃくこう》する筈《はず》ありといふ

（明治23・3・8）

●杉山岩三郎氏　今度洋行する杉山岩三郎氏の一行は昨夜神戸行の滊船に搭して岡山を出發したり

（明治20・4・27『山陽新報』）

⑥

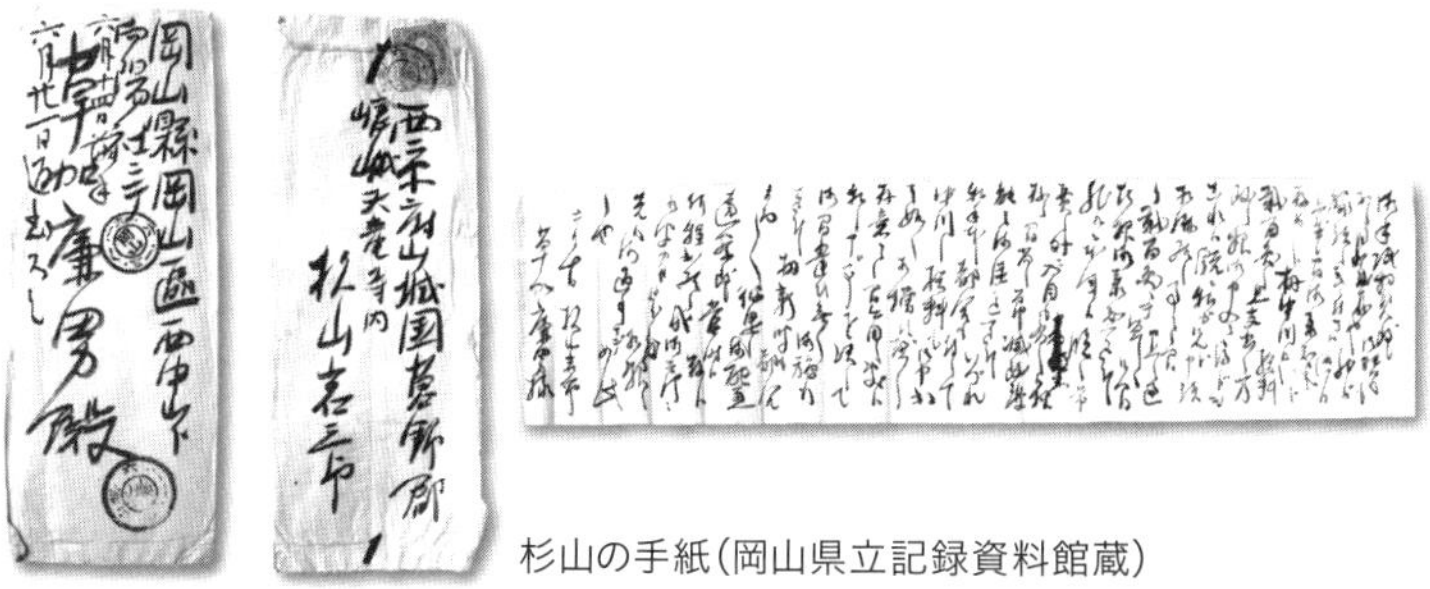

杉山の手紙（岡山県立記録資料館蔵）

て確認できますので、紹介しておきます。

そして最後に、杉山がどのような文字を書いたのかということで、⑥の書状を示しておきました。京都の「山城国葛野郡嵯峨天竜寺内」。何をしに、この時期天竜寺へおられたのか分かりませんけれども、宛名は草加廉男《きよお》、西中山下の向陽社、これは新聞を発刊した会社です。内容は、中川横太郎への給料をどうするかということが書いてあるようです。一部の本には、中川はなかなか字が読めなかったと書いてあるものもあります。杉山も、文字は不得意だと書いてあるものもあるのですが、見てください。実にいい文字をすらすらと書いていらっしゃると思います。最後に杉山の文字を紹介させていただきました。

「岡山の渋沢栄一」

伊東　どうもありがとうございました。

今、在間さんのお話の中に「備前西郷」というお話があったのですが、私はこの杉山岩三郎の略年表を見て、これは岡山の渋沢栄一だと思いました。渋沢栄一も武士の出身で、そしてお役人になり、途中で実業家になっていくのですが、そういう意味では非常に（似ています）。渋沢栄一は、全国を股に掛けていますので、杉山岩三郎は渋沢栄一のことも知っていたのではないかと思います。杉山岩三郎は、安田善次郎とも関係していますが、安田善次郎と渋沢栄一は仲が良かったこともあり、おそらくそういったモデルがあったのではないかと、お聞きしながら思いました。

先ほど、会場の皆さまから質問を受けました。お受けしたのですが、全部やっていると時間が足りませんので、皆さまから頂いた質問から幾つかに絞って、関係することを在間さんに質問したいと思います。

質問の中では、杉山岩三郎が欧米に行っているわけですが、干拓を見てきたのかという質問がありました。それについては私のほうからお答えします。『士裁　杉山岩三郎』によりますと、杉山開墾は1886年（明治19）に始まり、1888年（明治21）11月に終わりました。ですから、彼はドイツ旅行出発前に杉山開墾を始めています。要するに、仕掛け人です。技術者はどなたかに頼んだのだと思いますが、おそらく着工を見届けて、工事のほうはちゃんとやっておいてくれというかたちでドイツ旅行に出発していることになります。

それで、「杉山岩三郎は3年間の留学で何を見聞したのか」という質問がありました。

ここに答えが出ているかもしれませんが、私がこれにプラスしてお聞きしたいのは、この杉山の手引きをしたと言うと変ですが、現地で案内をしたのは誰か。おそらく、杉山岩三郎は英語やドイツ語はしゃべれなかったのでしょう。ですから、当然、間に通訳が立ったと思いますし、どういったところを見たほうがいいと言う助言者がいたと思います。そういった関係者がもし分かれば、後ほど在間さんにお答えいただきたいと思います。

取りあえず、今パネラーの3名の方で、言い忘れたこととか、お二人の発言を聞いて、自分はこう思うとか、その辺は違うのではないかとか、何かありましたら、短くて申し訳ないですが、3分でよろしくお願いします。

まず、市原さんから。

市原　先ほど杉山岩三郎は「岡山の渋沢栄一」というお話をされましたが、江戸時代から明治期に変わったときに大きな変化があり、この大きな変化で失業者がたくさん生まれ、このまま失業率が高いまま士族が落ちぶれたところになるのか、あるいは大きな変化をきっかけにしてまた盛り上がっていくのか、まさに地域がそういった結構瀬戸際に立たされたと思います。そういうときに、ヨーロッパでの3年間というのが何のきっかけになったのかは分かりませんが、その後で、また会社をどんどん立ち上げていくわけです。杉山は、自分の経験と明治維新に際しての活躍を最大限生かすかたちで、江戸期から明治期への橋渡しを、多くの方々を救いながら岡山を盛り上げていくための努力をうまく成し遂げたのだろうなと思います。

そういった意味では、本当にプロデューサーであったと。あるいは、「備前西郷」と呼ばれたのも、明治維新で江戸幕府は倒れ、多くの方がお亡くなりになったんですけど、明治の元勲である西郷隆盛が、本当に日本をひっくり返すようなところから、日本がバラバラにならずに何とか持ち直していった。おそらく、そういったところを岡山県の中で成し遂げたからではないか。「備前西郷」という言葉の中に、そのようなニュアンスを含んでいると思います。

なおかつ、渋沢栄一は商売に特化したのですが、結構旧藩の藩士を救うための事業をしているんです。

伊東　そうなんです。それで彼は役人を辞めているんです。ですから、そういう意味では志が同じなんです。

市原　結構、近いところで、その岡山県版というのをやられたのかなと思います。

伊東　ですから、モデルとして渋沢栄一があったのかなと思ったりしているのですが。

市原　そうであってほしいですね。今回お二方のお話を伺って、そういったところもあらためて感じました。「割ったのは鉄道かもしれない」というのは、ちょっと面白いなと思いながらお話を伺いました。

伊東　確かに、鉄道が割ったのかもしれないけど、実は児島湾を割ろうという構想自体は江戸のころからあるわけです。たまたまそれが、道路であったのか、鉄道であったのかという話だと思います。ですから、いわゆる言い出しっぺは誰かというと、やはり江戸の人たちが夢として構想を常に描いていて、それを技術的に可能にしていった。そして、それを見ていて、これは事業として成り立つ、ないしは技術を使えばやれるという判断を下したのが杉山岩三郎であって、ある意味ではコーディネーター的に、そういうものを見ながら決めていくという役割だったのかなと思います。そういった背景も、おそらくあったのではないかなと思います。

今度は、樋口さん、在間さん、先ほどはだいぶ時間を絞ってしまったのですが、足らないところとか、いろいろ議論を聞いて、異論、反論、質問、疑問、何でもいいですので、何かありましたらお願いいたします。
では、樋口さんのほうから。

樋口　伊東先生から質問がございましたけれども、オランダ技術は一体この干拓のどこにあったのかと。

伊東　特に、杉山岩三郎との関係ですね。

樋口　先ほど、私が説明しました通り、1700年になる前に、岡山ではもう干拓技術が確立されていましたので、既に広大な干拓地が広がっていたわけです。実際、ムルデルが来て干拓計画を立てますが、ムルデルの計画は、稲作ではなくて畑作だったんですね。

伊東　そこがオランダ技術じゃないですか。畑しか考えられなかったという。なぜ畑ばかりだったのか。

樋口　それによって、随分苦労して締切堤防につながったということですね。

伊東　そうですよね。あえて反論しますと、例えばいわゆるものを実現する意味での技術もありますけど、計画論としての技術もあります。埋め立てのいろいろな配置計画というか、あの辺はオランダの計画技術というのは当然入ってきているというふうに考えられませんか。

樋口　児島湾干拓は、結局最初にムルデルが考案した一区から八区までの干拓計画に基づいて作られていますので、そういった意味ではオランダ技術かもしれませんね。

伊東　計画論としてのオランダ技術ですね。

市原　私の解釈なんですけど、おそらくここでムルデルを出さなければいけなかったのは、干拓計画は、杉山側が提案するものと、もう一つ伊木社が提案した複数案の提案で、どっちを採用しても角が立つというところから、第三者的にオランダのこの人の技術であれば絶対にうまくいくに違いないという、言うならば黄門様の紋所みたいにムルデルが使われたのかなという感じがします。

伊東　ムルデルなのか、国なのか、内務省なのかですよね。その辺は、県令である高崎五六の才覚もあったのかなと思います。先ほどの沖新田というのは、２０００ヘクタールと、非常に広いという話でしたが、例えば地盤とか水深があの辺は浅かったとか、そういったことはないんですか。

樋口　非常に浅かった所ですね。

伊東　やはり、やりやすかったところですか。

樋口　やりやすかったと思います。そもそもこの岡山で干拓が非常に盛んに行われた要因は二つあります。

一つは、吉井川、旭川、高梁川から大量の土砂が流れてきて、干潟が広がっていたこと。二つ目は、瀬戸内海の特有の特徴として、満潮と干潮の差が非常に大きいことです。したがって、満潮の時は海面が広がっていますが、干潮になると干潟がずっと広がって陸になるため、その先端を堤防で締め切ってしまえば非常に広大な土地ができるというわけです。干潮時は干潟が広がっていますので、それほど深いところではないわけです。

伊東　ですけれども、干拓できる深さというのは、当時の技術としてあったと思うんです。当時、例えば2メーターぐらいまではできたけど5メーターは無理とか、そういうことはあったと思うんですけど、特に沖新田の辺りが浅かったとか、そういったことは分からないですか。

樋口　具体的な数値は把握しておりませんが、当時、干潟が広がって、アシなどが生えているところから干拓をしています。

伊東　例えば、井げた状に組む江戸の技術を示してくれましたけど、明治になってからは笠井愛次郎がやっていますけど、先ほどの図面ですと、あれはくいを打っていますよね。

樋口　くいを打っていますけど、基本的には拘泥堤というもので、軟弱な地盤に砂を何層にもまいて、しっかり固めてから堤防を築くという技術です。

伊東　堤防はそうですね。さっきの樋門はくいですか。

樋口　樋門にはくいがないです。

伊東　図面上には、くいみたいなものがありましたが、あれは違うんですか。

樋口　くいではなくケーソンです。要するに、箱を沈めて、そこに造るという。

伊東　箱の下には何もやらなかったんですか。

樋口　何もないですね。

伊東　本当に近代的な工法ですね。

次に、在間さんよろしくお願いいたします。

在間　何を見てきたのかということと、現地での人物ということだったと思いますが、それが判明するという具体的な資料は見当たりません。ただ、杉山が帰国前に出した手紙には、フランスで大博覧会があるから、そちらへ立ち寄っていくということが書いてあったりします。

その後、イギリスからアメリカへ渡って帰ってくるわけです。資料が見つかっていないので、オランダ技術を学んで帰ったということは確実にはいえませんが、ほぼ3年の滞在中に、オランダも行っているのではないかということも想定できます。

何を見てきたか、何をしに行ったかということをもう少し考えてみますと、連れていった二人は、杉山孝平という杉山さんの養子さんと、娘婿の田上省三という人たちです。この田上は、法律学を勉強してきて、杉山は経済学を勉強してきていることが分かりますので、たぶん将来の我が国の経済学、法律学というものを見据えて、若者に勉強をさせたのではないかと私は想像しております。

現地での人物ですが、やはり具体的には分からないのが現状です。しかし、実に面白いことに、彼は個人でドイツ人を雇って日本に連れ帰り、杉山邸で2年間生活をさせています。それについて、もう一つ面白い新聞記事があるので、簡単に紹介させていただきます。

杉山が帰ってきます。そして、山陽新報の記者のインタビューに答えている記事があります。私は、もっと詳しくいろんなことをしゃべってくれているのではないかと期待して新聞をめくりました。そうしますと、「貴下は洋行中、主としていかなることを取り調べられしやと尋ぬれば、別に主なる事件なし」と。インタビューに、このように答えています。取り立てて言うことはないと言っているんですね。続いて、「ドイツ人を雇って帰ってきたのはなぜか」と聞くと、彼は日本が見たいと言うし、自分もドイツ語を忘れなくていいだろうということを言っています。小さな新聞記事ですけれども、何という人なんだろうと、私は逆に感動を覚えました。普通なら、私だったら、こんなことも見たし、こんな勉強もしたし、ここにもあそこにも行ったと、言いたがるじゃないですか。「何のことはない」と答えるのは、この人の度量なのでしょうか。ちょっと人を食っているようなところもあるのではないかと思います。

伊東　ありがとうございます。

そのドイツ人の方が、何をしたかということは分かっていないわけですね。いろいろ謎が多いですね。

ほかに、皆さんで議論したいことがありますか。

会場からの質問としては、杉山と藤田伝三郎、笠井愛次郎でもいいと思いますが、彼らに接点はあったのかないのか。その辺はどうでしょう。

在間　聞かないですね。

樋口　聞かないですね。笠井愛次郎は、東大を卒業した後すぐ、明治15年に一度岡山に来て測量をしています。その後、十数年空いて、明治30年になってから、藤田組の顧問として岡山にまた来ていますので、会ったとすれば、一体どこで会ったかというのは、よく分かっていません。

伊東　本当は、接点があってもおかしくはないですよね。そういった記録はないわけですね。

先ほど、ムルデルの計画の地区の中で、二つの地区をやめたじゃないですか。あれはどんな理由なんですか。

樋口　四区と八区ですね。ご存じですか。

在間　基本的には、排水がうまくいかなかったというのが原因のようです。

樋口　あまり詳しいことは書いてないです。「技術的な問題により」とか、そういった表現しかしていなかったです。

伊東　結局、当時の技術ではできなかったということでしょうか。排水がうまくいかなかったということは。

樋口　計画の図面を見ても、それほど大きな面積のところではないですし、旭川と百間川の河口のすぐ間際のところです。この計画は最初から一体どういうものだったのかなという気がしています。

市原　面積の中で、ちょこっとしかない部分なので、今の言い方で言うと、コストパフォーマンスが悪かったという考え方もできるかもしれません。

伊東　そうすると、深いとか排水がうまくいかなかったということも、そういったことに関係するのでしょう。

あらためて、各パネラーの皆さん、杉山岩三郎は「オランダ技術で海を割った男」、これに対してどう整理できるか。今、一応皆さんに言いたいことを言ってもらって、疑問点もある程度出したと思いますが、議論し終わった段階でこれについてどう思われますか。この杉山岩三郎については、資料が技術に関しても見つかっていない。資料的にも不十分なところがいっぱいあるわけです。子孫の方もいらっしゃるということなので、おそらく文献なんかもこれから出てくる機会があると思うのですが、ここではいわゆる学会的な正確さは必要ないので、仮説を含めて、私論、それとも仮説、提案で、あらためて「オランダ技術で海を割った男　杉山岩三郎」をどう思うか。皆さん3分ぐらいでまとめていただきたいと思います。在間さんよろしくお願いします。

在間　結論的には、まとめ切りませんが、やはり「オランダ技術」ということに固定して考えるならば、オランダ技術だけではないというふうには考えます。しかし、彼の頭の中とか行動の中に、やはりヨーロッパ・オランダ・ドイツというものは必ずあっただろうとは思います。

伊東　今の話だと、洋行した結果としてそういったものを取り入れたという話でしたよね。彼の後半のほうの人生で、オランダ技術だけではなく西洋技術も含めて入っているということなんですね。そういった解釈が一つ出ました。

次にいかがでしょう。

市原　先ほどから、後半の人生を拝見する限り、まさに渋沢栄一のようだということでは、もう一つあります。本人が直接表に出ずに、誰かを立てて会社を起こすということをずっとやられています。そういった意味では、江戸時代から明治時代になるときに、児島湾干拓のもめ事を、オランダ技術を表に立てることによって、みんなの意見のそぐわないところを仲裁して、何とか武士の時代から今の時代へと時代を割ったのではないかと私は思っております。

伊東　うまく言いましたね。

樋口さんはどうでしょう。

樋口　私はうまくはまとめられませんが、杉山がドイツの周辺を巡って帰ってきたのが明治23年ごろです。先ほど、私が最後にお示ししました児島湾干拓堤防を横断する鉄道が構想されたのは明治29年です。したがって、ヨーロッパを見て回った後です。具体的な干拓技術はもともと日本にあった技術でやりましたが、ムルデルの計画自体がそうあったように、技術というよりは、構想といったものが児島湾干拓や、彼のその後の色々なプロジェクトに生かされているのではないかという気がいたしました。

伊東　地割とか、面積の広さについてはどうでしょう。

樋口　面積は、実は児島湾干拓のうち、藤田組や、その後農林省が手掛けたものの中で一番大きいのが七区で、面積が１６００ヘクタールです。沖新田が千九百幾つですから、江戸時代のほうが大きいわけです。

伊東　各埋め立て地の区画割りの在り方というのは、要するに水の流れる方向で縦型になっているじゃないですか。あれなんかは、やはりオランダ技術なんですか。江戸時代と変わらないんですか。その辺はよく分からないんですが。

樋口　それは技術というより、もとから水が流れるルート（澪筋）は決まっていましたので、それをうまく利用しながら、その部分を川として残して干拓をしています。

伊東　一つの区画単位というのは、オランダ的とか、そういったことはないのですか。

（※230ページに関連リポート掲載）

樋口　それは、地形に従ったもので、当時の技術者がどこに堤防を造ったらいいのかというのは、現地を見て判断したのでしょうね。

市原　実際、児島湾の干拓はオランダ人の技術者であるムルデルが引いたものが藤田組の施工でしっかりやられているので、今の児島湾自体は、オランダ技術をうまく使われていました。本当は、それ以前の技術でもできたかもしれないけれども、オランダ人技術者の構想がそのままできているよというところを念頭に、皆さんは話されていることをご理解いただければと思います。

伊東　ありがとうございます。

では、後ろの方、手短にお願いいたします（会場からの質問を受けて）。

会場　時代が下るにつれて、だんだん干拓の最前線というのは前に行くので、素人考えだと、当然海は深くなっていくと思います。沖新田は、さっきおっしゃったように、近世の時代で既に干潟になったようなところであれば、当時の技術でもできたけれども、七区ないしは近代の藤田組がやった干拓は、その前まで干拓でできていた土地だとすると、かなり海の深さがあって、あの深さは海外の技術

を使わないとあの干拓はできなかったというような事実はないのかということを疑問に思いました。干拓の前線がだんだん沖合に出ている分、当然海は深くなっているでしょうから、そこをお聞きしたいと思います。

伊東　樋口さん。

樋口　児島湾の傾斜がどれぐらいだったかというのは、今、数値を持ち合わせておりませんのではっきり分かりませんが、それほど一気に深くなるわけではないと思っています（上流から土砂が保給され、干潟の前面がさらに沖合に進んでいます）。年配の方だったら、たぶん七区辺りが干拓される前の状況をご存じではないかと思いますが、どのような状況だったのでしょうか。

伊東　では、その辺は今後の課題ということで。

樋口　ただ、築堤の技術は、近代になってから急速に発達しています。河川の堤防の工事などは、明治期にオランダの技術が入っていますので、そういったものが少しずつ築堤の技術などに生かされた可能性は十分あると思います。

伊東　ちょっと話が違うのですが、東京湾というのは、西側は埋め立てが進んでいて、東側は戦後です。東側は、どちらかというと遠浅です。東側の横須賀とか横浜の辺りは、澪筋が深いんです。ですから、港に適しています。こちらの千葉県側のほうは、遠浅で港に適していない。だけど、埋め立てはそんなに進んでいなくて、戦後に進みます。横浜の埋立造成史というものにかかわったことがあるのですが、あそこの埋め立ての年代を見ていくと、それぞれ、今言われたようにだんだん深くなっていくわけです。だけど、その深さというのは、時代によってそれぞれの埋め立て技術があって、海底の深さに応じて埋め立てしているわけです。だから、埋め立ての形がきれいな正方形とかというわけではなく、下の海底の等深線に沿って埋め立てています。だから、埋め立ての形状を時代的に見ていくと、例えば明治の初期・後期・大正・昭和と色分けしていくと、それがそのまま下の地盤の等深線になっていきます。ですから、言われたように、おそらくそういった技術的な背景は私もあるのではないかなと思ってはいます。

　ということで、大体時間になってきたのですが、「オランダ技術で海を割った男　杉山岩三郎」、当初、我々はいろいろと悩みました。もちろん、このタイトルに沿って言えば、いわゆるテクニックとしての技術は、実際に杉山は使っていないかもしれないけど、計画論としては受け継いでいて、「海を割った」という表現は、おそらく先ほど言ったように、構想自体は江戸のころからあったけれども、それをいろんな意味で、技術ではなくて、いろんな自分のネットワークとか人材などを生かして、実際に構想を具体化したという意味で杉山岩三郎があるのだろうなと思われます。この杉山岩三郎というのは岡山県の偉人だと思いますので、皆さんがこれから関心を持っていろいろ資料を探していくと、この杉山岩三郎が、「備前西郷」だけではなく、岡山の渋沢栄一とか、違う意味での実業家としての魅力も出てくるのではないかと思います。

今日は、パネラーの方には非常に失礼なことをしたのですが、時間内に収めるというのが私の一番の課題だったので、そこに重点を置きながら、またオランダ技術にこだわりながら、お話を進めさせていただきました。ご参加いただいた会場の皆さん、ありがとうございました。またパネラーの皆さま、ありがとうございました。

〈追記―干拓地の一区画の大きさ―〉　伊東　孝

２０１７年3月４・５日に、東京の国立西洋美術館で「近代の産業遺産の保存と活用に関する国際シンポジウム　近代の産業遺産の保存と多様で魅力的な活用―日本、ドイツ、オランダ、シンガポール、中国の事例―」と題するシンポジウムが行われた。オランダからは、デルフト工科大学准教授のステフェン・ナイヒューイス（Steffen Nijhuis）氏が、「景観遺産としての北西干拓地　20世紀オランダの干拓地の保護と開発に関する景観形成計画」について講演した。大変よい機会だったのでシンポジウム後、干拓地の一区画の大きさなどについて質問した。疑問が解けた点もあるので、報告する。

ナイヒューイス氏の報告は、アイセル湖の北西干拓地（Noordoostpolder;NOP;１９３７―１９４２年）が主であったが、そこでの一区画の大きさは、長さ８００ｍ、横幅は３００ｍ、隣接してもう一つの区画があるので、２つの区画をあわせると長さは１６００ｍになる。この大きさが、どのように決められたのかが興味深い。干拓地の土壌と土地利用（作物の種類や放牧地など）および一区画を耕せる農家の能力（規模）によって決めたという。

図に示すように2区画の両端には水路があり、水は土壌の中に浸み込んでくる。湿潤線は断面部分の中に点線のようなラインを描き、地表面と湿潤線のトップ（臨界点）との深さが、作物の場合は浅く、牛や羊などの放牧地の利用になると深くするという。北西干拓地の開発は、日本でいえば戦前であり、明治期に湿潤線のような考え方がすでにオランダで確立されていたのか否かは不明だ

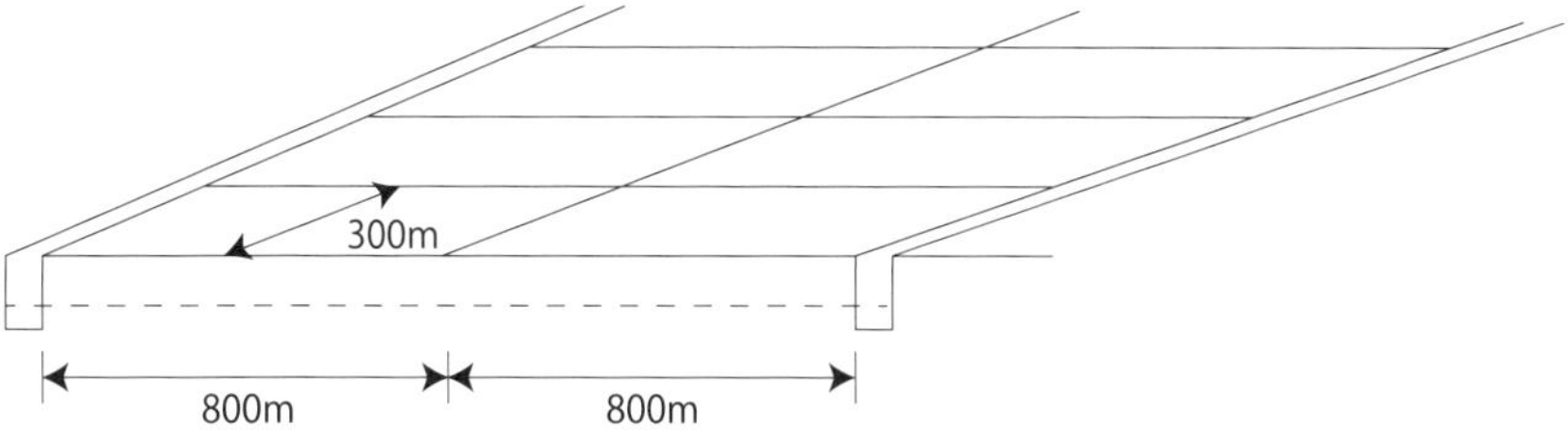

図：オランダ北西干拓地の一区画の大きさ。点線は水の湿潤線を示す

が、少なくとも土壌と土地利用との経験則は長い干拓の歴史の中で感得していたに違いない。（オランダでは10世紀から干拓が始まっている。）

因みに現在の児島干拓地の一区画をグーグル地図から推測すると、長さは１２０～１７０ｍ、横幅は35～60ｍである。オランダの干拓地の大きさは、日本より長さで５～７倍、横幅では５～９倍である。

また樋口さんは、「ムルデルの計画は、稲作ではなく、畑作だった」と発言された。水田と畑の大きな違いは、水田はある意味貯水池であるのに対し、畑では水を貯めない。水田では、稲のために5月中旬から9月中旬の間、水張りの必要があるので、一つひとつの水田は底の部分と周囲を粘土で固めて水漏れを防ぎ、プールのようになっている。畑では、底や周囲を粘土で固めるようなことはしない。

したがってオランダの干拓地や児島干拓地の一区画の大きさが、当時と変わらぬとすれば、次のようにいうことができよう。ムルデルは一区画の大きさは、日本的に小さく計画したが、干拓地の土地利用は水田ではなく、オランダ的に畑として計画したのである。ここには干拓地の土地利用をめぐって、ムルデルと日本との間にズレのあったことが分かる。（そうでないとムルデルは、水田と畑との違いをまったく理解していなかったことになる。またムルデルが、児島干拓地を畑としての土地利用を考えていた場合、土壌を何と認識し、植える作物が何であり、当時の農家の耕作能力をどのように考えていたのか、というのが次の疑問となる。

パネルディスカッションで話題になったが故の今回の質問であった。ナイヒューイス氏の説明が腑に落ちるものだったので、参考意見として付記させていただいた。

出版にあたり一部加筆修正しました。

公益財団法人 山陽放送学術文化財団

山陽放送学術文化財団は科学技術の発展と文化の向上に寄与するため 1963 年に設立。以来、科学の基礎研究に対する助成のほか、学術調査や文化講演会などを開催し、地域の歴史の発掘・再発見と文化の継承に努めています。
2013 年に公益財団法人に移行しました。

岡山蘭学の群像 2

2017 年 4 月 1 日　第 1 刷発行

編 著 者　公益財団法人山陽放送学術文化財団・編
発 行 人　原 憲一
発　　行　公益財団法人山陽放送学術文化財団
〒 700-8580 岡山市北区丸の内二丁目 1 番 3 号（山陽放送株式会社内）
電話 086-225-5531
ホームページ　http://www.rsk.co.jp/company/zaidan.html
発　　売　吉備人出版
〒 700-0823 岡山市北区丸の内二丁目 11 番 22 号
電話 086-235-3456　ファクス 086-234-3210
ホームページ　http://www.kibito.co.jp
E メール　books@kibito.co.jp
印　　刷　株式会社三門印刷所
製　　本　日宝綜合製本株式会社

ISBN978-4-86069-515-6 C0021